남북한 관계와 한반도 통 일

성찰과 논의

제주대학교 초등교육연구소 연구총서 4

남북한 관계와 한반도 통 일

성찰과 논의

변종헌 지음

인간사랑

차례

책머리에

우리는 북한의 존재, 북한의 행보 그리고 북한과의 관계로부터 자유로울 수 없다. 오랜 대립 구도 속에서 분단은 지극히 당연한 우리 삶의 일부로 받아들여지고 있다. 분단은 우리에게 록인(lock-in)과도 같다. 분단 상태를 벗어나 새로운 상태로 나아가기 위해서는 현 상태를 깨뜨릴 수 있는 에너지와 노력이 필요하기 때문이다. 분단 상태가 마치 안정된 평형 상태와도 같은 역설적 상황이 한반도 그리고 우리 사회의 모습이다. 그렇게 60여 년의 세월이 흐르고 있다.

그런데 언제부터인가 통일은 희구와 소망의 표상이 아니라 현실적이고 구체적인 프로젝트처럼 비춰지고 있다. 그것이 어떠한 형태, 어떠한 방식을 통해서 가능할 것인가의 문제와는 별도로 남북한 통일의 가능성 내지 기대가 자못 현실화되고 있는 듯하다. 하지만 정작 중요한 것은 통일로 나아가는 과정이 그에 상응하는 준비와 노력, 심지어는 예기치 않거나 원치 않는 대가를 요구할 수 있다는 점이다. 따라서 한반도 통일에 대한 기대 못지않게 통일의 대장정에 나서는 준비와 노력이 국가적 차원은 물론 사회와 개인에게도 중요한 과제가 아닐 수 없다. 국가적 차원에서의 준비와 노력이 일반적으로 대북정책과 통일정책으로 표출된다면, 사회와 개인 차원에서는 통일의식과 의지, 역량을 통해 드러난다고 할 수 있다.

통일의 이상에 다가서기 위한 대북정책은 북한을 상대한다는 좁은 시야에서 벗어나야 한다. 그것은 장기적이고 미래 지향적인 관점에서 통일을 위한 환경과 여건을 조성함으로써 남북관계를 정상화하고 궁극적으로 한반도 통일에 기여하는 것이어야 한다. 요컨대 우리의 대북정책은 적어도 통일정책과의 유기적인 관계 속에서 통일을 견인할 수 있는 추동력을 발휘해야 할 것이다.

사회와 개인 차원의 통일준비와 역량을 진작할 수 있는 가장 효과적인 방안은 통일교육이다. 하지만 통일의식과 의지, 역량을 함양하기 위한 다양한 시도와 노력에도 불구하고 북한과 통일문제 전반에 대한 국민들의 관심과 기본적 이해가 여전히 부족한 것이 작금의 현실이다. 더욱 우려스러운 부분은 젊은 세대의 통일의식과 통일에의 의지가 약화되고 있을 뿐만 아니라 통일문제를 바라보는 시각과 생각이 많이 달라지고 있다는 점이다. 통일이 마치 시장에서 선택할 수 있는 상품처럼 인식되고 있는 것이다. 이러한 경향은 통일문제가 더 이상 우리 민족, 우리 사회의 지상 명령이나 당위적 목표가 아니라 비용과 편익을 대비하면서 선택 여부를 결정할 수 있는 사안이 되고 있다는 사실을 반증하는 것이기도 하다.

하지만 통일문제를 개인과 사회의 이해관계가 달린 현실적·실리적·경제적 차원에서만 바라보는 것은 바람직하지 않다. 남북한 통일에 내포된 본질적 가치는 민족적 동질성에 기초한 과거로의 단순한 회귀나 개인적 이익과 부국강병의 논리에만 사로잡힌 경제적 효용의 추구 그 이상이기 때문이다. 우리에게 남북한의 통일은 시장의 상품이기보다는 광장의 주제가 되어야 한다. 이러한 상황에서 우리에게 요구되는 것은 통일문제를 이상과 현실, 당위와 실리 등 모든 차원에서 전체적·입체적으로 조망할 수 있는 장기적 안목과 통찰력이다. 기실 이는 우리의 대북정책과 통일정책 그리고 통일교육이 터해야 할 토대이자 출발점이기도 하다.

이러한 안목과 통찰력을 위해 무엇보다 중요한 것이 복합적이고 체계적인 인식의 틀이다. 현상 이면의 복잡한 상호작용을 꿰뚫어 볼 수 있는 전체적 조망과 더불어 현상과 현상, 현상과 구성 요소들 그리고 각각의 현상을 이루는 구성 요소들 사이의 상호관계를 파악하고 규명할 수 있는 그물망과도 같은 사고의 지평이 필요하다.

남북한이 통일로 나아가는 과정은 선형적(linear) 흐름이 아니다. 그것은 시간이 지나면서 더욱 많은 요소들이 영향을 주고받으며, 과정 자체가 요동치거나 증폭될 수 있는 역동적이고 복합적인 비선형적(nonlinear) 과정이다. 남북한 관계의 불확실성, 미국과 중국, 일본, 러시아 등의 이해관계가 복잡하게 얽혀있는 동북아 역학관계 그리고 세계적 차원의 국제관계 질서가 교차하는 지형 속에서 남북한 내부의 정치적 동학과 남북한의 여러 하위 영역 사이의 단속적 상호작용이 펼쳐지고 있는 것이 오늘날 한반도의 모습이기 때문이다.

21세기 남북한 관계는 이처럼 역동성과 불안정성을 특징으로 하는 일종의 유기체처럼 작동하고 있다. 이러한 상황에서 통일의 비전을 성취할 수 있는 토대는 남북한 관계의 현상과 그 이면의 본질을 꿰뚫어 볼 수 있는 복합체계적 사고(complex systems thinking) 그리고 인류 보편의 가치와 미래 지향의 관점에서 한반도 통일의 의미를 깊이 성찰하는 가운데 그것을 소망하고 현실화할 수 있는 의지와 역량이다. 그리고 그 시작은 북한의 본질과 실체, 북한체제의 변화 가능성, 우리의 대북정책과 통일정책 그리고 통일교육의 의미와 과제 등에 관한 이해와 천착이라고 할 수 있다.

이 책은 남북한 관계와 통일문제에 대한 필자의 관심사를 반영한 것이다. 특히 10여 년이 넘는 동안 대학에서 북한 또는 통일문제와 관련된 강의를 하면서 나름대로 중요하다고 생각하는 몇 가지 주제를 중심으로 그 내용을 정리한 것이다. 한 학기라는 제한된 일정 그리고 다양한 관심을 지닌 수강생들과의 짧은 만남 속에서 북한과 통일이라는 두 가지 주제를 충실히 다룬다는 것이 결코 쉬운 일은 아닐 것이다. 이 책은 이와 같은 현실 속에서 몇 몇 주제에 관한 큰 그림을 통해 남북한 관계 및 통일문제에 대한 관심과 이해를 높이는 데 조금이나마 도움이 되었으면 하는 바람에서 출발하였다.

이러한 취지에 맞추어 이 책에서는 북한, 남북한 관계 그리고 한반도 통일에 관한 10개의 주제를 선정하였고, 그동안 발표한 글과 강의 자료 등을 토대로 내용을 정리하였다. '북한'의 의미, 북한연구와 북한이해, 북한사회의 특징, 북한체제의 지속과 변화, 남북한 관계의 전개, 통합이론과 남북한 통일, 남북한의 통합 과정, 통일비용과 통일편익, 통일 필요성의 논거, 통일교육과 시민교육 등이 그것이다. 그 가운데 몇 개의 주제에 관한 내용은 이미 발표한 글을 수정하거나 보완한 것이다. 제3장은 "북한 사회주의 체제의 내구성 분석"(『윤리연구』 제87호, 2012/12), 제5장은 "남북한의 신뢰형성에 관한 비판적 논의"(『윤리연구』 제93호, 2013/12), 제9장은 "통일 필요성 논거의 새로운 정향"(『윤리연구』 제90호, 2013/6) 그리고 제10장은 "남북한 통합을 위한 시민교육의 과제"(『윤리연구』 제80호, 2011/3)를 이 책의 취지와 전체의 흐름에 맞게 재구성하였다.

한 사람의 일생이 타인과의 관계 속에서 채워지고 풍요로워 질 수 있듯이 이 책도 많은 분과의 인연과 도움이 있었기에 가능할 수 있었다. 먼저 오랜 기간 동안 작지만 아름다운 학문 공동체를 이루며 연구와 강의에 전념할 수 있도록 배려해 준 고대만, 장승희 교수님께 감사드린다. 또한 이곳 제주에서 학문적 교감을 나누며 통일문제에 천착할 수 있도록 도와준 많은 분들과 책의 출간을 지원해 준 초등교육연구소에 감사의 마음을 전하고 싶다.

원고를 준비하는 내내, 공부하는 자식에게 큰 나무와도 같으셨던 아버님에 대한 그리움이 더욱 사무치곤 했다. 일생을 무릎으로 기도하며 아들의 새벽을 깨워주시는 어머님께 한없는 감사를 드린다. 항상 애정과 관심으로 지켜봐 주시는 장인 장모님께도 깊이 감사드린다. 그리고 때론 친구처럼 때론 동료처럼 언제나 삶의 파도를 같이 하는 아내 연미, 이 책의 첫 번째 독자가 되겠다며 힘들어 하는 아빠를 격려해 줄 정도로 훌쩍 자란 두 딸 정현과 현지에게 고마움을 전한다. 끝으로 여러 가지 어려운 여건 속에서도 부족한 글을 다듬어 책으로 나올 수 있도록 애써준 인간사랑 편집부에 깊은 감사를 표한다.

갑오년 아침
한라산이 보이는
耘史書房에서
변종헌

서론 **북한의 존재와 의미**

북한은 우리에게 어떠한 존재인가? 북한은 우리와 정치·군사적으로 대결 상태에 있는 경계 대상인 동시에 하나의 민족공동체를 형성하기 위해 함께 협력해 나가야 할 동반자이기도 하다. 북한은 우리의 안보를 위협할 수 있는 적대적 관계에 있는 체제이면서 우리가 함께 하나의 민족공동체를 실현해야 하는 대상, 즉 우리가 숙명적으로 끌어안아야 하는 또 하나의 우리이기도 하다. 북한은 6·25전쟁의 상처를 안긴 상대인 동시에 6·15공동선언을 통해 오랜 적대관계를 해소하고 공존공영을 지향하기로 합의한 동반자이기도 하다. 이와 같이 우리에게 북한은 경계 대상이자 협력의 대상이라는 이중적 존재로 다가온다.

1. 북한이라는 존재

한 개인의 삶에 크고 작은 영향을 미치는 것들이 있듯이, 사회나 국가의 경우에도 그러한 것들이 있기 마련이다. 특히 우리에게 북한이라는 존재는 개인의 사고와 행동은 물론 개인들 사이의 상호작용 그리고 개인과 국가와의 관계에 있어서도 중요한 변수로 작용해 왔다. 하지만 우리가 바라보는 북한의 실체는 다양할 뿐만 아니라 시대와 상황에 따라 상이한 모습을 보여 왔다. 북한은 우리의 자유와 평화를 위협하는 적대적 상대인 동시에 오랜 역사와 문화를 공유한 같은 핏줄이기도 하다. 북한은 강성대국 건설을 주창하는 병영국가인 동시에 극심한 빈곤 상태와 만성적인 경제 위기에 직면한 사회주의 체제이기도 하다.

2000년 제1차 남북정상회담은 북한에 대한 우리의 인식과 태도에 가장 극적인 변화를 초래한 분기점으로 볼 수 있다. 무엇보다도 남북한 사이에 가로놓인 과거의 냉전 대결의식이 약화되는 대신에 같은 민족으로서의 화해협력 의식이 강화되는 계기가 되었다. 하지만 이와 같은 인식과 태도의 변화에도 불구하고 우리 사회에는 여전히 북한과의 대결의식이 상존하고 있고 적지 않은 사람들이 북한을 의혹의 시선으로 바라보고 적대시하는 것 또한 현실이다. 기실 이와 같은 시각은 그동안의 남북관계 속에서 얼마든지 확인할 수 있는 측면이기도 하다.

1999년과 2002년 두 번에 걸친 서해교전, 여전히 해결의 실마리를 찾지 못한 채 요동치고 있는 북핵문제, 2010년 천안함 피격과 연평도 포격 사건, 장거리 미사일 발사와 제3차 핵실험 재개 등 북한의 간헐적이고 국지적인 도발 행태는 한반도의 불안 상태가 근원적으로 해소되지 않고 있다는 사실을 보여주고 있다. 이와 같은 구조적 환경은 정상적인 남북관계를 저해하는 동시에 우리 사회의 저변에서 냉전적 대결의식이 표출되는 토대가 되고 있다. 남북 간의 평화적 공존과 화해협력에 대한 기대만큼이나 북한에 대한 근원적 불신이 공존하고 있는 모습이 북한에 대한 인식과 남북관계에 대한 이해를 규정짓는 상수가 되고 있다. 그리고 이와 같은 이중적 인식의 기저에는 우리에게 북한은 과연 무엇인가 하는 질문이 놓여 있다(박재규, 2007, 4).

북한은 한편으로 우리와 정치·군사적으로 대결 상태에 있는 경계 대상이라고 할 수 있다. 동시에 북한은 하나의 민족공동체를 형성하기 위해 함께 협력해야 할 동반자이기도 하다. 북한은 우리의 안보를 위협할 수 있는 적대적 관계에 있는 체제이며 또한 우리가 함께 하나의 민족공동체를 실현해야 하는 대상, 즉 우리가 숙명적으로 끌어안아야 하는 또 하나의 우리이기도 하다. 북한은 6·25전쟁의 상처를 안긴 상대인 동시에 6·15공동선언을 통해 오랜 적대관계를 해소하고 공존공영을 지향하기로 합의한 동반자이기도 하다. 우리에게 북한이라는 존재는 경계 대상이자 협력의 파트너라는 이중성을 동시에 지니고 있다. 이처럼 이중적인 북한의 실체를 고려할 때 우리에게 필요한 것은 서로 간의 적대감을 해소하고 동포애를 증진시켜 북한을 공존과 동반자 관계로 이끌어 갈 수 있는 지혜와 노력이라고 할 수 있다.

1) 경계 대상으로서의 북한

우리 사회에는 여전히 북한을 적대적 상대로 바라보는 시각이 있다. 이와 같은 시각에서 북한은 같은 민족으로서 화해하고 협력해야 할 대상보다는 대결과 경쟁의 대상으로 다가온다. 박재규는 적대적 관점에서 북한을 바라보고 남북한 사이의 대결의식이 지속되고 있는 배경을 크게 3가지 차원에서 제시하고 있다: 첫째는 냉전 시대 이데올로기의 유산이고, 둘째는 6·25전쟁의 기억과 군사적 대치의 현실이며, 셋째는 냉전 대결의식의 사회적 재생산 구조이다.

먼저 대한민국은 출범과 동시에 냉전(cold war)의 세계 질서 속에서 반공 이데올로기의 유산을 떠안아야 했고 그에 따라 북한에 대한 적대의식이 우리 사회를 규율하는 이념적 토대가 되었다. 한반도 분단과 6·25전쟁을 겪으면서 거대한 냉전 질서에 편입되는 과정은 우리 사회에 반공 이데올로기가 내면화되고 북한과의 체제 대결에서 승리하기 위한 군사주의 문화가 뿌리내리는 과정이었다. 북한과의 치열한 체제 경쟁 과정을 통해 철통같은 방위 태세를 확립하고 군사적 대결에서 승리하는 것이 가장 중요한 사회적 가치로 자리 잡은 것이다. 그리고 이와 같은 냉전적 사고나 극단적인 흑백 논리는 20세기말 전 세계적으로 촉발된 탈냉전의 거대한 흐름에도 불구하고 여전히 우리 사회 곳곳에서 영향력을 발휘하고 있다. 북한에 대한 이해나 남북관계의 진전을 둘러싸고 벌어지는 남남갈등의 중요한 원인 역시 이처럼 냉전과 탈냉전이 동시에 착종되어 나타나는 우리의 특수한 자화상 속에서 찾을 수 있다.

또한 남한과 북한은 휴전선을 사이에 두고 200만 명에 가까운 상용 무력이 군사적으로 대치하고 있다. 전 세계에서 이처럼 많은 숫자의 중무장 병력이 대치하고 있는 곳도 없다. 세계에서 무장과 군의 밀집도가 가장 높은 지역이 바로 한반도다. 휴전선은 '무장화된 비무장 지대'로 남아있다. 이와 같은 남북한의 군사적 대치 상황은 북한을 적으로 규정짓는 안보 제일주의의 관점에서는 지극히 자연스러운 모습이라고 할 수 있다. 사실상 남북한은 끝나지 않은 전쟁의 상흔을 깊게 안고 있다. 남북한 1천만 이산가족의 아픔, 북한의 정치적 군사적 도발 그리고 간헐적으로 발생하는 남북한 사이의 충돌 속에서 전쟁의 폐해와 위협을 느끼고 있는 것이 우리의 현실이다. 6·25전쟁이 아직 끝나지 않았고 여전히 진행 중이라는 사실은 민족 화해의 시기에 발발한 두 차례의 서해교전 그리고 2010년 북한에 의한 천안함 피격과 연평도 포격 사건 등을 통해서 명백히 드러났다. 이처럼 한반도가 전쟁으로부터 자유로울 수 없다는 사실은 우리의 젊은이들이 북한과 대치하고 있는 현실 속에서도 찾아볼 수 있다. 한반도 통일의 주역들이 서로 총칼을 겨누고 전쟁의 불안감 속에서 생활하고 있다는 사실은 그 자체로 상대방에 대한 적대의식을 재생산하고 고착화시키는 가장 큰 현실적 토대가 되고 있다.

끝으로 북한에 대한 적대의식은 이를 체계적으로 재생산하는 사회정치 구조에 의해서도 여전히 진행형이다. 오랫동안 우리 눈에 익숙했던 사회 곳곳의 안보 및 반공 포스터와 벽보, 입간판 등은 시민들을 대상으로 한 일방적 내면화와 사회화의 흔적이라고 할 수 있다. 그리고 최근에는 북한의 일부 실상을 과장하거나 확대함으로써 북한을 일방적으로 비하하는 방식을 통해 반북 이데올로기가 재생산되고 있기도 하다. 일방적이고 편향된 북한 인식이 마치 회로판처럼 구조화되어 우리의 잠재의식 속에 각인된 상태에서 자동적으로 재생되고 있다. 일종의 반공주의 회로판이 작동하고 있는 것이다. 이러한 재생 과정은 학교, 군대 그리고 대중 매체를 통해 진행되고 있다.

경계 대상으로서의 북한은 한반도 분단과 전쟁, 냉전 체제의 지속과 구조화 그리고 지금까지 계속되고 있는 대립의 역사가 만들어낸 북한의 일면이다. 북한을 이처럼 경계 대상 내지 적으로 바라보는 시각이 여전히 우리 의식의 한편을 강하게 붙들고 있을 뿐만 아니라 이를 반영한 제도적 장치 또한 고스란히 남아 있다. 이러한 상황에서 우리가 취하는 대북정책의 밑바탕에는 안보가 기본적으로 자리할 수밖에 없다. 북한을 경계 대상으로 간주하는 한 북한의 위협으로부터 우리를 지켜야 한다는 의식을 갖는 것은 자연스런 귀결이다(박재규, 2007, 7-8).

한편 북한을 항상 타자로 인식하는 가운데 불신과 타도의 대상으로 보는 시각을 스미스(Hazel Smith)는 이른바 안보쟁점화 패러다임(securitization paradigm)으로 설명하고 있다(Smith, 2000, 115; 128-9). 그가 개념화한 안보쟁점화 패러다임에 따르면, 북한은 비합리적이고 예측 불가능하다는 점에서 미친(mad) 행위자이다. 그리고 규범적으로 수용할 수 없는 정책적 동기와 추진 동력이 국가와 국가 지도부의 특성에서 연유하기 때문에 나쁜(bad) 행위자로 볼 수 있다. 나쁜 행위자 명제(the bad thesis)는 북한을 다른 문명 세계와는 다른 목표를 추구하고 근본적으로 세계 공동체의 경계 밖에 있는 악의에 찬 호전적인 불량국가라고 가정한다. 또한 이 명제는 북한을 지구상에서 가장 잘 무장된 병영국가로 보며 통일을 위해서는 남한과의 전쟁도 불사할 수 있는 의도와 능력을 지닌 존재로 규정한다.

또한 나쁜 행위자 명제의 하위 명제라고 할 수 있는 미친 행위자 명제(the mad thesis)에 따르면, 북한은 비합리적이며, 알기 어렵고, 예측 불가능한 위험한 존재이다. 이러한 모습은 국가 지도부의 나쁜 의도에서 기인한다. 그리고 북한의 정치 행태는 국제적 규범을 따르지 않는 경향을 보일 뿐만 아니라 최적의 선택행위(optimal preference-maximizing behavior)를 명백하게 거부하는 비합리적 행위 때문에 미친 짓으로 간주된다.

이러한 시각에서 볼 때, 북한의 상대가 취할 수 있는 정책은 전쟁이나 대화 단절 이외에는 없다. 북한은 체제 자체가 제거되지 않으면 변할 수 없다. 따라서 북한과의 외교 협상은 무의미하며 협상 대상자는 무기력해지거나 북한과의 극한적 대치 상황을 피하기 어렵다. 이처럼 냉전 논리에 기초한 안보쟁점화 패러다임에서 바라보는 북한은 항상 타자이며, '악'이고, 믿을 수 없는 예측불가능한 존재로 규정된다(최완규, 2003, 34-35).

2) 협력 대상으로서의 북한

북한을 적대적 상대로 바라보는 시각이 냉전적 사고와 6·25전쟁의 기억 그리고 이것들의 재생산 구조를 통해 내면화된 의식의 표출이라면 같은 민족으로서의 동포애를 기반으로 북한을 바라보는 시각 또한 우리 의식 세계의 일부를 이루고 있다. 특히 2000년 남북정상회담을 계기로 남북한 사이의 화해협력 의식이 고양되면서 역사와 문화를 같이 하는 한민족으로서의 정체성에 대한 인식이 확대되었다. 그리고 이러한 인식의 전환을 바탕으로 국민의 정부와 참여정부를 거치면서 남북한 경제협력과 다양한 인적 교류가 확대됨에 따라 남북한이 서로 협력하는 가운데 통일을 이루어야 한다는 생각이 확산되기도 하였다.

김대중 대통령과 김정일 국방위원장의 역사적 만남은 남북한이 서로를 화해와 협력의 대상으로 인식하고 이를 통해 남북관계를 상호 인정과 평화 공존의 관점에서 바라보게 하는 전환점을 마련하였다. 더욱이 남북한 사이의 경제교류와 협력을 통해 남북한이 경제적 이익을 누릴 뿐만 아니라 한반도를 동북아 물류와 경제협력의 중심지로 만들 수 있다는 기대감이 고조되기도 하였다.

이러한 상황에서 북한은 한반도 통일의 대상이자 한쪽 주체로서 우리와 대면한다. 통일은 남한만의 방식으로도 북한만의 방식으로도 가능하지 않다. 북한은 1980년에 주장했던 연방제 통일에서 체제 유지의 성격을 가미한 '느슨한 연방제'로 통일정책의 방향을 조정하였다. 마찬가지로 남한 역시 단기간의 흡수통일을 공식적으로 배제하는 대신에 평화 공존과 점진적인 통일을 목표로 하고 있다.

남한과 북한은 이미 1992년 '남북기본합의서'를 통해 '통일을 지향하는 과정에서 과도적으로 형성된 특수한 관계'로 서로를 규정하였다. 또한 상대방을 소멸의 대상이 아니라 합의를 통한 통일의 상대로 설정하고 있음도 아울러 표명하였다(박재규, 2007, 8-10).

위와 같은 북한 인식은 스미스가 안보쟁점화 패러다임의 대안으로 제시한 애처로운 행위자(sad actor) 내지 합리적 행위자(rational actor) 명제와 관련이 있다. 국제인권기구의 조사 결과에 따르면, 북한은 참으로 애처로운 사회이다. 북한은 만성적인 식량 부족으로 어린이들이 죽어가고 있고 많은 주민들이 영양 실조에 시달리고 있다. 북한은 외부로부터의 도움이 절실한 사회이다. 애처로운 행위자 명제에 따르면, 북한이 국제관계에서 보이고 있는 행태를 정확하게 파악하기 위해서는 그 역사와 맥락에 주목해야 한다. 즉 20세기 말에 북한이 경험한 전쟁 그리고 전쟁 위협에 시달린 역사를 고려해야 한다는 것이다(Smith, 2000, 129-30). 예컨대 해리슨(Selig Harrison)은 강렬한 민족주의 정서가 반영된 북한의 대외 행태를 이해하려면 무엇보다도 우선 6·25전쟁으로 인한 정신적 상처를 이해해야 한다고 강조하면서, 그들은 전쟁 경험에서 일종의 상시 포위의식(permanent siege mentality)에 사로잡혀 있다고 주장한다(이홍동 외, 2003, 50-51).

위와 같은 이중적인 북한 인식을 고려할 때 우리에게 필요한 것은 건전한 안보관을 바탕으로 북한의 변화를 유도하여 남북관계를 실질적인 협력과 정상적인 상호관계로 이끌어 갈 수 있는 지혜와 노력이다. 북한을 대결과 대립의 상대로만 볼 경우 남북 간의 적대관계를 해소하기 어렵다. 반대로 북한을 화해협력의 대상으로만 인식한다면 분단 구조 하에 있는 한반도의 현실을 경시하거나 감상적인 통일지상주의에 빠질 우려가 있다(통일교육원, 2013, 11).

따라서 북한이라는 존재의 이중성을 객관적으로 인식하고 평화통일을 지향해 나가는 관점에서 바람직한 북한관을 정립하는 것이 중요하다. 북한은 우리에게 무엇인가라는 물음과 관련해서 적과 동포, 경계 대상과 협력 대상이라는 이중적 인식이 존재하는 것처럼 북한에 대한 정책에 있어서도 포용과 화해 그리고 엄격한 상호주의가 충돌하고 있다. 그러나 한 가지 분명한 것은 한반도의 평화와 통일은 남북한의 적극적 협력 없이는 불가능하다는 점이다. 남북관계가 정상화되고 남북 간의 교류협력이 건실할 때 한반도의 평화와 통일도 가능하게 될 것이다.

2. 북한이해의 중요성

한반도에서 냉전 상태를 종식시키고 평화와 통일을 실현하기 위해서는 남북 간의 신뢰구축을 바탕으로 남북관계를 정상적인 상태로 정립해 나가야 한다. 이를 위해서는 무엇보다 통일의 상대인 북한을 올바르게 이해할 필요가 있다. 북한의 본질과 현상을 정확하게 파악하는 것은 북한에 대한 객관적이고 균형 잡힌 이해를 도모하고 나아가 우리의 대북정책과 통일정책의 방향을 정립하는 데 있어서 매우 중요한 출발점이다. 왜냐하면 북한에 대한 국민의 이해와 인식이 정부의 정책 방향과 내용에 영향을 미치기 때문이다. 따라서 중요한 것은 모든 국민이 북한의 실체와 본질을 있는 그대로 정확하게 인식하고, 이를 기반으로 정부가 북한의 바람직한 변화를 유도할 수 있는 정책들을 수립하여 추진해 나가는 것이다.

올바른 북한이해는 북한체제의 모순을 직시하면서 객관적이고 균형적인 시각에서 북한을 바라볼 수 있을 때 가능하다. 남북통일의 비전을 성취하기 위해서는 이와 같은 인식 태도를 바탕으로 국민들이 북한의 실체와 본질에 대한 이해를 공유하고 그 외연을 확대하는 것이 중요하다. 그러나 우리 사회의 현실은 소위 진보와 보수 그리고 세대와 집단 간의 이해관계 및 접근법에 따라 북한을 바라보는 시각의 차이가 극명하게 표출되고 있다. 이와 같은 이른바 남남갈등의 상황은 우리의 통일역량을 결집하는데 부정적으로 작용할 수 있다. 왜냐하면 이는 우리 사회가 북한이라는 대상을 자신이 속해 있는 집단적 이해관계에 의거해서 인식할 뿐 북한을 총체적 관점에서 바라보지 못한다는 것을 반증하기 때문이다. 이러한 맥락에서 우리가 주관적 인식, 편견, 감정적 판단에서 벗어나 북한을 제대로 이해하기 위해서는 다음과 같은 점에 유의할 필요가 있다(통일교육원, 2013, 12-13).

첫째, 북한의 이중적인 모습을 균형감 있게 인식하는 가운데 북한의 실체와 본질을 정확하게 파악해야 한다. 냉전 질서 하에서는 북한을 같은 민족으로 생각하기보다 대결과 경쟁 상대로 인식하는 경향이 지배적이었다. 하지만 전 지구적인 차원에서 탈냉전의 흐름이 전개되고, 한반도에서 상호 교류협력의 분위기가 조성되고, 우리 사회의 민주주의 또한 성숙되면서 북한을 함께 공존해야 하는 대상으로 인식하기 시작하였다.

남북한은 한반도 분단을 극복하기 위해 국제사회의 지지와 협력을 바탕으로 당사자 해결 원칙에 따른 평화적인 해결 방안을 모색해야 한다. 상생과 공영의 가치를 기반으로 평화적인 남북관계를 지향하는 가운데 점차 적대적 대립관계에서 벗어나 호혜적인 협력관계로 발전해 나가야 한다. 하지만 이와 같은 호혜적·협력적 차원의 인식으로 인해 북한의 실체가 왜곡되어서는 안 된다. 아울러 북한은 분명 우리가 경계해야 할 대상이지만 북한 주민은 장차 우리와 함께 통일공동체를 이루고 살아갈 동포라는 인식도 필요하다.

둘째, 객관적 현실에 기초해서 북한을 이해해야 한다. 현재 북한이 처한 대내외적 환경과 북한의 구체적인 실상에 근거하여 '있는 그대로의 북한'을 볼 수 있어야 한다. 일례로 우리가 접근할 수 있는 북한 신문이나 TV 방송 등은 북한체제의 선전 도구로서의 성격이 강하기 때문에 이를 통해 북한 실상을 파악하기에는 한계가 있다. 따라서 북한 당국이 보여주는 모습이 아니라 북한 주민들의 실제 생활 모습을 파악해야 한다. 중요한 것은 북한과 관련된 사안을 무조건 부정적으로 보거나 반대로 현실과 유리된 감상적 시각으로 북한을 무조건 긍정적으로 이해해서도 안 된다는 것이다.

셋째, 북한의 대내외 정책에 대한 올바른 이해를 위해서는 식량난, 경제위기 등 겉으로 드러난 현상에서 더 나아가 이러한 현상들을 초래한 북한체제의 근본적 요인들을 파악해야 한다. 그리고 이를 자유, 인권, 복지 등 인간의 보편적 가치 기준에 비추어 비판적으로 검토하는 자세가 필요하다. 북한은 주체사상을 기반으로 다른 사회주의 국가에서는 선례를 찾아보기 어려운 유일 독재 체제를 구축해 왔고, 3대에 걸친 권력 세습을 이루었다. 북한체제가 지닌 이러한 특성을 이해하지 못한다면 북한사회의 본질을 정확히 파악하기 어렵다. 따라서 북한에 대한 피상적 이해를 넘어서 북한체제의 본질과 실체에 대한 구조적이고 체계적인 이해가 요구된다.

3. 북한이해의 한계와 과제

북한연구의 목적은 북한에서 일어나고 있는 여러 가지 현상들을 체계적으로 분석·설명함으로써 그 현상이 앞으로 어떻게 전개될 것인가를 예측하는 데 있다. 분단 이후 우리의 북한연구는 학문적 차원보다는 정치 및 정책적 차원에서 이루어져 왔다. 연구자의 시각이 정치적 여건이나 필요에 의해 영향을 받았고 그 내용도 정부의 통일정책, 정보 분석, 반공 홍보 자료, 월남 귀순 인사들의 증언 등이 주류를 이루었다(안병영, 1977, 145-6). 실제로 맹목적인 냉전의식이나 반공 이데올로기가 다른 어떤 가치보다 우선시되는 상황에서 북한은 학문연구의 대상이기에 앞서 경쟁과 타도의 대상일 수밖에 없었다.

물론 이와 같은 현상은 우리 사회의 북한연구에만 국한된 것은 아니었다. 이는 사실상 서구 학계에서 진행된 구소련을 비롯한 공산주의 연구에서도 흔히 볼 수 있었던 현상이다. 예컨대 구소련에 관한 초기의 연구는 연구 시각 자체가 이념적 색채를 띠었다. 그리고 연구 내용도 구소련을 여행한 지식인과 언론인, 학자들의 기행문이나 서구로 망명한 인사들의 체험담이 주종을 이루었다. 제2차 세계대전 이후 사회주의권이 서구 외교정책의 주요 대상이 되면서 이에 대한 연구도 활발히 이루어졌다. 하지만 순수한 학문적 관심보다는 정책적 수요에 의한 연구가 대부분이었고, 공산주의 체제를 서구 자유민주주의의 시각에서 파악하고 이해하려는 경향이 지배적이었다. 따라서 공산주의 체제의 역동적 변화 그리고 공산주의 체제들 사이의 유사성과 상이성을 제대로 비교하거나 설명할 수 없는 한계를 지니고 있었다.

이처럼 냉전적 연구 시각을 바탕으로 공산주의 체제의 독특성(novelty)과 특이성(uniqueness)을 강조하면서 개별기술적(ideographic) 지역 연구만을 고집하는 경향이나 전체주의 모델과 같은 특정한 접근법에 초점을 둔 공산주의 연구는 자연히 방법론적 예외주의(methodological exceptionalism) 내지 이론적 고립주의(theoretical isolationism) 현상을 초래하였다. 그 결과 한 동안 사회주의 체제나 공산주의 사회에 대한 연구는 법칙정립적(nomothetic) 연구를 지향하는 사회과학의 본류로부터 소외되어 왔었다고 할 수 있다(최완규, 2003, 10).

학문연구의 추세는 단순히 연구 대상을 기술하고 이해하는 데서 출발해 점차 일반성을 띤 법칙을 찾아내는 데로 발전한다(이홍영, 1980, 7). 공산주의 연구 역시 단순한 현상의 기술에서 시작하여 점차 현상 간의 관계를 체계적으로 분석·설명하고 예측하기 위한 이론과 방법을 개발하는 방향으로 발전되었다. 이와 같은 맥락에서 1960년대에 들어오면서 그동안 공산주의 연구의 주류를 형성했던 전체주의 접근법에 대한 비판이 제기되었다. 이와 더불어 종래의 개별기술적 지역 연구의 수준을 넘어서서 개별 공산주의 체제를 비교 맥락 속에서 파악하기 시작하였다.

사실상 위에서 지적한 북한이해를 둘러싼 남남갈등의 근저에는 북한의 실체에 대한 객관적 접근과 합리적 판단의 부재 내지 결여가 자리 잡고 있다고 볼 수 있다. 말하자면 올바른 북한이해의 한계는 우리 사회의 북한연구 수준이 반영된 결과라고 할 수 있다. 따라서 양과 질의 차원 모두에서 북한연구의 수준이 높아질 때 북한이해의 폭과 깊이가 확장될 수 있을 것이다. 이를 위해서는 북한연구에서 다음과 같은 한계를 극복할 필요가 있다(통일교육원, 2004, 4-5).

첫째, 북한체제에 대한 정보나 자료의 제약을 들 수 있다. 특정 사회에 대한 연구를 위해서는 이를 뒷받침할 수 있는 풍부한 경험적 자료가 있어야 한다. 하지만 폐쇄적인 북한체제는 경험적 접근이 용이치 않다. 2000년대 이후 남북교류가 과거에 비해 활성화된 시기에도 북한 방문은 평양 등 극히 제한된 지역에 국한되었다. 그리고 북한 지역을 방문하더라도 자유로운 조사 활동을 수행하는 것은 현실적으로 어려운 일이었다.

만일 직접 방문과 조사 연구가 용이치 않아도 이를 대신하거나 보완할 수 있는 자료와 정보가 풍부하다면 이른바 원거리 연구(long distance study)가 가능할 수 있다. 그러나 북한의 경우에는 이와 같은 정보와 자료가 제한되어 있다. 특히 제도보다는 사회 구성원의 의식이나 사회 현실의 동적 과정에 관심을 갖는 경우라면 북한체제의 특성상 북한체제의 입장만을 대변하는 공식적인 자료에 절대적으로 의존할 수밖에 없다는 점에서 북한연구의 한계가 있다고 할 수 있다.

우리가 접할 수 있는 공식 자료는 북한의 당 기관지인 《로동신문》이나 정부기관지인 《민주조선》 등의 신문, 당 이론잡지인 《근로자》와 김일성과 김정일의 저작집 등이 대표적이다. 더욱이 이들 자료는 북한의 선전 도구로서의 의미가 크다는 점에서 주의를 필요로 한다. 사실상 북한만큼 이해의 편차가 크고 객관화되지 못한 나라도 많지 않다. 극단적 폐쇄정책으로 인한 정보 및 자료의 부족, 나아가 북한 관련 정보와 자료의 은유적 표현과 이중성 등에서 기인하는 신뢰도의 문제 그리고 현장 연구의 한계 등으로 한 동안 북한을 이해하는 것은 거의 불가능한 일로 간주되기도 하였다.

둘째, 기존의 연구가 정치 영역에 지나치게 편중되었다는 점을 들 수 있다. 경제나 사회문화 같은 정치 이외의 다양한 분야에 관한 연구가 상대적으로 미흡한 수준에 머물러 북한의 전반적인 모습을 종합적이고 체계적으로 이해하기 어렵다는 점이다. 따라서 단편적인 주관적 인식이나 편견에 기초하여 감정적으로 북한을 이해하기보다는 북한에 대한 총체적이고 체계적인 접근을 시도하는 것이 중요하다. 이를 위해서는 북한체제의 정치적 특성에 관한 기본적 분석과 함께 북한 주민들의 구체적인 삶의 모습 등 사회문화적인 측면까지 포괄하는 다면적 접근이 필요하다.

냉전 체제에서의 북한연구는 정치적 접근이 주류를 이루었다. 남북 분단의 현실을 이데올로기의 차원에서 인식하였을 뿐만 아니라 북한을 정치적으로 비판하는 것이 북한연구의 주된 동기였다는 점에서 북한의 정치체제나 이념이 북한연구의 핵심 주제일 수밖에 없었다. 따라서 북한연구의 주류를 이룬 것은 주체사상이나 권력 구조, 조선노동당 연구 그리고 북한의 대남 전략 등이었다(송승섭, 1988). 오랜 기간 지속되어 온 정치학 중심의 연구나 정치적 접근에 기초한 북한연구 추세는 북한의 총체적 모습을 입체적으로 파악하는 데 장애가 되었다고 할 수 있다.

세계적인 냉전 질서가 와해되고 동시에 남한의 민주화가 진전됨에 따라 북한에 대한 접근과 연구 활동이 점점 다양해지고 있다는 것은 긍정적이다. 특히 2000년대 초반 이후 남북교류가 확대되면서 북한의 사회문화 체계에 대한 관심이 증대되었고, 독일의 통일 과정에서 사회문화적 통합의 중요성이 부각되면서 북한사회에 대한 연구와 북한에 대한 사회학적 연구가 활성화되었다(이우영, 2005, 123-25).

셋째, 북한연구의 객관성 문제를 들 수 있다. 냉전적 사고와 그에 따른 이념 비판적 북한연구가 북한사회에 대한 총체적 이해를 어렵게 했다는 점이다. 이는 체제 대립으로 인해 북한이라는 연구 대상을 객관적으로 분석하기보다는 당위성, 주관성, 개인적 정서에 따라 연구해 왔기 때문이다. 과거와 비교할 때 북한 관련 정보와 자료 수집의 어려움은 많이 완화되었다고 할 수 있다. 정보와 자료의 수집이 많이 용이해졌고, 비록 제한적이기는 하지만 현장 연구 역시 가능해 졌다. 그러나 자료의 수집이 상대적으로 쉬워진 반면에 북한을 보는 시각의 차이가 확대되었고 그에 따른 북한이해의 왜곡 가능성도 커졌다고 할 수 있다.

이것은 북한을 바라보는 사람들의 입장에 따라 북한이 매우 다르게 인식될 수 있다는 것을 의미한다. 관찰자 자신의 개인적 가치관이나 이데올로기적 입장이 북한을 바라보는 시각에 영향을 줄 수 있고, 자신이 속한 사회의 가치와 척도에 근거해서 북한을 얼마든지 달리 이해할 수 있기 때문이다. 이데올로기적 편향성에서 기인하는 맹목적인 냉전적 사고와 반공의식 그리고 이에 대한 반작용으로 제기된 맹목적인 북한 편향 내지 환상적인 북한 인식이 그동안 북한이해에 적지 않은 장애가 되어 왔다. 따라서 북한을 제대로 읽고 이해하기 위한 시각 내지 인식 방법에 대한 성찰과 숙고가 중요하다.

정치적 입장을 전제로 한 접근은 대상에 대한 정확한 이해를 어렵게 한다. 이 경우 사실 판단보다는 진위 판단을 지향하는 목적론적 연구가 될 가능성이 농후하기 때문이다. 물론 진위 판단을 지향하는 가운데 부분적으로 사실에 대한 규명이 이루어지기도 한다. 하지만 명백한 사실들에 대한 판단에서도 논리보다는 정치적 잣대가 결정적이라고 한다면 학문적 논의 자체가 실종될 가능성이 크다. 이러한 상황을 고려할 때 북한에 대한 연구가 학문적·과학적 수준으로 더욱 발전해 나가기 위해서는 냉전적 의식 구조의 극복과 함께 국내 민주주의의 성숙 등 많은 조건이 충족되어야 할 것이다. 사실상 1980년대 이후 우리 사회에서 돌출된 북한연구를 둘러싼 논란은 그것이 사회과학의 방법론적 논쟁이기보다는 북한에 대한 서로 다른 시각과 관점의 차이를 반영한 것이라는 점을 상기할 필요가 있다(최완규, 2003).

학문적 관점에서 북한이라는 대상에 관한 객관적 접근과 이해가 확고한 이론적 토대와 과학적 엄밀성을 통해서 가능하다고 할 때 북한연구가 직면하는 일차적인 문제는 북한사회를 보여주는 정보와 자료의 부족이다. 그리고 이보다 더욱 심각한 것은 남북한의 정치 상황을 둘러싸고 있는 고도의 이념적 양극성과 인지적 왜곡(perceptional distortion) 때문에 북한을 가치중립적으로 인식하는 것이 매우 어렵다는 점이다. 하지만 다른 한편으로는 가치중립적 인식 자체가 일종의 가치 판단이라고 할 때 북한에 대한 가치중립적 접근과 이해가 자칫, 관찰자나 연구자의 의도와 관계없이, 북한이 선전 내지 수사적 차원에서 제시하고 주장한 내용을 사실로 받아들이는 오류에 빠질 수도 있다는 점을 고려할 필요가 있다(Kim, 1980, 283).

이러한 맥락에서 볼 때, 사실과 가치를 구분하는 것만이 바람직한 것은 아니며 그와 같은 구분은 사실상 불가능하다고 할 수 있다. 특히 가치중립적 인식 자체가 종종 현재하는 것의 가치에 묵시적으로 동의하거나 이를 영속화시킬 수 있다는 점을 고려한다면 북한을 있는 그대로 혹은 북한의 관점을 통해서 보는 것만이 능사는 아닐 것이다. 따라서 올바른 북한이해를 위해 무엇보다 중요한 것은 북한을 바라보는 균형감 있는 시야를 확보하고 보편적 가치에 기초한 판단 기준을 정립하는 일이다(최완규, 2007, 18).

참고문헌

박재규(2007), "북한은 우리에게 무엇인가?", 박재규 편, 『새로운 북한 읽기를 위하여』, 서울 : 법문사.

송승섭(1988), "북한관련 연구 동향의 계량적 분석", 『북한』 제313호.

안병영(1977), "통일 및 북한연구의 방법론 평가", 『통일정책』 제3권 1호.

이우영(2005), "북한사회 연구 혹은 사회학적 북한연구", 경남대북한대학원, 『현대북한연구』, 제8권 1호.

이홍동 외 역(2003), S. 해리슨 저, 『코리안 엔드게임』, 서울 : 도서출판 삼인.

이홍영(1980), "변화하는 중공정치의 연구현론 : 방법 및 자료에 관하여", 외교안보연구원위촉연구논문 80-02(3월).

최완규(2003), "북한연구방법론 논쟁에 대한 성찰적 접근", 경남대북한대학원 편, 『북한연구방법론』, 파주 : 도서출판 한울.

최완규(2007), "북한 제대로 읽기", 박재규 편, 『새로운 북한 읽기를 위하여』, 서울 : 법문사.

통일교육원(2004), 『북한이해』, 서울 : 통일교육원.

통일교육원(2013), 『북한이해』, 서울 : 통일교육원.

Kim, Samuel S.(1980), "Research on Korean Communism : Promise versus Performance", *World Politics* Vol. 32, No. 2(January).

Smith, H.(2000), "Bad, mad, sad or rational actor? : Why the 'securitization' paradigm make for poor policy analysis of North Korea", *International Affairs* Vol. 76, No. 1.

제1부 북한 그리고 남북한 관계

제1장 북한연구 : 시각과 방법

1980년대 후반 전 세계적으로 냉전 질서가 와해되고 우리 사회 또한 권위주의에서 민주적 정치체계로의 전환이 이루어지면서 북한을 바라보는 시각에도 변화가 나타났다. 특히 북한 및 통일문제에 관한 담론이 풍성해지고 다양한 접근이 이루어지면서 그동안의 북한연구와 북한이해를 둘러싼 비판적 논의가 확대되고 활성화되었다. 일반적으로 북한을 이해하기 위한 학문적 차원의 연구 시각은 외재적 접근법과 내재적 접근법 등 두 가지로 대별할 수 있다. 이것은 결국 북한이해의 문제와 관련하여 외부 관찰자의 시각을 취하느냐 아니면 내부 행위자의 관점을 택하느냐의 문제라고 할 수 있다.

1. 외재적 접근법

분단 이후 북한에 대한 접근 시각은 북한체제를 규성하는 이데올로기적 편향성을 충분히 반영해 왔다. 이러한 경향은 국민들의 일반적인 북한이해는 물론 객관적이고 학문적인 북한연구에도 많은 영향을 끼쳐 왔다. 이러한 맥락에서 북한연구가 남북한의 분단 현실과 이데올로기적 대결 구도로부터 결코 자유로울 수 없는 '시대의 아들'이라는 지적은 적절해 보인다.

1980년대 후반 진행된 민주적 전환 과정 이전까지의 대부분의 북한연구는 사실상 정부의 정책을 통해 제시된 북한이해의 방향과 내용에 기초한 것이었다. 그 과정에서 북한이해의 강력한 준거로 작용했던 것이 바로 자유민주주의와 자본주의 경제체제라고 할 수 있다. 요컨대 자유민주주의와 자본주의의 시각에서 북한체제를 분석하고 이해하는 경향이 지배적이었다. 이러한 접근법은 북한이라는 연구의 대상을 객관적이고 외부적인 시각에서 분석하는 인식 방법론을 반영하고 있다.

외재적 접근법으로 명명되는 이와 같은 접근법은 주어진 사회를 그 사회에 내재하지 않는 이념·규범·관행·개념에 따라 설명하고 분석하는 것을 말한다. 이러한 맥락에서 송두율은 외재적 접근법이 사회주의를 밖으로부터, 즉 시민적 민주주의나 자본주의를 척도로 분석하려는 접근법이라고 주장한다(송두율, 1988). 그리고 이러한 접근법은 대체로 사회주의를 절대 악으로 설정하거나 아니면 사회주의 이념의 독자성을 과소평가하는 오류를 범하고 있다고 지적한다.

외재적 접근법은 내재적 접근법의 제한성을 극복할 수 있는 방법론으로 볼 수 있다. 여기에는 특정 사회주의 국가를 여타 사회주의 국가들과 비교하는 비교론적 방법, 하나의 모델을 상정하는 방법, 외재적 요인들을 분석하는 방법 등이 모두 포함된다. 이 접근법은 연구자가 연구 대상인 사회 밖에 위치함으로써 해당 사회 안에 있는 연구자에 비해 보다 객관적이고 가치중립적인 연구를 할 수 있다는 가능성에 주목하고 있다. 하지만 외부 관찰자의 시각에서 특정 사회의 내부를 바라보는 것은 자칫 현상에 대한 간접적이고 이차적인 이해에 그칠 수 있다는 점에서 한계를 지니고 있다.

북한사회에 대한 외재적 접근법 가운데 가장 대표적인 것이 바로 전체주의 접근법이다. 전체주의를 고유한 정치체계로 간주하고 분석하기 시작한 것은 제2차 세계대전 이후 아렌트(H. Arendt)의 『전체주의의 기원(*The Origins of Totalitarianism*)』 그리고 프리드리히(Carl J. Friedrich)와 브레진스키(Zbigniew K. Brzezinski)의 『전체주의 독재와 전제정치(*Totalitarian Dictatorship and Autocracy*)』에서 비롯되었다. 이들은 전체주의를 20세기에 나타난 고유한 현상으로 규정하고 테러, 강제, 선전, 선동, 조작이 바로 전체주의 지배의 독특한 도구라고 지적하였다.

아렌트는 반유태주의, 민족주의, 제국주의에서 전체주의의 기원을 찾고 있는 반면에 프리드리히와 브레진스키는 전체주의 통치의 독특한 제도와 관행에 분석의 초점을 두고 있다. 아렌트에 따르면, 전체주의 정치는 안정된 독점적 권력 분배가 아닌 중앙으로의 권력 극대화를 위해 근본적으로 자의적인 성격을 지닌다. 히틀러와 스탈린의 경우에서 볼 수 있듯이, 대중 정당, 비밀 경찰, 군 조직을 효과적으로 이용하며 이들 가운데 어느 한 곳에 안정되고 지속적인 권력과 기능을 부여하지 않는 권력의 극단적인 집중이 전체주의 독재의 특징이라고 지적한다(Arendt, 1973).

한편 프리드리히와 브레진스키는 이른바 전체주의 체제의 6가지 특징을 다음과 같이 제시하였다: 첫째, 공식적 이데올로기, 둘째, 단일 대중 정당, 셋째, 비밀 경찰에 의한 테러, 넷째, 대중 매체의 독점, 다섯째, 무장력의 독점, 여섯째, 중앙집권적 통제 경제가 그것이다(Friedrich & Brzezinski, 1965). 1950년대에는 이와 같은 전체주의 모델이 구소련에 관한 연구를 주도해 왔다. 그러나 1960년대에 들어와 스탈린의 사망, 후르시초프 정권의 등장, 중소 분쟁의 악화, 동구 공산권에서의 소요 등이 나타나면서 전체주의 모델의 한계가 드러내기 시작했다. 예컨대 전체주의 사회가 무자비한 비합리성에 의존하지 않고서도 유지될 수 있다는 점이 확인되면서 테러의 중요성에 대한 평가를 달리할 수밖에 없었다는 점이다.

북한의 경우 김일성과 김정일 모두 이데올로기와 지도력, 군부 그리고 당을 장악한 강력한 독재 권력을 구축하였을 뿐만 아니라 3대 세습에도 성공하였다. 이러한 북한체제의 특징은 전체주의 체제의 핵심 요소를 충분히 반영하고 있다는 점에서 전체주의 모델은 여전히 북한 정치체계의 분석에 적실성을 지니고 있다고 할 수 있다(양성철, 1993, 58; 이용필, 1982, 26).

물론 전체주의 접근법이 북한사회의 모든 것, 즉 정치·경제·사회문화를 포함한 모든 면을 설명할 수 있는 유일한 모델일 수는 없다. 북한체제의 경우 위에서 지적한 전체주의의 여러 가지 특징 이외에 급진적 사회화 과정, 발전론적 정책, 전근대적이고 전통적인 파벌주의, 가족주의 국가의 성격 등이 두드러진 것도 사실이기 때문이다. 따라서 하나의 단일 모델이나 단일 접근법만을 북한연구에 적용하는 것은 한계를 지닐 수밖에 없다.

일반적으로 지적되는 전체주의 접근법의 한계는 다음과 같다. 첫째, 전체주의 개념이 지닌 모호성이다. 요컨대 전체주의는 다분히 규범적 의미가 함축된 가치개입적 속성을 띠고 있다는 비판이다. 전체주의 개념은 특정 정치체제에 대한 가치 판단이 전제되고, 냉전에 대한 과장된 수사 내지 선전 등과 밀접하게 연관되기 때문에 객관적인 정치 분석을 위한 개념으로는 적절치 않다는 지적이다.

둘째, 전체주의와 유사 현상과의 차이점이 분명치 않기 때문에 전체주의 접근법이 과도한 일반화에 빠질 수 있다는 점이다. 말하자면 전체주의는 그와 유사하다고 할 수 있는 공산주의나 파시즘과의 차이를 명백히 보여주지 못할 뿐만 아니라 공산주의 정치체제의 다양성을 고려할 수 없다는 것이다.

셋째, 전체주의 접근법은 전체주의 독재자의 개성(personality)을 지나치게 과소평가한다는 점이다. 예컨대 터커(R. Tucker)는 전체주의 독재자의 개성이 정치체계에 미치는 영향력을 강조하며, 독재적 의사 결정에 있어서 가장 중시해야 할 동기 요인은 스탈린이나 히틀러 등에서 볼 수 있는 것과 같은 편집증적 개성(paranoid personality) 이라는 점을 강조한다(Tucker, 1955, 567).

넷째, 전체주의 접근법의 정태성이다. 전체주의 모델이 비교정치 분야에서 평가 절하된 계기는 1950년대 후반부터 본격화된 구소련 정치체계의 급격한 변화를 들 수 있다. 공산권 내부의 다원화 등 탈 전체주의 경향이 나타나면서 전체주의 모델의 적실성이 떨어지게 된 것이다. 전체주의 접근법은 권력이라는 중심 개념을 토대로 혁명 후 초기 단계 내지 동원 단계(mobilization stage)의 특징에 맞게 정립된 것이다. 따라서 전체주의 접근법은 공산주의 정권의 안정성과 제도화를 강조하는 반면에 정치체계 내에서 발생하는 변화의 움직임에 대해서는 의식적으로 외면하는 경향이 강하다는 지적이다.

요컨대 전체주의 접근법의 약점 가운데 하나는 공산주의 정치체제에서 발생할 수 있는 여러 가지 변화의 가능성을 고려하지 못하고 있다는 점이다. 여기에는 첫째, 일당 독재 체제로부터 집단 지도 체제로의 변화, 둘째, 테러의 감소, 셋째, 중앙집권적 통제 경제로부터 시장사회주의(market socialism) 내지 완화된 중앙집권적 관리 체제로의 변화, 넷째, 외부의 힘에 의해서 형성된 공산국가들이 예속적인 위성국가에서 벗어나 독자적인 민족적 공산주의 국가로 전환하는 것 등이 포함될 수 있다(Johnson, 1970, 3).

이상에서 살펴 본 바와 같이, 전체주의 접근법은 지나치게 정태적이고 전체주의 내의 변화 가능성에 둔감할 뿐만 아니라 공산주의 체제 내의 지역적·민족적 다양성을 인정하지 않는 이론적 취약성을 보여 왔다. 하지만 위와 같은 이론적 한계에도 불구하고 전체주의 접근법은 공산주의 체제의 주요한 측면 내지 특정 발전 단계를 설명할 수 있는 분석 모델로서의 이론적 강점을 보여 주었다. 특히 집권화된 정치제도와 리더십이 사회에 대한 통제력을 강력하게 발휘하는 경우 전체주의 접근법의 유용성은 분명해 보인다.

전체주의 접근법은 특히 구소련의 경우 스탈린 사후의 지도체제 변화로 인해 그 적실성이나 유용성에서 한계를 드러내기 시작한 것이 사실이다. 그러나 북한의 경우에는 그 사정이 다르다. 냉전 시대 북한연구에서 가장 많이 사용된 접근법 가운데 하나가 바로 전체주의 접근법이라고 할 수 있다(고유환, 2009, 36-39). 북한연구에 있어서 김일성에서 김정일, 김정은으로 이어지는 유일 체제가 지속되는 한 전체주의 접근법이 지닌 적실성을 부인하기 어렵다. 실제로 김일성과 김정일 지배 하의 북한을 전체주의 사회의 가장 전형적인 사례로 간주하기도 한다(Tai Sung An, 1993, 730-735).

물론 전체주의 모델이 북한 정치의 모든 것을 이해하고 분석할 수 있는 유일한 대안일 수는 없다. 그럼에도 불구하고 과거 지구상에 존재했던 20여 개의 공산주의 국가들과 비교할 때 북한체제가 상대적으로 전체주의 모델에 가장 가깝다고 볼 수 있다. 공식적으로 북한은 전체주의라는 용어 자체를 거부하고 있지만, 아렌트가 지적한 전체주의 독재의 요체를 잘 보여주고 있다. 특히 북한은 일인 지배 권력을 극대화하기 위한 권력의 자의적 성격이 매우 강한 체제이다. 이처럼 북한체제는 프리드리히와 브레진스키가 지적한 전체주의의 6가지 기본적 특징들을 그대로 지니고 있다고 볼 수 있다(양성철, 1993, 58).

2. 내재적 접근법

북한연구 시각에 대한 본격적인 논의는 1980년대 후반 사회과학계의 일부 진보 진영에서 촉발되었다. 이들의 논의는 기존의 북한연구에 대한 비판에서부터 출발한다. 말하자면 반공 이데올로기와 반북 의식을 토대로 자유민주주의와 자본주의의 관점에서 북한을 바라보고 평가하는 연구 경향 때문에 북한연구의 시각이 편향되거나 왜곡되어 왔다는 주장이다. 따라서 이들의 일차적 관심은 북한에 대한 편견과 왜곡에서 벗어나 북한을 바로 아는 것이었다. 그리고 북한을 바로알기 위해서는 우선 북한사회를 그들이 실징한 이념과 논리에 따라 분석하고 평가하는 접근법이 필요하다고 주장하였다. 이와 같은 북한연구 시각이 바로 내재적 접근법이다.

사회과학 일반의 연구 방법과 관련시켜 볼 때, 외재적 접근법이 체제 밖의 관찰자의 시각을 취하는 반면에 내재적 접근법은 체제 안의 행위자의 시각을 취한다. 여기서 말하는 체제의 안과 밖은 물리적인 경계 개념이 아니라 주어진 체제를 그 체제에 내재하는 이념·규범·관행·개념 등을 위주로 보느냐 아니면 외재하는 이념·규범·관행·개념 등을 위주로 보느냐에 따른 구별이라고 할 수 있다(강정인, 1998, 9). 이러한 맥락에서 북한사회가 설정하거나 추구하지 않는 외부의 논리나 이념, 예컨대 자본주의나 자유민주주의의 이념과 논리 등에 따라 북한사회를 분석·비판하는 접근법을 외재적 접근법이라 한다면, 북한사회가 설정하거나 추구하는 사회주의의 이념, 목표 또는 논리에 따라 북한사회를 분석·비판하는 접근법이 내재적 접근법이다.

내재적 접근법은 사회주의를 극단적으로 추상화하여 사회주의가 흡사 하나의 모델만 갖고 있는 것처럼 보는 태도나 아니면 반대로 개별 사회주의 국가의 특수성만을 강조하고 사회주의 사회가 지니고 있는 이념과 정책의 공통성을 부정하는 시각을 극복하는 가운데 사회주의 국가들 사이에 존재하는 일반성과 개별 국가의 특수성 양면을 종합적으로 분석할 수 있다고 본다. 그리고 이와 같은 내재적 접근법은 사회주의를 밖에서 들여다 보는 선험주의적인 태도와는 달리 자본주의와 구별되는 사회주의의 독자성은 물론 그 발전의 다양성도 인정할 수 있다고 주장한다.

1988년 발표된 송두율의 「북한사회를 어떻게 볼 것인가」는 우리 사회에 이른바 북한연구의 내재적 접근법을 촉발시킨 하나의 계기가 되었다. 송두율은 여기서 북한사회를 정확히 인식하기에는 너무나 많은 주관적인 장애 요인이 있음을 전제하면서 종래 서구나 우리 학계에서 북한을 비롯한 공산주의 연구에 적용해 온 전체주의 이론과 산업 사회론에 근거한 수렴이론 또는 체제 비교론적 상대주의의 문제점을 비판하였다. 그에 따르면 이와 같은 이론들은 사회주의를 밖으로부터, 즉 시민적 민주주의나 자본주의의 척도로 분석하려는 방법론적 약점을 지니고 있다.

그리고 이러한 약점을 극복하기 위해서는 사회주의의 이념과 현실을 내재적으로, 즉 안으로부터 분석·비판하여 사회주의 사회가 자본주의 사회와는 다른 이념과 정책 위에 서 있다는 것을 인정하고, 사회주의 사회가 이룩한 성과를 그 사회가 이미 설정한 이념에 비추어 검토하고 비판해야 한다고 주장하였다(송두율, 1988). 이러한 맥락에서 내재적 접근법은 이분법적인 전체주의적 접근이나 기능론적인 산업 사회적 접근과는 달리 사회주의 스스로가 설정한 이념과 논리에 근거하여 사회주의의 현실을 평가하고 비교하는 데 중점을 두고 있다.

내재적 접근법은 외재적 접근법의 한계를 극복하려는 대안으로 제시된 인식의 틀로서 북한이라는 대상을 분석할 때 북한의 특수한 상황을 고려하면서 북한사회의 각종 현상을 이해하려는 접근법이다. 다시 말해서 내재적 접근법은 북한체제가 설정해 놓은 이념과 논리를 기준으로 북한의 사회 현상을 분석해야 한다고 보는 방법론이다. 내재적 접근은 북한의 장점에 대한 맹목적인 일반화나 강조 또는 찬양이 아니라 현실을 그들의 입장에서 보고 분석·비판할 것을 강조한다. 따라서 내재적 접근법은 외재적 접근법이 자본주의와 자유민주주의의 기준을 사용하여 사회주의 체제를 인식하고 비판함으로써 종종 현실을 왜곡하거나 일면적으로 평가하는 경향을 극복할 수 있다는 점을 강조한다.

북한사회를 내재적 입장에서 보아야 한다는 논의는 강정구에 의해 보다 구체화되었다. 그는 지금까지 북한사회를 설명하거나 비판할 때 우리가 의식적이든 무의식적이든 과거 반세기 동안 내면화된 자본주의와 개인주의의 기준과 논리를 준거 틀로 설정하고 그에 따라 분석 대상을 예단해 왔다고 지적한다. 하지만 사회주의 정의나 가치관에 의하면 개인주의보다는 집단주의, 자유 경쟁보다는 다함께라는 연대의식, 사유 재산의 신성화보다는 생산 수단의 공유화 등이 일상적인 기준과 논리라고 주장한다. 따라서 이러한 목적 지향성을 무시하고 자본주의의 지렛대로 북한사회를 예단하고 비판하는 것은 북한사회를 왜곡할 뿐이라고 주장한다.

이러한 맥락에서 북한사회를 바르게 이해하기 위해서는 북한은 사회주의 사회이고 사회주의를 지향하고 있기 때문에 사회주의가 지향하는 목적과 이념에 입각하여 현상을 설명하거나 비판하는 내재적 접근법을 중시해야 한다는 것이다. 그리고 북한 사회주의 체제의 형성은 조선 사회의 내적 역사 동력에 의한 결과라는 차원에서 주체적으로 인식해야 한다고 주장한다. 북한의 사회주의 건설 과정을 사회주의의 보편성과 특수성의 차원, 곧 사회주의 국가들의 공통된 정치 경제의 특성뿐만 아니라 북한사회의 역사적 경험 및 북한사회의 지도 이념인 주체사상을 중심으로 이해해야 한다고 강조한다(강정구, 1990, 23).

그러나 강정구의 관점은 북한사회의 올바른 이해와 비판을 위해서는 반드시 내재적 접근법만이 필요하다는 입장은 아니다. 내재적 접근법을 중시해야 한다는 주장이 외재적 접근법을 쓰지 말아야 한다는 의미는 아니라고 보기 때문이다. 말하자면 권력 세습이나 민주화 등의 여러가지 요소들은 북한사회의 내적 논리에 따라 객관적으로 설명하거나 비판하기 어려운 부분이 많이 있다는 것이다. 따라서 이러한 경우에는 외재적 접근법을 사용함으로써 설득력이나 객관성을 높일 수 있다는 신축적인 입장을 보이고 있다(강정구, 1990, 26).

북한연구와 북한이해를 위한 내재적 접근법은 기존의 연구 논의에 반성적 성찰의 기회를 제공해 주었다는 점에서 의의를 찾을 수 있다. 그럼에도 불구하고 내재적 접근법은 많은 문제점을 지니고 있다(강정인, 1993, 14-5). 우선, 사회주의 사회에 대한 외재적 접근법은 자본주의와 자유민주주의의 가치나 기준만을 도입하는 것으로 그리고 내재적 접근법은 사회주의의 이념과 논리에 따라 특정 체제를 해석하는 것으로만 편협하게 이해함으로써 양 접근법의 대립을 사실상 좌우 이데올로기의 대립으로 치환하는 경향이 있다. 현실적으로 양 접근법의 적용에 있어서 그러한 측면이 있을 수 있다는 것을 부인할 수는 없지만 이를 반드시 이데올로기적 차이로만 환원할 수는 없다.

둘째, 내재적 접근론자들은 사회주의의 이념과 목표에 따라 북한사회의 긍정적인 측면만을 부각시키는 데 고심한 나머지 이를 과장하거나 심지어 북한체제를 거의 무비판적으로 옹호하는 논리를 전개하기도 한다. 이러한 경향은 특히 북한연구에 있어서 북한 노동당사를 무시하고 인민사만을 주된 연구 대상으로 삼는 연구자들의 연구에서 주로 나타난다.

셋째, 내재적 접근론자들은 북한체제의 부정적인 측면을 정면으로 비판하지 않고 침묵하거나 아니면 역사 필연적인 산물로 해석하는 경향이 있다. 그 결과 내재적 접근론자들은 스스로 주장하는 내재적 접근법의 비판적 기능을 소홀히 하는 경향이 있다. 따라서 내재적 접근론자들의 논리로는 사회주의 국가들의 변혁 과정을 제대로 설명할 수 없는 한계가 있다. 시장경제 요소를 과감하게 도입하고 정치적 다양성에 대한 요구를 점차 확대해 온 사회주의권의 변혁을 거의 설명할 수 없다는 약점을 지니고 있다. 그런데 내재적 접근법이 지닌 이러한 단점 내지 한계들은 내재적 접근법의 본질적 결함이기보다는 내재적 접근론자들의 정치적·이데올로기적 편향성과 일정한 상관관계가 있는 것으로 보인다.

송두율을 비롯한 이른바 내재적 접근론자들은 냉전 시대의 국가안보 우선주의 시각(국가안보 패러다임) 때문에 야기된 북한연구의 과도한 왜곡 현상을 강하게 비판하면서 냉전 시대 북한연구의 지배적 패러다임을 허물기 시작하였다. 하지만 그와 같은 과정에서 내재적 접근법도 쿤(T. Kuhn)이 말하는 바, 새로운 정상과학을 규정하는 새로운 패러다임으로 자리 잡았다고 할 수 있다(최완규, 2004, 31). 실제로 내재적 접근법은 1980년대 후반 진행된 세계적 차원의 냉전 질서 해체와 더불어 분출된 이른바 '북한 바로알기 운동'을 통해 냉전 논리와 반공 이데올로기로 채색된 기존 북한연구의 문제점을 드러내고 이를 교정하는 데 적지 않은 역할을 했기 때문이다.

내재적 접근법의 적실성을 둘러싸고 진행된 북한 학계의 논쟁은 북한연구의 질적 성장을 자극하는 계기가 되었다. 그 과정에서 내재적 접근법은 외재적 접근법이 간과하기 쉬운 사회주의의 현실을 정확하게 포착하고 설명할 수 있는 강점을 보여 왔다. 그리고 자유민주주의 또는 자본주의의 기준을 사용하여 사회주의 체제를 인식하고 비판하는 것이 종종 현실을 왜곡하거나 일면적으로 드러내는 데 불과하다는 것을 보여 주기도 하였다(강정인, 1993, 14). 그러나 일부 내재적 접근론자들은 냉전 시기에 진행된 북한연구의 편향성과 왜곡 현상을 허무는 작업에만 골몰한 나머지 북한사회의 부정적 측면은 외면하고 긍정적 측면만을 과도하게 강조함으로써 또 다른 차원에서 북한연구에 대한 편향과 왜곡을 초래하기도 하였다.

하지만 송두율을 비롯한 내재적 접근론자들과 강정인 사이에 전개된 논쟁은 엄밀한 의미에서 볼 때 논쟁의 기준이 서로 달랐다고 할 수 있다. 내재적 접근론자들이 북한을 보는 일종의 문제의식 내지 자세에 주목하였다면, 강정인은 본격적으로 접근법(approach) 수준에서 내재적 접근론자들의 주장을 비판적으로 검토하였기 때문이다. 사실 내재적 접근론자들과 강정인 사이의 논쟁은 이러한 기준의 차이 때문에 방법론적으로 평가하기에는 어려운 점이 있다(최완규, 2003, 35). 어떠한 면에서 내재적 접근론자들의 논쟁 대상은 강정인의 주장이기 보다는 맹목적 반공 논리나 반공 이데올로기에 함몰된 기존의 북한연구 시각이라고 할 수 있다. 이러한 맥락에서 북한이해나 북한연구에 관한 내재적 접근법을 둘러싼 논쟁은 북한이라는 연구대상에 대한 분석적·이론적 논의 보다는 북한체제에 대한 해석과 평가의 문제라고 보는 것이 타당할 것이다(박형중, 1999, 52-3).

3. 내재적 비판적 접근법

이종석은 북한 바로알기 운동을 위해서는 지금까지 왜곡되었던 북한사회를 연구자들이 올바로 이해시켜야 하며 이를 위해 무엇보다도 북한의 내재적인 사회 작동 원리를 설명해야 한다는 점을 강조한다. 기존의 북한연구 방법의 한계를 극복하고 더욱 적실성 있는 대안적 방법론을 모색하고자 할 때 그 방법은 인식론적 차원에서의 발상의 대전환을 전제로 한다고 주장하면서 내재적 비판적 연구 시각의 정립을 제안하였다.

그에 따르면 내재적 비판적 접근법은 연구 대상이 되는 사회나 집단의 내재적 작동 논리(이념)를 이해하고 그것의 현실 정합성과 이론·실천적 특질과 한계를 규명하려는 접근 관점을 말한다(이종석,

1993, 27). 사회 현상에 관한 상식적인 접근법이라고 할 수 있는 이와 같은 접근법이 북한연구에 있어서 특별히 강조되는 이유는 지금까지의 많은 연구들이 북한의 내재적인 논리를 간과한 채 맹목적인 전체주의적 접근이나 이데올로기적 편협성에 매몰되었다는 데 있다고 지적한다.

위에서 살펴보았듯이, 내재적 접근법은 서구에서 개발된 대부분의 사회주의 연구 방법론이 사회주의를 밖으로부터, 즉 시민적 민주주의나 자본주의의 척도로 분석해 내려는 경향에 대한 대안으로 제시된 것이다. 이러한 관점에서 내재적 접근법은 사회주의의 이념과 현실을 내재적으로, 즉 안으로부터 분석·비판하여 사회주의 사회가 자본주의 사회와는 다른 이념과 정책의 바탕 위에 서 있다는 것을 인정하고, 하나의 사회주의가 이룩한 성과를 그 사회가 이미 설정한 이념에 비추어 검토·비판하는 작업이라고 할 수 있다(송두율, 1988, 107).

이종석은 내재적 접근론자들이 주장하는 것처럼, 사회주의의 시각에서 사회주의 이념과 논리 그리고 그 정책의 현실 정합성을 따지는 것, 즉 안으로부터 이해하고 안으로부터 비판적으로 검토하는 것이 중요하다는 점을 인정한다. 그러나 어떠한 현상이든 일단 안으로부터 이해한 뒤에 그 검토는 안에서뿐만 아니라 바깥을 기준으로 검토할 수도 있다고 보고 있다. 다시 말해서 한 사회 혹은 이론에 대한 내재적 이해가 충분히 전제된다면 그것에 대한 평가나 검토는 내재적 정합성만이 아니라 외재적 기준에 의한 평가도 가능하다는 점에서 내재적 비판적 접근의 차별성이 있다고 주장한다(이종석, 2004, 25).

실제 북한연구 과정에서 내재적 접근과 내재적 비판적 접근에 기초한 연구자들 사이에 동일한 연구 주제에 관한 서술 방식의 차이와 상이한 평가가 이루어졌다는 점에서 내재적 비판적 접근법의 특징을 찾을 수 있다. 내재적 접근이 대체로 북한체제의 긍정적 측면만을 탐색하는 경향이 있는 반면에 내재적 비판적 접근은 북한체제를 비판적으로 평가할 수 있다는 것이다. 이러한 맥락에서 내재적 비판적 접근법은 그동안 북한연구에서 결여된 실사구시 자세와 기초 지식이 없는 무분별한 이론의 개입, 일부의 무비판적 추종주의와 그 대칭으로서의 맹목적 반북주의 등에 대한 반명제의 의미를 지니고 있다고 주장한다(이종석, 2004, 26). 따라서 누구나 내재적 비판적 접근 자세가 필요하다고 인정하는 한, 이 접근법이 북한연구에 세계체계론, 시민사회론 등과 같은 이론들을 적용하려는 시도와 마찰관계에 있을 까닭이 없다는 것이다.

이러한 주장에 대해 강정인은 내재적 비판적 접근법의 주요 내용이 수용 가능하다고 보면서도 그것을 내재적 비판적 접근이라고 부르는 것에 대해서는 부정적인 시각을 지니고 있다. 내재적 접근법이 사회주의가 설정한 이념과 목표, 곧 안으로부터 사회주의 사회를 검토·비판하는 것인데 외부의 이념이나 기준을 필요에 따라 임의적으로 도입한다면 내재적에서 '내'의 의미가 상실되고 내재적/외재적의 구분이 무너진다는 것이다(강정인, 1998, 27). 또한 일부에서는 내재적 접근이 이미 비판적 접근을 내포하고 있다고 보기 때문에 내재적 비판적이라는 용어는 동어반복에 불과하다는 점을 지적하기도 한다(박명림, 1995, 329).

또한 내재적 비판적 접근법의 경우 내재적 접근법이 내재적 작동 논리를 규명하는 반면에 외재적 접근법은 내재적 작동 원리를 무시하거나 외부의 영향력만을 강조하는 것으로 간주되는 오해를 불러일으킬 소지가 있다고 주장한다. 강정인은 내재적 작동 논리 역시 외부의 시각과 기준에 따라 연역할 수 있으므로 양 접근법의 구분은 내재적 작동 논리의 해명 여부가 아니라 그것을 연역하고자 하는 기준이 그 사회에 내재하는 이념과 논리인가 아니면 외재하는 이념과 논리인가에 따라 이루어져야 한다는 점을 강조한다. 요컨대 양 접근법 중에서 어느 접근법이 더 적실성이 있고 우월한가를 논의하기보다는 방법론적 다원주의를 전제하고 양자의 복잡 미묘한 관계, 즉 상호 대립적이면서도 보완적인 관계에 주목해야 한다는 것이다(강정인, 1993, 35). 이러한 맥락에서 북한사회의 구체적 현상을 분석할 때에도 각 접근법에 따른 해석만을 고집하기 보다는 행위자와 관찰자라는 두 입장에서 동시에 관찰하는 것이 필요하다고 주장한다.

4. 현상학적 접근법

사회과학에서의 현상학적 접근이란 가치 판단을 포함해서 대상에 대한 판단을 일단 정지하고 대상을 그 자체로서 이해하려는 접근법을 말한다. 이러한 현상학적 접근법의 특징 가운데 하나는 관찰 대상의 입장에서 현상의 의미를 해석하려는 자세이다. 이때 관찰자는 일단 자신의 가치, 선입관 등을 배제하고 상대방의 주관적 세계 속에 스스로를 위치시킨다. 현상학적 방법에서 강조하는 자연적 태도의 판단 중지(epoche of the natural attitude)나 괄호 안에 넣기(bracketting)는 바로 이러한 태도를 반영하고 있다(이온죽, 1988, 22).

현상학적 접근은 사실과 가치의 분리를 주장하는 실증주의자들과는 달리 현상의 의미(meaning) 해석을 중시한다. 자신의 선입관을 배제한다는 점에서는 실증주의적 태도와 같다고 할 수 있다. 하지만 대상을 있는 그대로 파악한다 해도 그것에 대한 의미 해석은 어디까지나 연구자의 이론적 준거 틀에 입각해 이루어진다는 점에서 차이가 있다. 연구자 자신이 현상의 의미를 해석함으로써 연구 대상을 그 자체로만 이해하는 데서 비롯되는 오류를 어느 정도 피할 수 있다는 것이다.

이러한 맥락에서 북한사회에 대한 현상학적 접근법이란 관칠자가 일단 자신의 가치, 선입관 등을 배제하고 상대방의 주관적 세계 속에 스스로를 위치시키고 북한사회의 성원들이 보고 이해하는 의미의 세계를 준거 틀로 삼아 그 사회의 성격을 파악하고 해석하는 것을 말한다. 주지하듯이 북한체제의 연구와 관련된 정보와 자료는 매우 규범적이고 획일적이며 공식적인 경우가 대부분이기 때문에 이들을 있는 그대로 받아들이고 분석하는 것은 의미가 없다. 따라서 북한사회의 이해를 위해 이들의 행간을 읽고, 이면의 동기를 추리하고, 의미 유형을 해석해서 설명하는 것이 현상학적 접근이다.

현상학적 접근에 따르면, 북한체제에 대한 외부로부터의 가치 판단을 중지하고 행위자의 의도와 의미에 따라서 북한사회를 이해하고 해석하기 때문에 관찰자가 외부의 가치 판단과 선입관(특히 자본주의와 자유민주주의에 바탕을 둔 가치 판단과 시각)에 따라 북한사회를 재단하고 판단하는 오류를 피할 수 있다. 그런데 이와 같은 오류는 외재적 접근법이 흔히 저지르기 쉬운 오류라는 점에서 북한사회가 지닌 특수성을 연구하고 파악하는 데 현상학적 접근이 유용한 방안이 될 수 있다고 보고 있다. 현상학적 접근은 남북관계의 역사적·정치적 상황 때문에 그동안의 북한연구가 언제나 일정한 가치 판단을 전제로 한 것이었다고 보고 현상학적 접근은 바로 이러한 한계를 극복할 수 있는 연구 시각이라고 주장한다.

하지만 현상학적 접근이 특정 사회를 그 사회 자체의 입장에서 바라보는 자세를 취한다고 해서 그것이 곧 그 사회의 가치를 그대로 인정하는 의도를 표명하는 것은 아니라는 입장이다. 이러한 맥락에서 현상학적 접근은 북한연구가 지닌 민족공동체 형성의 토대로서의 의의나 가치를 무시하는 것도 아니고 우리가 기본적으로 지향하는 자유민주주의와 자본주의의 이념과 가치를 부정하는 것도 아니라고 주장한다. 이온죽은 오히려 우리의 체제와 경제가 기본적으로 인간의 잠재력과 자아실현을 위해 더욱 적합하다는 것과 북한의 체제와 사회주의 경제체제가 노정한 문제점을 제대로 이해하기 위해서는 현상의 본질을 그대로, 색안경을 끼지 않은 자세로 보고 이해하는 접근법이 보다 유효하고 바람직한 자세라 주장한다(이온죽, 1988, 21–22).

이와 같은 현상학적 접근법에 대해 강정인은 그것이 내재적 접근의 한 부류에 속하며 따라서 내재적 접근법과 같은 한계에 직면할 수밖에 없다고 주장한다. 그에 따르면 북한사회의 구성원들이 보고 이해하는 의미의 세계를 준거 틀로 삼는 현상학적 접근법과 북한체제가 지향하는 사회주의적 목표나 이념에 비추어 북한체제의 성과를 분석한다는 내재적 접근법은 모두 북한사회의 구성원들이 사회주의를 지향하는 한 사회주의의 목표나 이념을 준거 틀로 삼아 북한사회의 현실과 성과를 이해하고 해석해야 한다는 입장이기 때문이다. 즉 내재적 접근법과 현상학적 접근법은 북한사회를 외부 관찰자의 관점이 아니라 내부 행위자의 시각에서 바라보는 공통점을 지니고 있다. 요컨대 내부 행위자의 이념·목표·동기를 중심으로 사회 현상을 이해하고 해석한다는 점에서 공통된 입장을 보이고 있다는 것이다.

사회과학에서 현상학적 접근법의 취약점은 구조주의의 관점에서 비교적 명확하게 드러날 수 있다. 구조주의는 사회 구성원인 행위자의 이념·목표·동기 등에 비추어 이해하는 현상으로서의 사회적 실재와 행위자의 이념·목표·동기 등과는 독립해 존재하면서 사회 현상에 인과적 영향을 미치는 구조로서의 사회적 실재를 구별한다. 그리고 전자보다는 후자가 더 본질적이고 궁극적인 실재(ultimate reality)로서의 의미를 지닌다고 본다. 즉 사회 현상의 궁극적 의미와 해석은 행위자의 주관보다는 객관적인 구조에 따라서 이루어져야 한다는 입장이다.

만약 사회 현상의 본질적 의미가 이처럼 행위자의 이념·목표·동기를 초월하며 따라서 행위자가 직접 인지하고 이해하는 바가 아니라 외부 관찰자의 시각을 통해서, 곧 주어진 행위의 배후에서 영향을 미치는 구조를 발견하고 이를 적용함으로써 그 현상을 이해하는 것이 더 적절하다면, 그것은 본질적으로 행위자의 시각을 바탕으로 사회 현상을 해석하려는 내재적 접근법이나 현상학적 접근법 모두 일정한 한계가 있다는 것을 의미하는 것이다.[1]

나아가 굳이 현상과 구조의 개념을 사용하지 않더라도 북한을 포함한 사회주의 국가에서도 많은 정치·사회적 현상이 이른바 '의도되지 않았던 결과(unintended consequences)'라고 할 수 있는데, 문제는 이러한 현상을 내재적 접근법이나 현상학적 접근법이 어떻게 설명할 수 있을지 확실치 않다는 점이다. 따라서 집권 엘리트 또는 일반 행위자의 의도를 벗어나 발생하는 정치·사회적 현상은 북한 사회주의 체제가 지향하는 이념·목표·동기만을 준거 틀로 삼는 내재적 접근법으로는 포착하거나 설명하기가 어렵고 대부분 외재적 접근법을 부가적으로 적용하는 것이 불가피하다는 점이다.

행위자의 의도와 시각을 중시하는 현상학적 접근법은 또한 행위자의 무의식적 동기와 이유를 원용하는 프로이드식의 정신분석학적 설명이 필요한 사회 현상이나 사건을 설명하는 데 무력하다. 따라서 현상학적 접근법은 외재적 접근법인 구조주의적 접근법이나 심리분석적 접근법에 의해 보완되지 않을 경우 북한사회의 구성원이 가지고 있는 이념과 가치 지향, 동기 등을 객관적으로 이해할 수 없고 또한 사회 구성원의 의도나 예상을 벗어나서 일어나는 사회 변화를 제대로 설명하지 못하는 한계에 직면할 수 있다.

1 반면에 구조주의 이론은 사회 구성원의 의식과 현실의 복잡한 상호작용을 포착할 수 없는 결함을 지니고 있다. 왜냐하면 구조주의 이론은 사회 구성원들의 이념·목표·동기를 전적으로 설명되어야 하는 것으로, 말하자면 단순히 부차적 현상으로만 파악할 뿐 독자적으로 사회 현상을 설명할 수 있는 독립 변수로는 보지 않는 경향이 있기 때문이다.

5. 북한연구의 정향

사이드(Edward Said)의 지적처럼, 지식과 진실 사이 그리고 현실과 현실을 표현하는 방법 사이에는 단순한 일대일의 대응관계가 존재하지 않는다. 왜냐하면 특정한 현실이나 현상에 대한 모든 표현은 그것이 바로 표현이라는 것 때문에 표현하는 사람의 언어뿐만 아니라 표현하는 사람의 문화나 제도 혹은 정치적 환경에 의해 구속받기 때문이다. 즉 현실이나 현상에 관한 모든 표현은 인식 주체가 인식 대상에 대해 행사하는 일종의 지적 지배의 한 형식이며, 그 자체로 오류를 포함하고 있다(Said, 1979, 212).

사실 사회과학에서 방법론적으로 사실과 가치를 엄격하게 구별하기는 어렵다. 연구자(인식 주체)는 항상 연구 대상(인식 대상)을 자신이 설정한 가정이나 인식 틀로 재구성하기 마련이다. 이러한 맥락에서 인식의 존재 구속성으로부터 완전히 탈피하려는 것, 즉 사실을 가치로부터 분리하려는 것 자체는 일종의 가치 판단이며 이는 현상의 가치를 묵시적으로 지지하는 자가당착에 빠질 수 있다. 인식의 실증성(경험성)을 강조하는 행태주의자들이 경험적으로 보수주의 이데올로기를 숨기고 있다는 비판을 받는 것도 바로 이러한 이유 때문이다.

> "…행위는 궁극적으로 이중적이며, 그것은 외부적인 관찰자가 볼 수 있는 것과 행위자가 스스로 이해하는 것으로 구성되어 있다. 행위자 스스로 이해하는 바가 아니라 바로 이러한 이중성(duality)이야말로 행위를 구별 짓는 것이다. 의도성(intentionality)이 아니라 이중성이야

말로 사회과학 본연의 문제를 제기한다."(Pitkin, 1972, 261).

바로 이러한 이중성이 인간의 행위를 비롯한 사회 현상을 자연과학자의 탐구 대상인 자연 현상과 구별 짓는 특징이며, 사회과학이 자연과학과 동일한 종류의 방법론을 수용하거나 객관성을 유지할 수 없는 이유이다(Pitkin, 1972, 240; 261). 인간의 행위를 매개로 발생한 사회 현상은 당연히 이러한 이중성을 지니기 때문에 복잡하고 모순적인 중층 구조를 지닌다. 그럼에도 불구하고 단일의 일관된 현실이 있다는 전제 하에 이 두 입장 중 어느 하나의 입장을 취해야 한다고 고집한다면 이는 잘못된 생각이다. 우리는 사회 현상을 행위자와 관찰자의 두 입장에서 동시에 보아야 한다. 따라서 북한사회의 구체적인 현상을 분석할 때에도 이러한 두 입장에 따른 해석과 설명이 서로 어떻게 엮여져 복잡하고 중층적인 현실을 구성하고 있는가를 보여 주어야 한다(강정인, 1998, 38-39).

단일의 북한연구 시각을 정립하는 것은 매우 어려운 일이다. 북한사회의 특정 사건이나 현상을 설명하는 데 내재적 접근법과 외재적 접근법 가운데 어느 하나가 보다 적실성이 있는 경우도 있겠지만, 대부분의 현상을 이해하는 데는 두 가지 접근법에 따른 해석이 모순되지 않고 병존할 수 있다는 가능성을 인정하는 것이 필요하다. 왜냐하면 우리가 관심을 갖는 북한사회의 현상은 사회주의 이념의 실현이라는 북한사회의 내재적 논리에 의해 규정받기도 하지만 동시에 전통적 요소, 산업 사회적 요소, 국제정치적 요소, 권력 추구와 같은 인간의 보편적 욕망 등 비사회주의적 요인들에 의해서도 얼마든지 영향을 받기 때문이다.

따라서 북한을 제대로 읽고 이해하기 위해서는 무엇보다도 먼저 어느 특정 패러다임에 경도되어 북한에서 일어나고 있는 현상을 고정된 틀로 인식하는 본질주의적 설명과 해석을 경계해야 한다. 연구자 자신도 어떠한 시각으로 북한을 연구하는가에 대한 끊임없는 자기 성찰을 토대로 비교 사회주의적 관점에서 북한에서 일어나고 있는 현상들을 들여다 볼 필요가 있다(최완규, 2007, 34). 요컨대 북한이해를 위해 중요한 것은 어느 하나의 접근법을 배타적으로 고집하는 것이 아니라 다양한 접근법을 병용하는 가운데 현상 이면의 본질과 실체를 입체적으로 재구성하고 해석할 수 있는 안목과 통찰력을 키우는 일이다.

참고문헌

강정구(1990), "연구방법론", 『북한의 사회』, 서울 : 을유문화사.

강정인(1993), "북한연구 방법론Ⅰ : '내재적 접근법'에 대한 비판적 성찰", 『동아연구』, 제26집.

강정인(1998), "북한연구 방법론 : 재론", 경남대북한대학원, 『현대북한연구』, 창간호.

고유환(2009), "북한연구 방법론의 현황과 과제", 『통일과 평화』, 창간호.

박명림(1995), "냉전의 해체와 북한 연구 : 시각, 이론, 해석의 문제", 『창작과 비평』, 서울 : 창작과 비평사.

박형중(1999), "북한정치연구", 북한연구학회편, 『분단 반세기 북한 연구사』, 파주 : 도서출판 한울.

송두율(1988), "북한 사회를 어떻게 볼 것인가", 『사회와 사상』 1988년 2월호, 파주 : 한길사.

송승섭(1988), "북한관련 연구 동향의 계량적 분석", 『북한』 제313호.

안병영(1977), "통일 및 북한연구의 방법론 평가", 『통일정책』 제3권 1호.

양성철(1993), 『북한정치연구』, 서울 : 박영사.

이온죽(1988), 『북한사회연구 : 사회학적 접근』, 서울 : 서울대학교출판부.

이용필(1982), 『북한정치』, 서울 : 대왕사.

이우영(2005), "북한사회 연구 혹은 사회학적 북한연구", 경남대북한대학원, 『현대북한연구』, 제8권 1호.

이종석(1993), "조선로동당의 지도사상과 구조변화에 관한 연구 : 주체사상과 유일지도체제를 중심으로", 성균관대 정치외교학과 박사학위논문.

이종석(2004), 『새로 쓴 현대북한의 이해』, 서울 : 역사비평사.

진덕규 역(1991), A. 기든스 저, 『민족국가와 폭력』, 서울 : 삼지원.

최완규(2003), "북한연구방법론 논쟁에 대한 성찰적 접근", 경남대북한대학원

편, 『북한연구방법론』, 파주 : 도서출판 한울.

최완규(2007), "북한 제대로 읽기", 박재규 편, 『새로운 북한 읽기를 위하여』, 서울 : 법문사.

통일연구원(2004), 『북한이해』, 서울 : 통일교육원.

Arendt, H(1973), *The Origins of Totalitarianism*, Harvest Books.

Friedrich, Carl J. & Z. K. Brzezinski(1956), *Totalitarian Dictatorship and Autocracy*, Cambridge : Harvard University Press.

Friedrich, Carl J. & Z. K. Brzezinski(1966), *Totalitarian Dictatorship and Autocracy* 2nd ed., New York : Frederich A. Praeger.

Johnson, C.(1970), "Comparing Communist Nations", in Chalmers Johnson (ed.), *Change in Communist Systems,* Stanford, CA. : Stanford University Press.

McCormack, G.(1993), "Kim Country : Hard Times in North Korea", *New Left Review* No. 198.

Pitkin, Hanna F.(1972), *Wittgenstein and Justice*, Berkeley, CA. : University of California Press.

Said, E.(1979), *Orientalism*, New York : Vintage Books.

Tai Sung An(1993), "Communist 'Totalitarianism Revisited'", *Korea and World Affairs* Vol. 17, No. 4(Winter).

Tucker, Robert C.(1955), "The Dictator and Totalitarianism", *World Politics* Vol. 17, No. 4.

제2장 북한체제의 이해

사회주의는 북한체제의 모습을 보여주는 핵심적 요소 가운데 하나이다. 그렇다면 북한은 사회주의 체제의 일반적 특징으로 설명이 가능한가 아니면 다른 사회주의 국가들과는 다른 독특한 체제인가? 북한체제의 본질과 실체 파악에 보다 근접할 수 있는 관건은 사회주의 체제로서의 보편성과 함께 북한만이 지닌 특수성을 균형 있게 고찰하는 것이다. 북한체제를 규명할 수 있는 개념이나 모델들은 다양하다. 전체주의 체제, 권위주의 체제, 공산당 일당 독재, 일인 독재, 유일 지배 체제, 신정체제, 왕조국가, 봉건적 스탈린주의 국가, 유교적 사회주의 국가, 병영국가 등이 그것이다. 이러한 다양성은 북한체제를 바라보는 시각 내지 강조점의 차이를 반영하고 있다.

1. 북한체제의 보편과 특수

우리 사회의 북한연구는 비교 사회주의적 접근보다는 대체로 북한체제의 특수성에 주목하는 경향을 보여 왔다. 그 가운데 북한체제의 특수성을 보여주는 핵심 요소로 자주 거론되는 것이 바로 수령 중심의 유일 지배 체제와 주체사상, 3대 세습 등이다(정성장, 2011, 37; 통일교육원, 2013, 14). 하지만 박형중은 북한의 특수성에 경도될 경우 다음과 같은 몇 가지 문제점에 직면할 수 있다고 지적한다(박형중, 1999, 27-28).

첫째, 어떠한 사건이나 연관을 설명하는 데 있어서 북한에 성립되어 있는 사회주의 체제의 제도적 특성을 사소하게 다룰 수 있다. 사회주의의 제도적 특성을 무시하게 될 때 남는 것은 북한에 특수한 것들, 즉 인물의 성격, 전통적 정치문화, 특이한 역사적 경험 등이다. 이러한 특수한 요인에 의해 북한을 파악하면 북한은 특수하게 보일 뿐이다. 둘째, 개념과 이론 설정의 문제를 소홀히 하는 경향이 있다. 따라서 이른바 보편인 사회주의와 특수인 북한체제를 별개의 것으로 대비하는 오류를 범한다. 개념적 이해의 차원과 구체적 현상 분석 차원의 관계가 불명확하게 설정되어 있기 때문이다. 셋째, 북한 공식 문헌의 개념과 서술을 북한의 현실과 동일시하는 경향이 있다. 따라서 북한 측 공식 문헌과 다른 각도에서의 분석이나 새로운 사실의 발굴 필요성을 느끼지 않을 수 있다. 넷째, 저널리즘의 차원에서 북한체제의 특수성과 성격을 규정하는 경향이 있다. 예를 들어 북한의 공식 이데올로기가 마르크스-레닌주의가 아니라 주체사상이기 때문에 북한이 특수하다고 주장한다. 또한 북한의 정치 현실에서 유교적 언술과 유사한 표현이 사용되고 부자 세습 등이 나타난다고 해서 북한체제를 봉건체제라고 규정짓는다. 그리고 구소련과 동유럽에서 사회주의 체제가 붕괴했고 중국 사회주의도 변하고 있는데 유독 북한체제만 변하지 않고 있기 때문에 북한체제는 특수하다고 본다.

북한사회의 본질을 규명하는 과정에서 수령 유일 체제를 지나치게 강조하게 될 경우 마치 북한이 사회주의 체제나 당·국가 체제가 아닌 것처럼 논의될 수 있다는 문제 제기는 적절하다고 할 수 있다. 하지만 그 반대의 경우도 마찬가지일 수 있다. 북한체제의 보편성만을 지나치게 강조할 경우, 자칫 북한의 특수성을 무시하거나 소홀히 할 수 있는 가능성이 있기 때문이다. 예컨대 북한체제의 권력 승계 방식, 특히 후계자론과 정치문화, 대외 전략의 민족주의적 특성 등은 사회주의라는 보편성만으로 설명하는 데는 한계가 있다(정성장, 2011, 39). 따라서 북한체제의 본질과 실체를 파악하기 위해서는 보편성과 특수성을 아우르는 균형 잡힌 시각이 필요하다.

2. 북한체제와 주체사상

북한의 모습은 다양하다. 북한을 바라보는 관점이나 시각에 따라 북한의 이미지는 달라진다. 따라서 북한을 바라볼 수 있는 유용한 채널을 확보할 수 있다면 북한의 실체를 파악하는데 보다 근접할 수 있다. 주체사상은 북한을 들여다볼 수 있는 매우 유용한 채널 가운데 하나이다. 북한은 주체사상을 정치, 경제, 사회, 문화 등 모든 영역의 유일한 지도 이념으로 삼고 있다. 북한을 알기 위해서는 무엇보다도 주체사상에 대해 이해할 필요가 있다.

북한에서 주체라는 개념이 처음 등장한 것은 1955년이다. 김일성은 1955년 12월 28일 당 선전선동원 대회에서 「사상사업에서 교조주의와 형식주의를 퇴치하고 주체를 확립할 데 대하여」라는 연설에서 사상사업에서 주체의 확립을 제기하였다. 김일성은 당 사상사업에서의 주체는 조선혁명이라고 규정하면서 사상사업에서 주체가 서 있지 않기 때문에 일부 간부들이 교조주의와 형식주의에 빠져 소련식이나 중국식을 기계적으로 모방하려는 경향이 당 내에 팽배하다고 비판하였다. 당시 김일성이 제시한 주체사상의 핵심 가치는 마르크스-레닌주의를 북한 현실에 맞게 창조적으로 적용하는 것을 의미하는 사상에서의 주체의 확립이었다.

북한은 정권 수립 초기부터 마르크스-레닌주의를 자기 활동의 지도적 지침으로 삼았다. 하지만 1950년대 중반 이후 북한은 지배 이데올로기에 대한 수정을 가하기 시작하였다. 중국과 구소련 사이의 격화되는 이념 분쟁에서 중립을 지켜야 하는 정치적 필요성이 제기된 것이다. 또한 구소련에서 진행되던 스탈린 격하 운동과 이에 따른 마르크스-레닌주의의 재해석으로 흔들리기 시작한 일당 지배 논리로부터 북한체제를 보호할 필요성이 생겼다. 그리고 프롤레타리아 국제주의와 애국주의 간의 심정적 갈등을 극복해야 하는 상황 속에서 김일성은 1950년대 중반부터 마르크스-레닌주의를 북한 현실에 창조적으로 적용하기 시작하였다(이상우, 2008, 146-47).

1955년 주체 확립에 대한 김일성의 연설은 김일성의 권력 집중과 강화를 위해 구소련과 중국의 영향에서 벗어나고 반대파를 숙청하기 위한 도구였다. 김일성은 마르크스-레닌주의에 대한 해석권 독점을 바탕으로 정치적 반대파에 대한 숙청을 정당화했고 주체적 발전 전략을 실행하면서 탈소련 정책을 강화했다. 이와 같은 김일성의 선택은 국제적 환경과 국내 정세의 변화를 고려한 것이었다.

구소련은 1953년 스탈린 사후 공산당 지도부 내의 권력 투쟁이 벌어지면서 북한을 비롯한 공산주의 국가들에 대한 영향력이 약화되었다. 특히 후르시초프의 스탈린 비판으로 동유럽의 변화를 요구하는 목소리가 커졌고 헝가리, 폴란드 등 동유럽의 자유화 운동이 촉발되기도 하였다. 이처럼 1950년대 중반 국제 공산주의 운동에서 구소련의 지도적 위상이 흔들리면서 사회주의 국가의 지도자들은 자국의 실정에 맞는 마르크스-레닌주의를 주장하였다(김갑철·고성준, 1988, 61-65). 김일성 또한 이러한 기회를 활용해 구소련의 내정 간섭에서 벗어난 발전 전략을 추진하고자 하였다. 사상에서의 주체의 확립은 바로 이와 같은 노선의 표명이라고 할 수 있다.

김일성은 국내정치적으로 반대파들의 정치적 도전을 받고 있었다. 북한은 1953년 이전까지 만주파, 국내파, 연안파, 소련파 등 4개

파벌이 권력을 분점하고 있는 연합 정권이었다. 김일성은 1953년부터 1955년 사이에 국내파 숙청에 성공하면서 권력 투쟁에서 유리한 위치를 차지했지만, 구소련과 중국의 지원을 받던 소련파와 연안파는 김일성의 권력에 도전하고 있었다(백학순, 2010, 188). 이러한 와중에 제시된 사상에서의 주체는 김일성이 마르크스-레닌주의에 대한 해석권을 독점한다는 선언이었다고 할 수 있다.

김일성의 정치적 반대파들은 구소련에서 진행된 스탈린 격하 운동을 계기로 마르크스-레닌주의를 김일성에 대한 정치적 반대 이데올로기로 활용하고 있었다. 따라서 김일성이 마르크스-레닌주의에 대한 해석권을 독점했다는 것은 마르크스-레닌주의에 대한 자유로운 논쟁과 이론 활동을 통제함으로써 당과 국가의 시도 사상을 자신의 통제 범위에 둘 수 있었다는 것을 의미한다. 결국 김일성은 마르크스-레닌주의의 해석권을 독점한 후 반대파들을 교조주의와 사대주의로 낙인찍어 숙청하는데 성공하였다(오경섭, 2012, 16-20).

주체사상을 공개적으로 강조하기 시작한 것은 1960년대 중반이다. 김일성은 1965년 4월 14일 인도네시아 알리 아르함(Ali Arham) 사회과학원에서 행한 연설에서 "주체를 세운다는 것은 혁명과 건설의 모든 문제를 독자적으로, 자기 나라의 실정에 맞게 그리고 주로 자체의 힘으로 풀어나가는 원칙을 견지한다는 것을 의미"한다고 하면서, 이것은 창조적인 입장이며 자주적인 입장이라고 주장하였다(김일성, 1970, 343-345). 그리고 여기서 김일성은 중국 공산당의 교조주의와 구소련 공산당의 수정주의를 모두 비판하면서 사상에서의 주체, 정치에서의 자주, 경제에서의 자립, 국방에서의 자위를 강조하였다. 이것은 조선로동당의 노선과 정부 정책 형태로 구체화된 초기 주체사상의 기본 내용이었다고 할 수 있다.

그리고 1966년 8월 12일자 《로동신문》 사설 「자주성을 옹호하자」에서 공식적으로 자체 이념을 세워 나갈 것을 선언하고, 같은 해 10월 5일에 열린 조선로동당 제4기 제2차 전원회의에서 「오늘의 정세와 우리당의 과제」를 발표하면서 북한의 사상적인 독자 노선을 분명히 천명하였다. 이 결의에서 김일성은 시대가 바뀌어 소련이 혁명을 지도하던 시대는 지나갔다는 것을 강조하고, 자주성은 모든 당의 신성불가침의 권리이며, 각 나라의 공산당 간에 높은 당-낮은 당, 지도하는 당-지도받는 당이 없다고 선언하였다(이상우, 2008, 147-48).

이처럼 김일성은 1955년부터 주체 확립을 강조하기 시작했지만 처음부터 주체사상이라는 표현을 쓰지는 않았다. 그리고 1960년대 초에 처음 사용한 주체사상에 대해서도 명확한 개념 규정 없이 단지 마르크스-레닌주의를 조선 현실에 창조적으로 적용한 사상이라고만 설명하였다(이종석, 2000, 158-159). 하지만 이러한 상황은 이후 황장엽의 인간 중심 철학과 주체사상이 결합하고, 김정일이 1974년경부터 주체사상을 마르크스-레닌주의보다 우월한 이데올로기로 내세우기 시작하면서부터 근본적으로 변화되었다. 새로운 인본주의에 기초한 이론적 체계화 작업을 거치면서 인간 중심의 철학적 원리가 처음으로 등장한 것이다. 여기서 주체사상은 혁명과 건설의 주인은 인민대중이며 혁명과 건설을 추동하는 힘도 인민대중에게 있다는 사상으로 규정된다. 다시 말해 주체사상은 자기 운명의 주인은 자기 자신이며 자기 운명을 개척하는 힘도 자기 자신에게 있다는 사상으로 정의된다(정성장, 2011, 95-96).

주체사상은 이원적 구조로 이루어져 있다. 이론적 측면에서 주체사상은 협의의 주체사상 그리고 김일성과 김정일의 혁명사상을 일컫는 광의의 주체사상으로 나뉜다. 좁은 의미의 주체사상이란 철학적 원리, 사회역사 원리, 지도적 원칙으로 구성된 본래 의미의 주체사상을 가리킨다. 이는 1982년 3월 김정일이 발표한 논문인 「주체사상에 대하여」에서 체계화되었다. 반면에 오늘날 우리가 통상 일컫는 주체사상은 보다 외연이 넓은 것으로 이른바 김일성과 김정일의 혁명사상 전반을 가리킨다.

〈그림 2-1〉 주체사상의 구성 체계(정성장, 2011, 112)

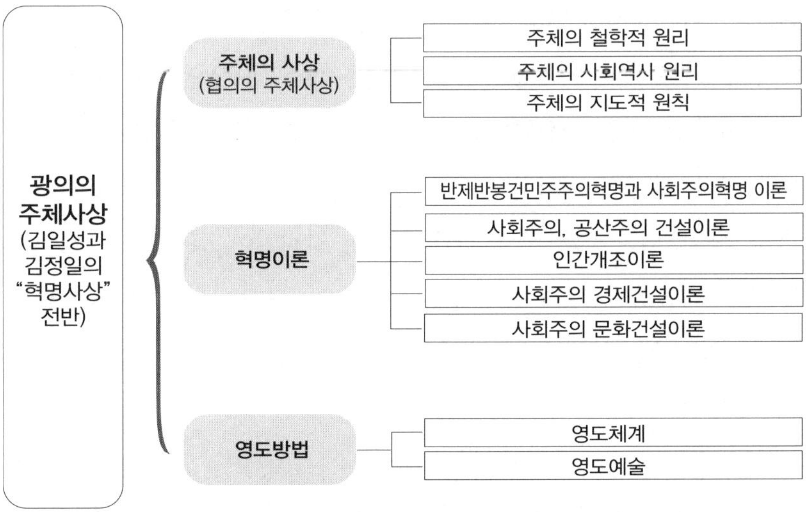

1970년대 주체사상은 김일성 사상과 동일시되었다. 조선로동당은 1970년 11월에 열렸던 제5차 전당대회에서 당 규약을 개정하여 자기 활동의 지도적 지침을 "마르크스-레닌주의와 우리나라 현실에 마르크스-레닌주의를 창조적으로 적용한 김일성 동지의 위대한

주체사상"이라고 고쳐 마르크스-레닌주의를 보편적 이념 그리고 김일성 주체사상을 이러한 보편적 이념의 특수 적용이라는 형식으로 연계시켰다. 그리고 이어서 1972년 12월 27일에 개정한 조선민주주의인민공화국 사회주의 헌법(신헌법)에 처음으로 "마르크스-레닌주의를 우리나라 현실에 창조적으로 적용한 조선로동당 주체사상을 인민공화국의 자기활동의 지도적 지침으로 삼는다(헌법 제3조)"라고 규정함으로써 주체사상을 공식 이데올로기로 선언하였다.

조선로동당 제6차 전당대회에서 개정된 당 규약은 "조선로동당은 오직 위대한 수령 김일성 동지의 주체사상, 혁명사상에 의해 지도된다"라고 규정하였다. 1974년 김정일이 김일성의 사상을 '김일성주의'로 선포한 이후, 마르크스-레닌주의에 대한 언급이 사라지면서 주체사상은 김일성주의와 동일시된 것이다.[1] 하지만 1982년 이후 이와 같은 관점에 변화가 생기면서 주체사상은 김일성·김정일의 사상과 동일시되는 방향으로 확대되었다. 김정일이 실질적인 제2인자로 권력 기반을 공고히 하면서 이데올로기 분야에서도 최고의 해석

1 마르크스-레닌주의에 대한 언급이 사라지면서 주체사상은 마르크스-레닌주의를 실현하기 위한 북한의 구체적 방식과 지침으로서의 '실천 이데올로기(practical ideology)'에서 자신의 진리를 토대로 실천을 위한 구체적 원칙과 방법을 제공하는 '순수 이데올로기(pure ideology)'로 격상되기 시작하였다고 볼 수 있다(김근식, 2007, 200-201). 셔먼(Franz Schurmann)은 공산당의 이데올로기 구조를 분석하기 위한 개념으로 순수 이데올로기와 실천 이데올로기를 제시한 바 있다. 순수 이데올로기는 조직 혹은 개인에게 일관되고 의식적인 세계관을 제공하는 사고체계로 그리고 실천 이데올로기는 조직 혹은 개인에게 행동의 합리적 도구를 제공하는 사고체계로 각각 정의하였다(Schurmann, 1968, 18-24).

권자로 등장하게 되었다. 주체사상은 김일성이 독창적으로 밝히고 김정일이 전일적으로 체계화, 집대성한 김일성과 김정일의 혁명사상으로 발전하게 된다. 요컨대 주체사상은 김일성·김정일 공동 정권의 통치 이데올로기, 즉 김일성·김정일주의로 변화되었다(정성장, 2011, 110-111).

더욱이 주체사상은 1980년대에 접어들면서 수령에 대한 지속적인 충성심을 강조하는 방향으로 나아가게 된다. 김정일은 인간 중심 철학을 바탕으로 1982년 주체사상의 이론적 체계화를 완성했다. 하지만 수령 유일 체제를 강화하는 방향에서 인간 중심 철학을 선별적으로 수용했다. 원래 주체사상의 핵심 가치는 철학적 원리였다. 그러나 김정일이 수령론을 제시하면서 주체사상의 논리 구조는 수령론을 중심으로 재구조화되었고 핵심 가치는 수령론으로 대체되었다. 즉 사람은 수령의 영도를 받아야 세계의 주인이 될 수 있다는 논리를 설파하기 시작하였다.

주체사상의 철학적 원리는 철학의 근본 문제, 철학적 원리, 인간관을 포함하고 있다. 주체사상은 물질의 일차성에 대한 해결을 바탕으로 사람과 세계의 관계 문제를 철학의 근본 문제로 새롭게 제시하였다. 세계에서 사람이 차지하는 지위와 역할 문제를 철학의 근본 문제로 제시한 것이다. 이에 대해 주체사상은 "사람이 모든 것의 주인이며 모든 것을 결정한다"는 철학적 원리를 제시하였다. 사람이 세계와 자기 운명의 주인이고 세계를 개조하고 자기 운명을 개척하는데 결정적 역할을 한다는 견해를 제시하였다(사회과학출판사, 1989, 78-87).

주체사상의 사회역사 원리는 역사의 주체, 본질, 성격, 추동력 등을 규명하고 있다. 사회역사 원리는 역사의 주체에 대해 인민대중이 사회역사의 주체이고 사회 발전의 동력이라고 규정하고 있다. 역사의 본질에 관해서 사회역사의 발전은 인민대중의 자주성을 위한 투쟁의 역사라고 주장한다. 역사의 성격과 관련해서는 사회역사적 운동이 인민대중의 창조적 운동이라고 보고 있다. 특히 역사의 추동력에 관해 인민대중의 혁명투쟁에서 결정적 역할을 하는 것은 인민대중의 자주적인 사상의식이라고 주장한다(김정일, 1991, 17-23). 그런데 이와 같은 사회역사 원리는 수령론으로 발전한다. 수령론이 주체사상의 철학적 원리를 밀어내고 주체사상의 핵심적 가치가 된 것이다. 이처럼 주체사상은 수령론을 중심으로 재구조화 되었다.

수령론의 논리적 출발점은 지도와 대중의 결합 문제이다. 인민대중이 역사의 주체가 되려면 지도와 대중이 결합되어야 하고 지도는 당과 수령의 영도 문제라는 것이다. 수령이 인민대중의 최고 뇌수이며 통일단결의 중심이기 때문에 사회역사적 운동에서 절대적 지위를 차지하고 결정적 역할을 수행하며 프롤레타리아 독재 체계를 영도한다는 것이다. 따라서 지도의 문제는 곧 대중에 대한 수령의 영도 문제라는 논리를 전개한다(사회과학출판사, 1989, 170-195; 김정일, 1991, 23-45).

그리고 김정일은 주체사상의 수령론을 논리적으로 보완하기 위해 사회정치적 생명체론을 제시하였다. 이에 따르면 인간은 육체적 생명과 사회정치적 생명을 갖는다. 부모에게 받은 육체적 생명은 유한하지만, 수령-당-대중의 통일체인 사회정치적 생명체의 중심인 수령에게 부여받는 사회정치적 생명은 무한하다고 주장한다(김정일, 1989, 264-265). 이처럼 주체사상은 수령론과 사회정치적 생명체론을 통해 당과 대중이 수령의 영도를 받을 때 사회정치적 생명을 가진 존재가 될 수 있고, 세계와 자기 운명의 주인이 될 수 있다는 논리를 전개한다.

김정일은 또한 김일성과 함께 자신의 권위를 절대화하기 위해 수령론에서 파생된 후계자론을 제시하였다. 후계자론은 수령의 사상과 혁명위업은 수령의 후계자에 의해 고수되고 계승되기 때문에 수령의 대를 잇는 후계자도 인민대중의 뇌수, 통일단결의 중심으로서 수령과 마찬가지로 절대적 지위와 결정적 역할을 수행한다는 논리이다(사회과학출판사, 1989, 196−198; 이교덕, 2003, 35−45). 결국 주체사상의 핵심 가치가 수령론으로 대체되면서 주체사상의 기능은 수령 유일 체제를 정당화하는 역할을 수행하였다.

김정일은 수령론과 사회정치적 생명체론을 통해 인민대중이 수령과 후계자의 지도를 받아야 세계의 주인으로서 지위와 역할을 차지할 수 있다고 주장함으로써 주체사상을 수령의 절대적 지위를 정당화하는 이데올로기로 변화시켰다. 이러한 맥락에서 볼 때, 김정일이 주체사상을 이론화한 의도는 수령 유일 체제를 정당화하는 것이었지 인간 중심의 철학을 정립하려는 것이 아니었다고 할 수 있다(황장엽, 1999, 192).

3. 주체사상의 기능 변화

북한 주민들은 학습과 교화 과정을 통해 주체사상을 일상화하는 삶을 영위하도록 요구받고 있다. 북한은 주체사상이 혁명적 사회 건설의 기초라고 주장한다. 주체사상의 일상화는 어떠한 난관도 극복하여 궁극적으로 북한식 사회주의의 승리를 가져오는 토대라고 주장하고 있다. 또한 주체사상은 민족해방, 계급해방, 인간해방에 관한 이론과 사회개조, 자연개조, 인간개조에 관한 이론이 전면적으로 체계화되고 완성된 공산주의 혁명이론이며 무오류의 사상으로서 그 현실적 실천성을 확보한 사상이라고 강조하고 있다.

이러한 주체사상도 1990년대 중반 이후 지속된 심각한 경제난으로 그 실천적 유용성이 저하되면서 언급의 빈도가 줄어들고 있다. 특히 김정일의 권력 승계 이후에는 붉은기사상, 강성대국론, 선군정치론 등 경제적 위기 상황에 대처하고 북한체제를 안정화하기 위한 행동강령 성격의 슬로건들이 정치적 담론으로 활용되어 왔다. 이는 주체사상이 유일한 최고 이념이라는 공식적 위상과는 별도로 실질적 정책 지침으로서의 실효성이 약화되었고 그에 따라 사회적 영향력도 저하되었음을 의미하는 것이다.

극심한 경제난이 장기화되면서 주체사상에 대한 북한 주민들의 신뢰가 흔들리는 상황이 초래되고 있다. 생필품 수급 체계에서 사실상 소외된 개인들이 나름대로 자기 생존의 방식을 추구하는 과정에서 이를 합리화하기 위한 자기 정당화 논리로 주체의 의미를 활용하는 풍조가 북한사회에 나타나기도 하였다. 문제는 주체의 가치가 내실없는 외형적 슬로건으로만 지속되는 상황에서 주체사상에 대한 불신과 비판이 불가피할 수밖에 없다는 점이다. 주체사상에 대한 가장 현실적인 비판 가운데 하나는 북한식 사회주의 이념이 사실상 개인의 권력 독점 및 우상화를 위한 정략적 도구로 활용되어 왔다는 것이다. 수령론을 통해 인민대중은 주체가 상징하는 진정한 주인의 자격을 획득하지 못하고 수령의 지도에 절대적으로 의존하고 복종해야 하는 수동적 객체로 전락했다는 점이 이를 잘 보여주고 있다(우희철 외, 2013, 53-57).

1980년대 후반 이후 동구 사회주의권과 구소련이 연속적으로 붕괴함에 따라 북한체제는 생존의 위협을 느끼고 주체사상의 논리적 보강을 통해 북한식 사회주의의 우월성을 강조하고자 노력하였다. 체제 수호를 위한 대안적 논리로서 이른바 우리식 사회주의라는 이름으로 재해석된 주체사상은 북한체제가 이미 붕괴된 동구권 사회주의와 어떻게 다른지 설명하고 북한 사회주의 체제의 붕괴 가능성에 대한 우려를 불식시키는 데 주력하였다.

북한은 1994년 김일성 사망과 1990년대 중반 이후의 식량 위기와 심각한 경제난을 극복해야 하는 현실적 난제에 직면하면서 실리적 사고의 확대를 주장하였고, 이는 이념적 지배력을 지닌 주체사상의 위상에 변화를 초래하였다. 이를 반영하듯 2000년대에 들어 선군정치의 기치가 북한정치 전면에 부상하면서 주체사상의 사회적 구속력이 저하되는 현상이 나타났다. 그리고 2011년 12월 김정일이 사망하고 김정은이 후계자로 등장한 이후 2012년 4월 개정된 노동당 규약 서문에서는 당의 유일한 지도사상으로 주체사상 대신 김일성·김정일주의를 표방하고 있다(통일교육원, 2013, 28-30).

북한을 둘러싼 대내외 환경 변화 속에서 공식 이데올로기인 북한 주체사상의 위상 변화를 파악하기 위해서는 주체사상과 하위담론들, 예컨대 우리식 사회주의론, 붉은기사상, 선군사상, 강성대국론 등과의 관계를 명확히 이해할 필요가 있다.[2]

김정일은 1990년 우리식 사회주의를 제시하였다. 이는 북한식 사회주의 체제의 정당성을 강조함으로써 수령 유일 체제를 안정화시키려는 의도에서 비롯된 것이다. 그는 북한식 사회주의를 주체사상을 구현하고 있는 인민대중 중심의 우리식 사회주의라고 정식화하였다. 그리고 이것은 사람이 모든 것의 주인이 되고 모든 것이 사람을 위하여 복무하는 사람 중심의 사회주의라고 하면서 생산력 중심의 사회주의인 구소련 및 동구권 사회주의와의 차별성을 부각시키기 위해 노력하였다(고유환, 2002, 115). 우리식 사회주의의 논리는 북한은 사회주의를 건설하는 과정에서 잘못한 것이 없고 개편할 것도 없으며, 주체사상에 기초하고 있기 때문에 동구 사회주의 제도보다 북한의 사회주의가 우월하며, 수령·당·대중이 일심단결된 사회주의이기 때문에 붕괴하지 않는다는 것이다.

또한 김정일은 붉은기사상과 고난의 행군정신을 제시하면서 엘리트들과 인민들이 국가의 총체적 위기로 인해 조성된 고난과 역경에 굴하지 않고 수령 중심의 사회주의 체제를 고수하기 위해 불굴

2 담론이란 사전적 의미로 담화나 논의를 뜻한다. 일상생활에서 정치담론은 정치가의 공식적인 담화, 즉 연설이나 논설에서 나타나는 논의 또는 정치 영역에서 전개되는 특정 주제에 대한 논의를 지칭한다. 정치담론 또는 통치담론은 정치적 수사(rhetoric)의 차원을 넘어 특정 정치체제에 권위를 부여하고 권력 및 자원의 분배 양식을 정당화하는 데 핵심적 역할을 담당한다. 그리고 정치권력은 특정 담론을 생산하고 유지하는 가운데 이데올로기적 지배를 확고히 한다. 국제질서 또는 국내정치의 변동에 따라 새로운 가치와 의미, 규범을 창출해야 할 필요성이 대두되거나 새롭게 부상하는 이슈를 기존의 이데올로기에 흡수해야 할 때 정치권력은 새로운 담론을 제시함으로써 그러한 목적을 달성하고자 한다: 김경희(2003), pp. 11-15 참조.

의 혁명정신을 가져야 한다는 점을 강조하였다. 요컨대 붉은기사상은 수령 중심의 우리식 사회주의 체제를 고수하기 위해 불굴의 혁명정신을 강조한 이데올로기라고 할 수 있다. 김정일은 붉은기사상을 내세우면서 대기근과 경제난으로 인한 국가의 총체적 위기 상황에서 자력갱생과 간고분투의 노력으로 난관을 헤쳐 나가는 낙관주의 정신과 불굴의 혁명정신을 요구하기 위해 엘리트들과 인민들이 고난의 행군정신을 가져야 한다고 주장하였다. 하지만 인민들의 희생과 헌신만을 강요하는 이데올로기만으로 체제의 안전을 보장하기 어려웠고, 이러한 상황에서 등장한 것이 바로 선군정치와 선군사상이었다(오경섭, 2012, 40).

김정일은 1995년부터 정권의 안정을 보장하기 위해 군대를 활용한 새로운 통치 방식인 선군정치를 실행했다. 선군정치는 군사 선행의 원칙을 가지고 국가를 통치하며, 모든 문제를 군대의 중심적 역할을 통해 해결한다는 정치를 의미한다. 즉 국가 정책의 일차적 목표를 군사력 강화로 설정하고, 군대를 주력군으로 통치를 실행한다는 것이다(김철우, 2000, 27). 이것은 국가의 총체적 위기 상황 속에서 군대를 활용해 정권의 안전을 보장한다는 새로운 통치 방식이었다. 김정일은 북한의 총체적 위기 상황에서 수령 유일 체제를 안정화하기 위해 선군정치를 실행하였다.

김정일은 2002년 말 선군사상을 제시했다(이기동, 2004, 36). 선군사상은 선군정치를 정당화하기 위해 고안된 이데올로기였다. 선군사상의 핵심 가치는 선군정치를 통한 수령 결사 옹위였다. 선군사상은 군사를 앞세우고 군대에 의거해서 통치를 실행한다는 총대중시, 군사중시 사상을 핵심 사상으로 규정했고, 수령 결사 옹위 정신, 결사 관철의 정신, 영웅적 희생정신을 기본으로 한 혁명적 군인정신과 백두산 총대정신을 핵심 정신으로 제시했다. 이것은 군사력 강화를 통해 수령 유일 체제를 지킨다는 논리였다.

북한은 2009년 헌법 개정을 통해 주체사상과 선군사상을 지도적 지침으로 삼는다고 규정했다. 선군사상이 국가의 지도사상으로 격상된 것이다. 북한 정권은 선군사상이 주체사상을 계승한다고 주장하지만 선군사상의 구조를 보면 논리적으로 주체사상과는 전혀 다른 이데올로기라고 할 수 있다. 선군사상의 기능은 주체사상의 수령 유일 체제 정당화 기능을 보완하고, 수령 유일 체제를 보호하며, 인민들의 사상을 장악·통제하기 위한 것이었다. 김정일은 국가의 총체적 위기 상황에서 수령 유일 체제를 정당화하는 이데올로기인 주체사상을 고수했다. 그리고 주체사상의 수령 유일 체제 정당화 기능을 보완하기 위해 선군사상을 제시한 것이다(오경섭, 2012, 41-42).

선군사상의 논리는 주체사상의 사회역사 원리를 일부 수정하고 있다. 사회역사 원리에 따르면, 노동자와 농민이 혁명의 주력군이다. 그런데 김정일 시대의 북한은 선군정치를 실시하면서 군대를 혁명의 주력군으로 내세웠는데, 이는 분명 김일성 사망 이전까지 노동자와 농민을 혁명의 주력군으로 보던 선로후군(先勞後軍)의 관점에서 벗어난 것이다. 하지만 북한은 새로운 혁명의 주력군으로 간주된 군대가 혁명의 참모부인 당과 혁명의 최고영도자인 수령의 영도에 충실할 것을 요구하고 있다. 이는 지도와 대중의 결합을 강조하며 궁극적으로 인민대중에 대한 당과 수령의 영도를 정당화하는 주체사관의 기존 논리 체계를 근본적으로 수정한 것은 아니라고 할 수 있다(정성장, 2001, 81-114).[3]

강성대국론은 김정일 시대 북한이 나아가야 할 방향에 대한 청사진으로서 변화된 상황 속에서도 주체사상이 영향력을 유지할 수 있게 하는 보조적 통치담론이라고 할 수 있다. 물론 사회주의 사상강국, 정치강국, 군사강국, 경제강국 건설의 방향을 제시하고 있는 강성대국 담론은 당과 국가활동, 혁명과 건설의 원칙으로서 사상에서 주체, 정치에서 자주, 경제에서 자립, 국방에서 자위를 강조하는 주체사상의 지도 원칙을 탈냉전 시대의 변화된 상황에 맞게 부분적으로 수정하고 있다. 하지만 강성대국론에서 강조하고 있는 내용들은 기본적으로 주체사상의 기본적 원칙에서 혁명투쟁과 사회주의, 공산주의 건설을 위해 필요한 것으로 언급된 것들이다(김창원, 1985). 다만 1980년대 말 이후 사회주의권이 붕괴되고 북한경제가 파탄 상태에 빠지면서 공산주의 건설이라는 이상이 더 이상 인민대중을 고무시키기 못하게 되자 대신 강성대국 건설이라는 새로운 목표를 제시하면서 인민들을 동원하고 있는 것이다.

이처럼 강성대국론은 주체사상의 지도적 원칙에서 제시되었던 내용들을 새로운 형태로 강조하면서도 경제보다 군사를 더 중시하고 과거에는 중요하게 언급하지 않았던 실리주의 원칙을 경제강국 건설을 위해 전례 없이 강조하는 등 기존의 논리에 부분적 수정을 가하고 있다(김재호, 2000). 따라서 강성대국이라는 통치 이데올로기를 제시함으로써 북한체제는 군사주의 경향과 실용주의 경향을 강화

3 이처럼 선군사상이 주체사상의 기존 이론체계에 부분적 수정을 가져온 것은 사실이지만, 그것이 주체사상을 대체한 것으로 보기는 어렵다: 정성장(2011), pp. 206-207 참조.

하는 쪽으로 주체사상을 수정하고 있다고 할 수 있다. 비록 1990년대 중반 이후 심각한 경제난으로 주체사상의 위상과 인민대중의 주체사상에 대한 신뢰가 많이 약화되었지만, 당과 국가의 정책 및 활동과 관련하여 주체사상은 여전히 중요한 영향력을 발휘하고 있다고 할 수 있다(정성장, 2011, 208-209).

4. 북한 사회주의 체제의 특징

북한체제는 그것을 바라보는 관점이나 강조점에 따라 다양하게 규정될 수 있다. 전체주의 체제, 권위주의 체제, 공산당 일당 독재, 일인 독재 체제, 유일 지배 체제, 신정체제, 현대판 봉건국가, 왕조국가, 봉건적 스탈린주의 국가, 유교적 사회주의 국가, 군사국가, 병영국가 등은 북한체제의 특징을 보여주는 개념이나 모델들이다. 여기서는 그 가운데 전체주의와 군사국가의 관점에서 북한의 모습을 살펴본다.

1) 전체주의 체제

북한은 전체주의 정치체제로 규정할 수 있다. 일반적으로 정치체제란 지배자와 피지배자의 관계를 개념화한 것으로서 한 국가에서 인정되고 제도화된 정책 결정자들의 충원과 정책 결정 과정의 총체적 특징으로 정의된다. 그리고 전체주의는 사회 전체를 하나의 유기체로 보고 구성원 개개인보다 전체의 안전과 발전을 일차적 목표로 하는 사상이다. 따라서 전체주의 정치체제는 집단의 이름으로 개인의 모든 영역이 전체와 조화될 수 있도록 통제하는 체제라고 할 수 있다.

전체주의에서 개인의 존재는 전체의 일부로서 주어진 역할을 담당하는 요소로만 의미를 가진다. 전체의 발전을 통하여 개인의 발전이 이루어지며 개인은 전체에서 분리되어서는 살아갈 수 없는 사회적 존재라는 인식이 그 바탕에 깔려있다. 따라서 전체주의 정치체제는 전제정치(autocracy)의 특성을 지닐 수밖에 없다. 부분의 역할을 담당하는 사회 구성원이 전체의 의사 결정에 참여할 수 없기 때문이다. 오직 의사 결정의 역할을 맡은 지도자만이 의사 결정 과정에 참여할 수 있는 권리와 책임을 가질 뿐이다. 그리고 통치자는 누구에게도 책임을 지지 않고 어떠한 법이나 선례에도 매이지 않기 때문에 전제자로 군림하게 된다.

전체주의 정치체제에서는 통치자가 지배 정당의 지도자로서 정당의 절대적 지지라는 명목상의 확인 절차만 거치고 모든 통치 행위를 자의적으로 행한다. 전체를 위한다는 주관적인 도덕적 정당성을 토대로 전제를 하는 정치체제가 전체주의 정치체제라고 할 수 있다. 전체주의는 전제의 근거를 이데올로기로 미화한 것 이외에는 본질적으로 신정체제나 절대 왕조 시대의 군주주의 체제와 다를 바가 없다. 이러한 맥락에서 전체주의 정치체제는 20세기의 산업사회에 맞도록 꾸며 놓은 전제정치 체제라고 할 수 있다(이상우, 2008, 90).

북한체제는 국가라는 집단을 개인에 앞세우는 전형적인 전체주의 체제이다. 북한 헌법은 사회의 모든 성원들을 혁명화, 로동계급화하여 전체 인민의 사상적 통일을 위해 국가는 온 사회를 동지적으로 결합된 하나의 집단으로 만든다고 선언하고 있다(제10조). 또한 공민은 조직과 집단을 귀중히 여기며 사회와 인민을 위하여 몸바쳐 일하는 기풍을 높이 발휘하여야 한다고 규정하고 있다(제81조). 그리고 공민의 권리와 의무는 "하나는 전체를 위하여, 전체는 하나를 위하여"라는 집단주의 원칙에 기초한다고 명시하고 있다(제63조).

북한에서 수령은 주체의 핵이 되며 당은 수령을 중심으로 하는 정치조직이라고 할 수 있다. 따라서 북한은 사실상 수령의 유일적 영도 아래 통치되는 전체주의 독재 체제이다. 수령은 단결과 영도의 중심으로서 인민대중의 운명을 개척하는데 결정적 역할을 하는 당의 최고 영도자이자 사회정치적 생명체의 최고 뇌수로 규정된다. 북한에서는 사회정치적 생명체를 인민대중이 혁명의 자주적 주체로 되기 위해 당의 영도 밑에 수령을 중심으로 하여 조직 사상적으로 결속됨으로써 영생하는 생명력을 지닌 생명체라고 주장한다. 북한사회에서 수령은 전 당의 조직적 의사의 체현자이며 당의 최고 영도자로서, 사회정치적 생명체의 생명활동을 통일적으로 조직하고 지휘하는 영도의 유일 중심으로서 절대적 지위와 역할을 부여받고 있다(통일교육원, 2013, 15).

북한체제는 집단주의 원칙에 기초한 전체주의 사회이며, 수령을 어버이로 하는 사회주의 대가정 체제이다. 북한사회의 이상적 인간형은 자기 운명을 집단의 운명과 결부시켜 개인적 목표 가치보다는 집단적 목표 가치를 우선으로 추구하는 공산주의적 인간이다. 북한에는 개념적으로 두 개의 가정이 존재한다. 하나는 혈육들로 구성되는 '보통의 가정'이고, 다른 하나는 수령을 어버이로 하는 소위 '사회주의 대가정'이다. 이 사회주의 대가정의 가족 성원인 북한 주민들은 보통의 가정에서 자녀들이 부모를 섬기듯 어버이인 수령을 믿고 사랑하며 충성과 효성을 다해야 하는 것으로 교육받고 있다. 유교 사회의 관습과 전통이 비교적 많이 남아있는 북한에서 사회주의 대가정은 수령-당-인민대중을 하나로 묶는 가장 확실한 결합 방식이 되고 있다(통일교육원, 2013, 18).

한편 프리드리히(Carl J. Friedrich)와 브레진스키(Zbigniew K. Brzezinski)는 전체주의를 공동체의 지도 이념과 목표에 맞도록 구성원의 삶의 모든 국면을 통제하는 정치 이념으로 파악하였다. 그리고 이러한 전체주의 체제의 공통된 특성을 다음과 같이 6가지로 제시하였다: 첫째, 인간 생활의 모든 국면을 규세하는 공식적 이데올로기의 존재, 둘째, 일인 지배의 단일 대중 정당에 의한 통치, 셋째, 비밀 경찰에 의한 테러, 넷째, 대중 매체의 독점, 다섯째, 무장력 독점, 여섯째, 중앙집권적 통제 경제 등이다. 그리고 나중에는 여기에다 영토의 확장과 사법부에 대한 행정력의 통제 등을 추가하여 전체주의 체제의 특징을 8가지로 제시한 바 있다(Friedrich & Brzezinski, 1965).

20세기에 흥망성쇠를 겪은 파시즘, 나치즘, 볼셰비즘 등의 모든 전체주의 정치체제는 이상의 요건을 대체로 충족시키고 있다. 특히 북한 정치체제는 위의 특징들과 부합하는 전형적인 전체주의 정치체제라고 할 수 있다. 또한 사회에 대한 국가의 강력한 통제라는 측면에서도 북한은 전체주의의 전형적 모습을 보여주고 있다.

이와 유사한 맥락에서 맥코맥(Gavan McCormack)은 북한체제가 기본적으로 전체주의를 통해 가장 적절하게 묘사될 수 있다고 주장하였다. 다만 북한 정치체제의 성격을 분석하는데 가장 유용한 모델은 고전적 전체주의론을 수정한 기든스(A. Giddens)의 신전체주의 모델이라고 보았다. 기든스는 전체주의 지배의 특징으로 첫째, 국민의 일상에 대한 철저한 감시 활동(국민에 관한 정보 수집 및 서류 작성), 둘째, 도덕적 전체주의(정치공동체로서 운명을 공유한다는 역사의식), 셋째, 테러 행위(경찰력의 극대화), 넷째, 지도자에 대한 개인 숭배(지도자의 전문적 군사 능력이 아닌 대중적 지지의 획득이 중요) 등을 제시하면서 그 중에서도 개인 지도자를 전체주의의 핵심으로 파악하고 있다. 그는 전체주의에서 가장 중요한 것은 대중의 지지이며, 테러는 지배의 토대이기 보다는 일탈자에 대한 규제 수단으로 사용된다는 점을 강조하고 있다(진덕규 역, 1991, 348-349).

맥코맥은 구소련의 스탈린 체제 이후 북한처럼 전체주의적 지배 모델에 부합하는 정치체계는 없다고 강조한다. 그에 따르면, 북한사회만큼 철저하게 공식 교의의 주입을 통해 자발적인 성장 공간을 빼앗겨버린 곳은 없다. 요컨대 북한은 철저한 감시와 테러 그리고 국가의식을 통한 대중 동원이라는 세 가지 요소가 혼합된 전형적인 전체주의 국가라는 주장이다(McCormack, 1993, 46).

2) 군사국가의 제도화

유격대 국가론은 북한의 국가 성격을 규명할 수 있는 이론적 토대 가운데 하나이다. 와다 하루키(和田春樹)에 따르면, 유격대 국가(partisan state)는 국가사회주의의 기초 위에 이차적으로 형성된 국가형태를 말한다(서동만·남기정, 2002). 여기서 국가사회주의란 구소련 형의 사회주의 건설을 모델로 하는 전 세계 사회주의 국가들의 일반적 국가 형태라고 할 수 있다. 즉 국가사회주의는 공산당·국가·사회단체가 일체화되어 형성된 공적 주체가 정치와 경제 전반을 일원적으로 관리하는 체제를 의미한다. 와다는 북한의 경우 생산관계의 사회주의적 개조가 이루어지고 1950년대 치열한 권력 투쟁을 통해 만주파가 당·정·군을 장악하고 일원적 지배 체제를 구축한 1961년경에 국가사회주의 체제가 완성되었다고 보고 있다.

와다의 유격대 국가는 이와 같은 국가사회주의의 토대 위에 구축된 국가체제이다. 여기서 김일성은 최고사령관이고 인민 전체는 유격대원으로 묘사된다. 그런데 이러한 유격대 국가의 대표적인 특징은 가족 국가관과 전통적 국가관이다. 1980년에 본격화된 가족국가관은 수령=아버지, 당=어머니, 대중=사식이라는 인식에서 출발한다. 여기서 수령의 역할은 전통 사회에서 가정을 책임지는 가장의 역할과 같다. 그는 절대적인 권위를 행사하며 국사에 대한 모든 지혜의 원천으로 간주된다. 그리고 국가의 운명은 한 가정의 운명과 닮았다고 보고 있다. 이후 이러한 가족 국가관은 전통적 국가관으로 대체되는데, 여기서는 일심단결, 대가정, 충효가 결합되고 김일성=할아버지, 김정일=아버지라는 확대된 가정의 이미지를 강조한다(和田春樹, 1993; 이종석, 2000, 118-119 재인용).

한편 스즈키 마사유키(鐸木昌之)는 수령제라는 개념으로 북한체제를 규정하고 있다. 여기서 수령제는 구소련 형의 당 국가 시스템 위에 수령을 올려놓은 체제 혹은 수령의 영도를 대를 이어 계속적으로 실현하는 것을 목적으로 하는 체제를 가리킨다. 전자가 최고지도자의 권력 집중에 주목하는 반면에 후자는 후계자론과 연관이 있는 개념 규정이다(유영구, 1994).

이와 같은 유격대 국가론에서 파생된 북한체제의 군국주의적 특징은 병영국가의 모습 그리고 선군정치로 표출된 군사국가의 제도화에서 살펴볼 수 있다. 일반적으로 군대란 국가의 주권과 국민의 생명 및 재산을 외부의 위협으로부터 보호하는 국민의 군대이다. 그러나 북한의 군대는 당 그리고 궁극적으로는 김일성 부자의 사병이었고 아마도 이것은 김정은 시대에도 쉽게 바뀌지 않을 것이다. 이처럼 북한은 전체 사회를 군사화, 동원화한 병영국가(garrison state)의 모습을 보이고 있다(하상식, 2012, 93-95).

군사국가는 사회 체제의 동원화와 일상화된 부대의식(部隊儀式)을 바탕으로 성립되는 병영국가의 성격 위에 군대가 국방 이외의 제반 분야의 운용에도 직접 나서는 국가 형태를 말한다. 따라서 군사국가화란 군이 최고지도자의 명을 받들어 경제와 사회 전반에서 국가 운영의 개척자로 나서는 양상을 가리킨다. 그런데 이와 같은 군사국가는 북한체제가 위기 국면을 타개하는 중요한 정치적 수단이 되어 왔다. 북한에서는 군대가 사회 인프라 건설의 핵심 노동력으로 부각되었고 군의 사업 방식이 하나의 전형으로 사회 전체에 강조되기도 하였다. 즉 군대가 단지 국방을 담당하는 수준을 넘어 북한 사회주의 체제를 수호하고 난국을 개척하는 역할을 겸하게 된 것이다.

이와 같은 군사국가의 모습은 김일성 사후 김정일의 최고 위상을 확보하고 강화하는 과정에서 제도화되었다. 요컨대 국방위원장을 국가 수반으로 규정하면서 나타난 현상이라고 할 수 있다. 북한은 국방위원회라는 기구가 통치하는 독특한 체제이다. 1994년 7월 8일 김일성 사망으로 권력의 공백이 생기자 북한은 국방위원장이었던 김정일이 실질적인 통치자로 등장하였다. 그러나 김정일이 김일성의 주석직을 승계한 것은 아니었다.

군사국가화 경향은 선군정치를 도입하면서 표면화되었다. 선군정치는 군 중시의 정치로서 군대를 중시하고 그것을 강화하는 데 선차적 힘을 넣는 정치로 규정된다. 또한 군사선행의 원칙에서 혁명과 건설로 나서는 모든 문제를 해결하고 군대를 혁명의 기둥으로 내세워 사회주의 위업 전반을 밀고 나가는 영도방식으로 규정되고 있다. 즉 인민군대를 핵심으로 하여 혁명대오를 튼튼히 꾸리고 혁명적 군인정신을 무기로 하여 사회주의 건설을 밀고 나가는 것이 바로 선군정치라 할 수 있다(이종석, 2000, 546-547).

북한은 1998년 '김일성헌법'을 채택하면서 이와 같은 선군정치를 공식 통치 체제로 합법화하였다. 새 헌법에서는 김일성을 공화국의 영원한 주석으로 규정하고 주석직을 폐지하였다. 형식적인 최고주권기관인 최고인민위원회를 존속시키고 과거 주석의 권한을 최고인민위원회 상임위원회 위원장이 행사하도록 명시하고 있다(제111조 2항). 하지만 "조선민주주의인민공화국은 조선로동당의 영도 밑에 모든 활동을 진행한다"는 헌법 제11조를 통해 당 아래에 최고인민위원회가 들어가는 당 지배 체제를 헌법에 명문화하였다. 그리고 헌법 제58조 "조선민주주의인민공화국은 전 인민적, 전 국가적 방위체계에 의거한다"는 조항을 통해 국방이 공화국의 전 활동을 장악하는 총체적 통치 행위라는 선군정치의 규정을 마련하고, 이러한 국방 관리 기관으로 국방위원회를 두도록 규정하고 있다(제100조).

요컨대 북한체제는 다음과 같은 몇 가지 측면에서 군사국가의 특징을 보여주고 있다. 첫째, 국가의 통치 업무를 국방으로 규정하고 있다. 이는 국가 관리가 곧 국방 관리라는 것을 의미한다. 모든 국가의 업무를 광의의 국방 업무로 규정하고 있는 것이다. 둘째, 국가 관리 자체로 확대 규정된 국방 관리 업무를 국방위원회라는 최고 군사 지도 기관이 담당함으로써 군대가 국가를 통치하도록 되어 있다. 셋째, 군대 조직을 통할하는 인민무력부와 함께 국가 안전을 담당하는 국가안전보위부가 내각에 속하지 않고 국방위원회의 직접 관리하에 있다. 이것은 일반 행정이 군대를 지원하는 형태라고 할 수 있다(이상우, 2008, 94-95).

위와 같은 군사국가의 제도화 과정은 다음과 같은 배경 내지 이유에서 비롯된 것으로 볼 수 있다(이종석, 2000, 547). 첫째, 대내적으로 경제난에 따른 주민 불만이나 동요를 막고 체제를 단속하는 방법으로 군사주의를 이용하고 있다. 즉 군사주의를 통해 눈앞에 닥친 경제적 위기의 현실을 희석시키려는 경제난 회피 담론으로 군사주의가 추구되고 있다는 점이다. 둘째, 내부 경제 자원이 고갈되어 유일한 가용 자원이 군대밖에 없는 상황에서 외부 세계에 대해 그들의 영향력을 유지하기 위한 방편으로 군사주의를 활용하고 있다. 셋째, 군사국가의 제도화는 군대를 중시해 온 북한 독재 체제의 관성에서 비롯되었다고 할 수 있다.

이처럼 북한체제의 통치 구조는 국가를 군과 일치시킨 군국주의 체제의 성격을 띠고 있다. 북한은 여러 가지 측면에서 군국주의 체제의 모습을 보여주고 있다. 통상 군국주의 체제란 독일, 이탈리아, 일본 등에서 나타났던 극우 파시즘 체제를 가리킨다. 이는 단순히 군대가 외형적으로 앞서는 것뿐만 아니라 국가의 대내외 정책에 있어서 그리고 국가의 경제 운용이나 엘리트 구성 등에 있어서 군부가 차지하는 비중이 매우 큰 정치체제를 지칭한다(오일환, 2001, 213).

역사적으로 볼 때 북한의 김일성 정권은 그 자체가 군부 정권이었다. 해방 직후 다양한 정파들이 각축하는 상황에서 구소련의 후원으로 북한 권력의 주도 세력으로 부상한 것이 바로 김일성을 중심으로 한 이른바 항일 빨치산 유격대 세력이었다. 그리고 이후에는 이들이 김일성의 일인 지배 체제 강화에 핵심적 역할을 하게 되었다. 따라서 북한체제는 군부에 대한 우대가 당연할 수밖에 없으며 이러한 전통이 이어지고 있다고 할 수 있다. 그리고 김정일은 1994년 김일성 사망 이후 조선인민군 최고사령관의 직함을 이용하여 군부를 우대하면서 자신의 권력을 공고히 해나갔다. 김정은 역시 2010년 최초로 받은 공식 직함이 당 중앙군사위원회 부위원장이었다.

제도적으로도 북한은 군국주의적 특성을 지니고 있다. 앞에서 보았듯이 명목상 북한의 최고 원수는 최고인민회의 상임위원장이지만 사실상 국가의 최고지도자는 김정일 시대의 국방위원회 위원장을 거쳐 김정은 시대에는 국방위원회 제1위원장이다. 과거 공산당 일당 독재 체제 국가들의 경우에 당의 서기장이 최고지도자였던 것과는 다른 독특한 정치구조이다.

국가 목표의 차원에서도 북한체제는 군국주의적 특성을 지니고 있다. 북한은 노동당 규약 전문에서 "조선로동당은 선군정치를 사회주의 기본정치방식으로 확립하고 선군의 기치 밑에 혁명과 건설을 영도한다"라고 규정하고 있다. 헌법에서도 북한은 전 인민적, 전 국가적 방위체계에 의거하며(제58조), 북한 무장력의 사명은 선군혁명로선을 관철하여 혁명의 수뇌부를 보위하는 것이고(제59조), 국가는 군대와 인민을 정치사상적으로 무장시키는 기초 위에서 전군 간부화, 전군 현대화, 전민 무장화, 전국 요새화를 기본 내용으로 하는 자위적 군사로선을 관철한다(제60조)라고 명시하고 있다.

정책적으로도 북한체제는 군국주의 체제라고 할 수 있다. 북한 정권은 필요할 때 마다 남한과의 적대적 긴장을 조성하면서 체제의 안정과 결속을 유지해 왔다. 이것은 전시 공산주의 위기관리 체제의 전형적 특징으로 전시와 같은 비상 상황에서나 실시할 수 있는 위기관리 체제가 일상적 상황에서도 외부의 정치·군사적 대결 구도를 이용하여 북한 내부의 정치 상황을 관리하는 체제를 말한다(최성, 1997, 18).

북한 사회주의 체제는 1990년대 중반 이후 경제위기가 심화되고 식량난이 가중되는 상황에서도 강성대국의 기치를 표방하면서 군부 우선의 선군정치를 실행해 왔다. 북한체제는 인민군대의 총대 위에 평화가 있고, 사회주의가 있다고 주장한다. 그리고 온 사회가 군사를 중시하는 기풍을 확고히 세우며 군대가 선차이고 모든 것을 군사에 복종시켜야 한다는 관점과 입장에서 인민군대를 강화하고 자위적 국방공업을 발전시키는 데 계속 큰 힘을 넣어야 한다고 주장하고 있다. 이는 기실 북한체제의 군국주의적 속성을 그대로 엿볼 수 있는 부분이다.

참고문헌

고유환(2002), "통치이데올로기 : 주체사상", 전국대학북한학과협의회 편, 『북한정치의 이해』, 서울 : 을유문화사.

권현익·정병호(2013), 『극장국가 북한』, 서울 : 창비.

김갑철·고성준(1988), 『주체사상과 북한사회주의』, 서울 : 문우사.

김경희(2003), "김정일 시대 주체사상의 지속과 변화", 이화여자대학교 북한학협동과정 석사학위논문.

김근식(2007), "주체사상 : 북한의 체제이데올로기", 박재규 편, 『새로운 북한읽기를 위하여』, 서울 : 법문사.

김일성(1970), "조선민주주의인민공화국에서의 사회주의건설과 남조선혁명에 대하여(발췌)(인도네시아 '알리 아르함' 사회과학원에서 한 강의, 1965년 4월 14일)", 『우리 혁명에서의 주체에 대하여』, 평양 : 조선로동당출판사.

김일성(1983), "당사업을 개선하며 당대표자회 결성을 관철할데 대하여(도, 시, 군 및 공장당책임비서협의회에서 한 연설, 1967년 3월 17～24일)", 『저작집 21』, 평양 : 조선로동당출판사.

김일성(1983), "우리당의 주체사상과 공화국정부의 대내외 정책의 몇 가지 문제에 대하여"(1972.9.17), 『북한연구자료집』 제8집, 서울 : 고려대학교 출판부.

김재호(2000), 『김정일강성대국 건설전략』, 평양 : 평양출판사.

김정일(1989), "주체사상 교양에서 제기되는 몇가지 문제에 대하여", 편집부 엮음, 『주체사상 연구』, 서울 : 태백.

김정일(1991), 『주체사상에 대하여』, 평양, 조선로동당출판사.

김창원(1985), 『주체사상의 지도적 원칙』, 평양 : 사회과학출판사.

김철우(2000), 『김정일장군의 선군정치』, 평양 : 평양출판사.

박형중(1999), "북한정치연구", 북한연구학회 편, 『분단 반세기 북한 연구사』,

파주 : 도서출판 한울.
백학순(2010), 『북한권력의 역사 : 사상·정체성·구조』, 파주 : 한울아카데미.
사회과학출판사(1989), 『주체사상의 철학적 원리』, 서울 : 백산서당.
서동만·남기정 역(2002), 和田春樹 저, 『북조선 : 유격대국가에서 정규군국가로』, 파주 : 돌베개.
오경섭(2012), "주체사상의 구조와 정치적 기능의 변화", 세종연구소, 『세종정책연구』 2012-17.
오일환(2001), "김정일 시대 북한의 군사화 경향에 관한 연구", 『국제정치논총』, 제41집 3호.
우희철 외(2013), 『북한학 : 북한의 이해』, 인천 : 도서출판 진영사.
유영구 역(1994), 鐸木昌之 저, 『김정일의 수령제 사회주의』, 서울 : 중앙일보사.
이교덕(2003), 『북한의 후계자론』, 서울 : 통일연구원.
이기동(2004), "통치 이데올로기의 지속성과 변화", 『김정일 시대 북한의 정치체제 : 통치이데올로기, 권력엘리트, 권력구조의 지속성과 변화』, 서울 : 통일연구원.
이상우(1988), "김일성 체제의 특질", 이상우 외, 『북한 40년』, 서울 : 을유문화사.
이상우(2008), 『북한정치 : 신정체제의 진화와 작동원리』, 파주 : 나남.
이종석(2000), 『새로 쓴 현대 북한의 이해』, 서울 : 역사비평사.
정성장(2001), "김정일의 '선군정치' : 논리와 정책적 함의", 『현대북한연구』, 제4권 제2호.
정성장(2011), 『현대 북한의 정치 : 역사·이념·권력체계』, 파주 : 한울아카데미.
진덕규 역(1991), A. 기든스 저, 『민족국가와 폭력』, 서울 : 삼지원.
최성(1997), 『북한학개론』, 서울 : 풀빛.
통일교육원(2013), 『북한이해』, 서울 : 통일교육원.

통일부 북한자료센터 http://unibook.unikorea.go.kr/?sub_num=53

하상식(2012), 『남북한의 통일 딜레마』, 서울 : 도서출판 해남.

和田春樹(1993), "遊擊隊國家の成立と展開", 『世界』, 1993年10月號, 東京 : 岩波書店.

황장엽(1999), 『나는 역사의 진리를 보았다』. 파주 : 한울.

Friedrich, Carl J. & Z. K. Brzezinski(1956), *Totalitarian Dictatorship and Autocracy*, Cambridge : Harvard University Press.

Friedrich, Carl J. & Z. K. Brzezinski(1966), *Totalitarian Dictatorship and Autocracy* 2nd ed., New York : Frederich A. Praeger.

Johnson, C.(1970), "Comparing Communist Nations", in Chalmers Johnson (ed.), *Change in Communist Systems,* Stanford, CA. : Stanford University Press.

McCormack, G.(1993), "Kim Country : Hard Times in North Korea", *New Left Review* No. 198.

Schurmann, F.(1968), *Ideology and Organization in Communist China*, Berkeley, CA : University of California Press.

제3장 북한체제의 내구성

1980년대 후반 동구 사회주의권의 해체 그리고 1994년 김일성 사망 이후 북한체제의 붕괴 가능성에 관한 논의가 확산되었다. 특히 1990년대 중반 극도의 식량난과 경제위기가 지속되면서 북한의 경제적 파산이 곧 정치체계의 붕괴로 이어질 것이라는 예측이 팽배하였다. 하지만 북한체제는 일련의 총체적 위기 속에서도 살아남았다. 그렇다면 아직까지 북한 사회주의 체제를 지탱하고 있는 생명력의 원천은 무엇인가? 여러 가지 어려움에도 불구하고 북한체제가 정치적 안정 상태를 유지할 수 있는 조건 내지 배경은 무엇인가? 이러한 질문에 답하는 것은 북한체제의 지속과 변동 가능성을 이해하는 데 있어서 매우 중요한 요인이라고 할 수 있다.

1. 북한체제의 생명력

분단 상태에 있는 우리에게 북한은 지대한 관심의 대상이 아닐 수 없다. 여기에는 북한의 어제와 오늘에서부터 북한의 미래 그리고 남북한 통일에 이르는 다양한 주제들이 포함되기 마련이다. 그 가운데 이 장에서의 일차적 관심은 '북한'의 내구성과 북한의 변화 가능성에 관한 문제이다.[1] 요컨대 북한체제의 생명력은 어디서 비롯되고 있으며 대내외적 환경의 변화에 따라 북한체제는 과연 어떠한 운명을 맞이하게 될 것인가 하는 질문에 답해보는 일이라고 할 수 있다.

---

1 여기서 말하는 '북한'은 이스턴(D. Easton)이 구분한 정치체계(political system)의 세 수준 가운데 체제(regime) 수준의 정치체계를 지칭하는 것으로 사용하였다. 이스턴의 정치체계 개념을 북한에 적용하면 권위당국자 수준(김정일 정권 혹은 김정은 정권), 체제 수준(북한 사회주의 체제), 정치공동체 수준(조선민주주의인민공화국)으로 구분할 수 있다. 이에 관한 자세한 내용은 D. Easton(1965a) 참조. 따라서 이 장에서 사용하는 북한 사회주의 체제, 북한의 우리식 사회주의 혹은 북한체제는 같은 수준의 개념이다.

1990년대 초 동유럽 사회주의권의 붕괴 과정 그리고 구소련의 해체에서 볼 수 있는 것과 같은 국제정치적 환경의 변화 속에서 북한의 미래에 관한 다양한 예측이 제기되었다. 정치적·경제적 위기에 직면한 권력 엘리트들의 위기의식과 동요가 심각했고 한소수교와 한중수교로 인해 외교적 고립 또한 심화되었다. 특히 1994년 김일성의 사망 그리고 1995년 대홍수와 식량난 이후 수백만 명이 굶어 죽거나 영양실조 상태에 빠지면서 북한체제 붕괴론이 확산되기도 하였다. 하지만 장기간에 걸친 심각한 위기 상황 속에서도 북한체제는 대규모 폭동이나 반정부 시위, 대량 난민 사태를 경험하지 않았다.

북한체제의 존속과 붕괴 가능성에 대한 논란과 논의는 여전히 진행형이다. 탈냉전 이후 형성된 미국 중심의 새로운 국제 질서는 북한체제의 존립 기반을 위협하는 심각한 도전이 되어 왔다. 또한 사회적 통제 체제의 이완과 함께 식량난을 비롯한 북한 경제 내부의 심각한 위기 징후들이 해소되지 않으면서 북한체제의 존속 자체를 불투명하게 만들고 있다. 더욱이 2011년 12월 김정일 사망 이후 북한체제를 물려받은 김정은 정권의 미래에 대한 불확실성이 더해지면서 북한체제의 지속과 변동 가능성에 대한 논의가 다시금 활발하게 진행되고 있는 상황이다.

하지만 한 가지 분명한 사실은 일련의 급격한 대내외적 환경 변화 속에서도 북한 사회주의 체제가 여전히 존속하고 있다는 점이다. 그렇다면 과연 북한 사회주의 체제를 지탱하고 있는 생명력의 원천은 무엇인가? 여러 가지 대내외적 어려움에도 불구하고 북한체제가 정치적 안정 상태를 지속적으로 유지할 수 있는 조건 내지 배경은 무엇인가?

2. 북한체제의 내구성 선행 연구

1990년대 중반 북한학계의 주된 관심사 가운데 하나는 북한체제의 붕괴 가능성 문제였다. 구소련과 동구 사회주의 진영의 붕괴, 김일성 사망, 식량난과 대량 아사, 심각한 경제난 등이 중첩되면서 북한체제의 붕괴 가능성에 대한 논쟁이 가열되었다. 그리고 이와 같은 논쟁을 거치면서 북한체제의 내구성에 관한 연구 성과들이 제시되었다. 그 선구적 시도가운데 하나가 바로 1996년 민족통일연구원의 연구 결과이다. 동 연구는 5개 분야(이념, 엘리트, 경제, 통제, 대외관계) 15가지 지표를 토대로 북한 정권의 위기 수준을 측정하고 내구력을 전망하였다(김성철 외, 1996).[2] 연구 결과에 따르면, 북한 사회주의 체제의 전반적인 위기 지수가 1992년에 이미 체제위기의 임계점인 2.5에 도달해 북한체제가 더 이상 안정적이지 않다고 결론짓고 있다(김성철 외, 1996, 21).[3]

---

2 여기서 지표란 북한 사회주의 체제의 운명에 영향을 미치는 요인들이라기보다는 위기의 정도를 반영하거나 대표하는 것을 말한다. 위 연구는 각 지표의 위기 지수를 측정하기 위한 체크리스트를 만들어 30명의 북한이탈주민과 면담을 실시하였고, 면담으로 측정이 곤란한 부분에 대해서는 통계 자료를 활용하였다. 각 지표와 체제 전반의 위기 지수 모두 1-4의 수치로 표시하였는데 그 의미는 다음과 같다: 1은 체제에 전혀 위해하지 않을 뿐만 아니라 매우 안정적임, 2는 체제에 위해하지 않고 대체로 안정적임, 3은 체제에 대해 위해하지만 정도가 낮음, 4는 체제에 대한 위해 정도가 매우 높음.

3 여기서 임계점 2.5는 척도 1-4의 중간 지수라는 상징적 의미 이외에도 안정과 위기를 대표하는 지수 간의 실질적 문턱점(threshold point)을 의미하는 것으로

〈그림 3-1〉 지표별 위기 지수(1995년 기준)

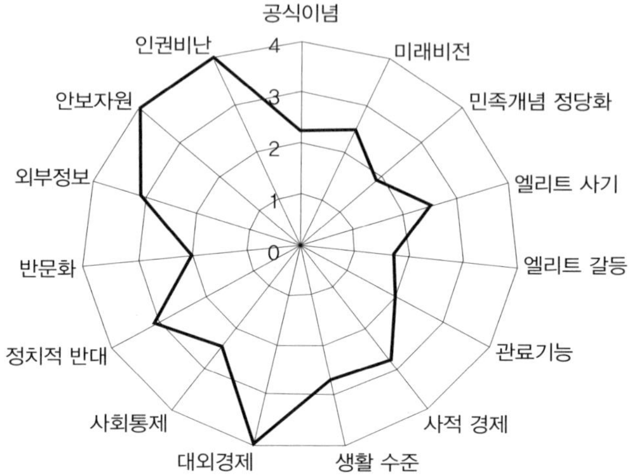

〈그림 3-1〉에서 보듯이, 북한체제의 최대 약점은 국제적으로 도덕성을 인정받지 못하고 있다는 점(「인권 문제에 대한 국제적 비난」 지표), 국제적인 경제협력 관계가 미약하다는 점(「대외경제 관계」 지표), 곡물과 유류 등 안보자원을 원활하게 확보하지 못하고 있다는 점(「안보자원의 확보」 지표) 등으로 나타났다. 이와 같은 취약성은 자주라는 구호 아래 외부와의 관계를 단절한 데서 비롯된 북한체제 고유의 한계라고 할 수 있다. 사회주의권 붕괴 이후 중국, 러시아 등 기존 동맹국들로 부터의 지원이 감소하면서 이러한 취약성이 체제 위기의 지표로 반영

볼 수 있다. 임계점 통과가 곧 체제변혁을 가져오는 것은 아니지만 그 이후에도 위기 수준이 지속적으로 증가하였다는 점에서 동 연구는 북한체제가 더 이상 안정적이지 않다고 판단하였다.

되어 나타난 것으로 보았다.

반면 북한체제의 강점은 상의하달의 관료적 침투력이 무난히 이루어지고 있다는 점(「관료기구의 기능」 지표)과 당 간부를 중심으로 한 엘리트의 응집성이 비교적 잘 유지되고 있다는 점(「엘리트 갈등」 지표)을 들고 있다. 다시 말해 북한 상층부의 공식적인 지시 전달 메커니즘과 인적 요소는 다른 부문에 비해 상대적 강점을 지니고 있다고 보았다. 이러한 결과는 친인척에 의한 권력 독점, 치밀한 계급 정책을 통한 사상성 검증, '당적 지도' 원칙의 고수를 통해 사람과 기구를 끊임없이 정비해 온 북한식 사회주의 체제의 유산이 반영된 것이다.

동 연구는 북한체제의 내구력 전망과 관련하여, 북한 당국이 위기 수준의 증가 추세를 억제하지 못할 경우 위기 지수가 2011–2018년 사이에 체제변혁 임계점을 통과하게 될 것이라고 예측한 바 있다. 다만 경제 분야에서의 점진적 개혁 조치를 수용한다면 전반적인 위기 수준은 정체 내지 감소할 것으로 보았다. 이러한 관점에서 북한의 체제개혁이 반드시 총체적인 정치체계의 붕괴로 이어지지는 않을 것으로 전망하였다. 북한 내에서 체제변혁이 발생해도 주변국의 입장과 남한의 대응 능력에 따라 북한이라는 총체적 정치체계의 해체 여부가 결정될 것이라고 지적하고 있다. 다시 말해 한반도를 둘러싼 국제 정세의 변화가 수반되지 않는 한, 체제변혁에서 총체적 체계붕괴라는 계기적 변화는 발생하지 않을 수 있다고 판단한 것이다.

2006년에 통일연구원은 1996년 민족통일연구원의 선행 연구 결과를 토대로 1996–2005년까지 북한 김정일 체제의 위기 지수 변화 추이를 분석하고, 향후 북한체제의 내구력을 전망하였다. 동 연구 결과, 북한체제의 분야별 위기 수준은 이념 3.47, 엘리트 2.77, 경제 3.24, 통제 2.72, 대외 3.39 등으로 각각 나타났다(전현준 외, 2006).[4] 이념의 동요가 가장 심하고, 대외관계는 매우 약화된 상태

〈그림 3-2〉 지표별 위기 지수(2005년 기준)

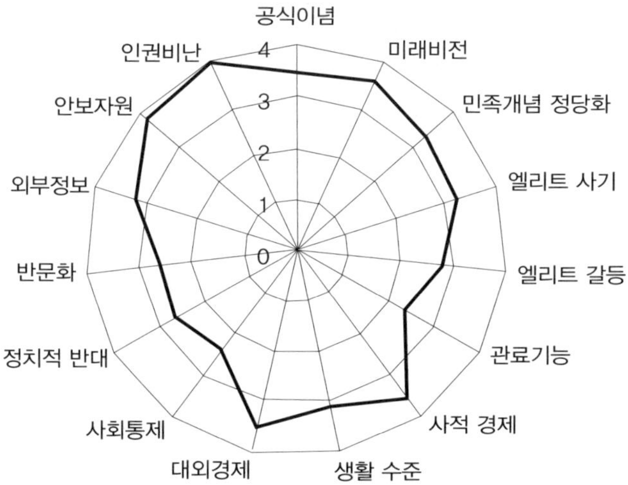

4 위 연구는 북한이탈주민 314명을 대상으로 한 설문조사를 활용하였다. 다만 설문조사를 통해 정보를 얻기 힘들거나 위기 지수를 측정하기 힘든 지표 또는 측정 항목에 대해서는 심층 면접과 기존의 통계 자료나 분석 결과들을 함께 활용하였다. 특기할 것은 정권 위기의 임계점을 1996년 연구와는 달리 3.0으로 설정하였다는 점이다. 이는 당시 임계점으로 상정했던 2.5가 훨씬 넘었음에도 불구하고 북한체제가 여전히 존속하고 있다는 사실을 감안한 것이다. 논리적으로만 본다면 전반적인 위기 지수가 임계점을 넘었다는 것은 정치체계가 결코 안정적인 상태가 아니라는 것을 의미한다. 하지만 정치체계의 내구력은 '불만의 힘'과 '통제의 힘'의 역학관계에 의해 결정된다는 점에서 통제가 불만을 능가하는 한 정치체계의 붕괴는 쉽게 도래하지 않을 수 있다.

이며, 경제 또한 여전히 회복되지 못한 상태에 있다는 평가이다. 반면에 사회통제가 효율적으로 이루어지고 있고, 엘리트의 통합력도 강한 것으로 나타났다. 〈그림 3-2〉에서 보듯이, 북한체제의 붕괴 요인은 이념 약화, 경제난 지속, 대외관계 악화 등이며, 유지 요인은 권력 엘리트의 결집과 강제 기구의 통제력이라는 분석이다. 이를 토대로 동 연구는 이념적 기반이 약화되고 어느 정도 외부 정보의 유입이 이루어져도 엘리트 체계의 공고화와 사회통제가 지속되는 한 북한체제가 쉽게 붕괴되지는 않을 것이라고 전망하였다.

나아가 동 연구는 북한의 우리식 사회주의 체제의 붕괴에 관한 전망을 제시하였다. 그 중 하나는 우리식 사회주의가 중국식 사회주의 또는 자본주의화 하는 것이다. 이는 외부 압박이 심할 경우 민중혁명에 의해 새로운 정권이 등장하고 그 정권이 중국식 개혁 개방 노선을 선택하거나 자본주의를 도입하는 것이다. 또는 쿠데타 세력이나 김정일 위원장이 극적 전환을 통해 중국식 사회주의나 자본주의를 선택하는 경우를 상정하고 있다. 그러나 북한식 개혁 개방 노선의 도입을 가장 가능성이 높은 것으로 보았다. 즉 민중 혁명이나 군부 쿠데타의 가능성은 낮고, 북한 스스로 개혁 개방 노선을 선택하여 북한 사회주의 체제를 변형시킬 가능성이 높을 것으로 예상하였다.

최완규의 연구는 북한체제의 내구력의 원천을 주민들에 대한 강압적 통제와 주민들의 자발적 동의에서 찾고 있다(최완규, 2006). 그는 북한체제의 내구성을 규명하는 과정에서 쿠바와의 비교론적 접근을 통해 북한이 체제이행의 촉발 요인들을 상당 부분 안고 있음에도 불구하고 체제이행의 조짐을 보이지 않고 있는 이유에 주목한다. 북한이 직면한 심각한 경제위기에도 불구하고 위로부터의 이행과 아래로부터의 체제이행 현상 중 그 어느 것도 찾아볼 수 없는 것은 무엇 때문인가? 이러한 물음에 대해 위로부터의 체제이행이 불가능한 이유는 체제의 특성에서 그리고 아래로부터의 이행이 불가능한 이유는 지속적인 대규모 대중 시위와 비정부 차원의 독자적인 정보 유통망의 부재에서 그 주된 원인을 찾고 있다.

최완규는 북한체제의 특수성이 아닌 비교 사회주의의 관점에서 북한체제를 전체주의 겸 술탄체제로 파악하고 있다. 그리고 린츠와 스테판(Juan J. Linz and Alfred Stepan)의 사례 연구를 근거로 북한과 같은 전체주의 겸 술탄체제 하의 체제이행은 아래로부터의 혁명, 즉 대중 시위나 봉기에 의해서만 가능할 것이라고 보고 있다(Linz and Stepan, 1996).[5] 즉 정치체계의 특성상 지배 집단이 주도하는 위로부터의 체제이행은 어렵다는 것이다. 그렇다면 루마니아, 동독, 체코에서 볼 수 있었던 것과 같은 대중 시위를 통한 밑으로부터의 체제이행은 가능한가?

밑으로부터의 혁명에 의한 체제이행을 위해서는 규모가 커지고 반복되는 대중 시위나 봉기가 있어야 한다. 하지만 북한의 경우에는

---

5 린츠와 스테판은 남미와 동구 그리고 남유럽의 사례 연구를 통해 비민주주의 체제 중에서 전체주의 체제(totalitarian regime)와 전체주의 겸 술탄체제(totalitarian-cum-sultanistic regime) 그리고 동결된 탈전체주의 체제(frozen post-totalitarian regime) 하의 사회주의 국가들은 위로부터의 체제이행, 특히 타협과 협약에 의한 평화적인 방식의 체제이행이 불가능하다는 점을 밝히고 있다. 왜냐하면 이러한 체제에서는 위로부터의 협약에 의한 평화적 이행의 동기와 수단이 거의 없기 때문이라는 것이다.

심각한 경제난에도 불구하고 체제이행의 촉매 역할을 할 수 있는 대중 시위가 일어나지 않았다는 것이다. 이에 관해 최완규는 두 가지 이유를 제시하고 있다. 첫째, 주민 대다수가 자신들의 능력으로 체제이행을 유도해 낼 수 있다는 정치적 신념(정치적 효능감)이 부재하거나 부족하다는 것이다. 둘째, 반체제 세력을 결집하고 반체제 집단과 시민을 연계시키며 대중 시위를 독려할 수 있는 통신 및 정보 유통 수단이 없다는 것이다. 그리고 구체적으로 북한 주민들이 정치적 효능감을 상실하게 된 주된 원인을 오랫동안 진행된 전체주의적 강압 통치와 통제 및 비정부 차원의 독자적인 정보 통신망의 부재에서 찾고 있다.

북한체제는 여전히 특유의 사회통제 및 감시체계가 작동되고 있기 때문에 대중 시위를 촉발할 수 있는 정치적 효능감을 강화하거나 독자적인 정보 통신망을 확대시키지 못하고 있다는 것이다. 더욱이 북한은 이와 같은 체제이행 조건의 부재뿐만 아니라 주민들의 자발적 동의를 유도해낼 수 있는 지배 집단의 정치적 자산에 주목하고 있다. 요컨대 집단주의와 온정주의 그리고 분단 상황에서 연유하는 탈식민주의 자민족 중심주의 멘탈리티를 적절하게 활용함으로써 주민들의 자발적 동원과 지지를 유도해내고 있기 때문에 심각한 경제난에도 불구하고 심각한 사회통합 위기를 겪지 않으면서 기존 체제와 정권을 유지하고 있다는 것이다.

한병진의 연구는 일인 독재자와 지배 엘리트들 사이의 상호작용의 관점에서 북한 정권이 지닌 내구성의 토대를 평가하고 있다(한병진, 2009). 그에 의하면 북한 정권은 제도와 정책이 상호 결합되면서 체제 수호에 용이한 지배 엘리트 연합을 형성하였다. 김일성은 성공적인 숙청 그리고 주체사상과 혁명적 수령관을 토대로 강력한 통치 능력을 갖춘 당-국가 체제를 구축했다는 것이다. 이를 통해 북한체제는 일인 독재자의 권력 유지에 필요한 지배연합의 규모를 축소했다. 이는 독재자에 대한 지배 엘리트의 종속을 심화시켰고 독재자의 지배를 용이하게 했다는 분석이다.

통상 고도로 발달된 국가 억압 기구와 사회통제력, 외부 행위자에 의한 내부 간섭의 부재, 적대 국가의 위협 행위에 대한 억지력 등은 지배자에게는 현상 유지에 대한 정치적 자신감을 그리고 지배 엘리트들에게는 정권의 미래에 대한 기대를 제공한다는 것이다. 그런데 이는 지배 엘리트들의 정치적 도전과 분열을 예방하는 결정적 조건이 되고 결과적으로 독재자에 대한 지배 엘리트들의 복종 및 지배 엘리트들 사이의 협력을 한층 강화시킨다는 것이다. 특히 극심한 경제적 빈곤은 역설적으로 지배 엘리트들을 당-국가 체제로 더욱 결집시키고 이들의 국가 귀속 전략을 강화한다고 보고 있다. 제한된 자원 제약 하에서 선군정치를 비롯한 일인 독재자의 수구정책은 지배 엘리트들의 당-국가 체제에 대한 종속성과 지배연합의 존속에 대한 믿음을 심화시키면서 북한 정권의 정치적 안정에 기여했다는 분석이다.

특기할 것은 북한 정권을 전체주의와 술탄체제가 결합된 가산제적 전체주의로 묘사하고 있다는 점이다. 이것은 일인 독재와 일당 독재가 결합된 형태로 개인 독재자의 지배 전략에 매우 유용한 토대가 된다. 요컨대 개인 독재자가 지배 엘리트들을 압도함으로써 권력을 개인화하고 지배연합을 축소할 수 있다는 것이다. 그리고 이와 같은 지배연합의 규모 축소는 독재자가 권력을 유지하는데 더욱 유리한 조건이 된다. 지배연합의 엘리트들에게 사유재를 제공함으로써 정치적 충성을 보상하는 비용이 절약되고 지배 엘리트들은 자신의 지위를 유지하기 위해 더욱 치열한 충성 경쟁을 벌이기 때문이다. 반면 이러한 상황은 인민대중에게는 재앙에 가깝다는 것이다. 왜냐하면 일인 독재자가 공공재를 공급하여 보다 많은 대중적 지지를 확보할 정치적 유인이 사라졌기 때문이다.

이처럼 북한 사회주의 체제는 최소 규모의 지배연합을 형성하고 정권의 미래에 대한 기대와 함께 지배 엘리트들 사이의 협력 게임을 강화함으로써 정치체계의 안정을 제고할 수 있었다는 것이다. 따라서 경제적 위기 등으로 지배 자원이 극도로 위축된 상황에서도 지배 엘리트들은 정치적 충성에 대한 미래의 보상에 기대를 갖고 현재의 제한된 보상을 인내할 수 있었다고 보고 있다. 요컨대 최소 규모의 지배연합과 지배 엘리트들 사이의 협력 게임을 유인함으로써 경제적 위기 상황에서 야기된 제한된 권력 자원이 김정일 체제에 대한 정치적 지지 철회로 연결되지 않았다는 분석이다.

한편 김진하는 레비츠키와 웨이(Steven Levitsky and Lucan A. Way)의 권위주의 체제 변동 모델을 원용하여[6], 북한 권위주의 체제의 내구

---

6 이 모델은 구소련 붕괴 이후 제4물결 과정에서 두드러지게 나타난 권위주의 유형인 '선거하는 권위주의', 즉 '경쟁적 권위주의(competitive authoritarianism)' 체제를 주된 설명 대상으로 하고 있지만, 북한과 같은 폐쇄적인 정치체계의 예측에도 적용가능하다고 보고 있다. 이 모델은 탈냉전 이후 권위주의 체제 변동 사례 35개를 분석하여 모델의 예측가능성을 검증해 본 결과, 7개 사례(알바니아, 벨라루스, 베냉, 가나, 말리, 페루, 우크라이나)를 제외한 대다수 사례에서 적실성이 인정되었다. 따라서 구조주의 모델과 비교해 행위자의 역할을 과소평가할 수 있는 문

력을 평가하였다(Levitsky and Way, 2010; 김진하, 2012). 이 모델의 특징은 권위주의 체제의 내구력을 국제적 압력에 대한 내구력(대외 내구성)과 국내적 불안 요인에 대한 내구력(대내 내구성) 두 차원에서 접근하는 것이다. 여기서 대외 내구성은 민주주의 국가들과 국제사회와의 연계, 민주주의 국가들과 국제사회의 영향력 행사(leverage)에 대한 취약성 정도 등을 통해 표시할 수 있다. 반면에 대내 내구성은 권위주의 통치 체제의 조직력, 즉 당 및 국가 기제에 의한 조직적 억압 능력의 규모와 응집력으로 나타낼 수 있다.

이러한 맥락에서 권위주의 체제의 대외적 내구력의 강도는 서구 및 국제사회와의 연계성이 낮을수록 또한 국제적 압박 또는 레버리지에 대한 대응력이 높을수록 강하다고 할 수 있다. 반면에 대내적 내구력은 현직 독재자의 조직적 장악력이 강할수록 높다. 여기서 조직적 장악력의 핵심은 규모가 크고 응집력이 강한 지배 정당 및 국가 기제(특히 군 등의 억압조직)의 존재이다. 요컨대 지배 정당의 조직적 장악력 정도는 첫째, 정당의 규모 및 시민사회에 대한 침투 통제력, 둘째, 현직 독재자가 지지자의 협조를 확보하는 응집력이라는 두 가지 요소에 의해 결정된다. 그리고 여기서 특기할 것은 이와 같은 규모의 확대나 응집력 강화는 체제가 지닌 재정 능력 및 비물질적 요소와 밀접히 관련되어 있다는 점이다.

위의 모델에 따르면, 해당 권위주의 국가의 서구와의 연계성이 커질 경우(대내 내구성과는 무관하게) 체제 변동성이 커지며 민주 체제가

제점에도 불구하고 모델의 예측 능력은 상대적으로 높다고 할 수 있다.

정착될 가능성이 높다[Path I]. 동구권의 개혁이나 민주화 과정에서 권위주의 체제를 무너뜨리고 민주 제도의 정착에 성공한 국가들이 여기 해당된다. 반면에 서구와의 연계성이 낮은 폐쇄형 권위주의 체제의 경우, 체제의 존속 여부는 독재 권력의 조직 장악력, 즉 대내적 내구력에 따라 결정된다. 이때 대내 내구성이 강한 경우, 서구 및 국제 사회의 레버리지 행사에 크게 영향을 받지 않고 기존의 권위주의 체제가 안정적으로 유지되는 경향을 보인다[Path II].

한편 국제적 연계성이 낮고 대내적 내구력도 미약한 경우, 권위주의 체제는 서구 및 국제사회의 영향력 행사에 대한 대응력에 따라 체제의 안정성이 결정된다. 서구 및 국제사회의 레버리지가 강한 경우(즉, 대응력이 약한 경우) 외부의 영향으로 체제 내 지지 세력과 반대 세력 간 세력 균형의 변동성이 커져 체제의 불안정성이 높아진다[Path III]. 반면에 레버리지가 낮은 경우(즉, 대응력이 강한 경우)에는 체제의 대내적 내구력 수준이 낮더라도 기존의 권위주의 체제 하에서 형성된 권력 질서가 유지될 가능성이 높아진다[Path IV]. 이러한 4개의 궤적을 도식화하면 〈그림 3-3〉과 같다.

〈그림 3-3〉의 모델에 따른 분석 결과, 서유럽과 경제적·사회적·문화적 연계성이 강했던 중·동부 유럽 지역 국가들의 경우 과도기적 혼란을 거쳐 대부분 민주 체제로 전환하였다. 반면 서구와의 연계성이 낮은 지역의 경우, 대내적 내구력의 정도가 권위주의 체제의 존속 여부를 결정지었다. 특히 상대적으로 강압 기제가 발달되었던 국가들, 예컨대 카자흐스탄, 중국 등 중앙 및 동아시아 국가들의 경우에는 기존 권위주의 체제가 약간의 수정을 거쳐 유지되거나 새로운 권위주의 구조가 재정착되는 경향을 보여 주었다. 북한의 경우도

이와 유사하다고 보고 있다.

〈그림 3-3〉 권위주의 체제의 내구성과 체제 변동 모델
(Levitsky & Way, 2010)

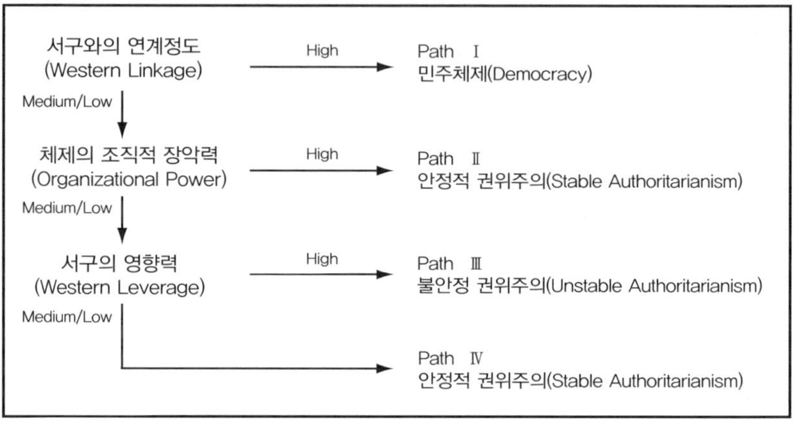

북한체제는 정권 수립 이후 서구 세계로부터 고립된 폐쇄형 정치체계의 특징을 보여 왔다. 특히 냉전 시대의 동서 대결 구도는 정치, 경제, 사회, 문화 등 거의 모든 영역에서 서구 사회나 남한과의 연계를 철저히 차단하는 효과를 가져왔다. 이러한 환경에서 김정일 정권은 서구 사회 및 남한과의 낮은 연계를 토대로 외부의 영향력을 차단해 왔다고 볼 수 있다. 이는 환경과의 단절 내지 외부 영향력의 최소화라는 측면에서 대외 내구성이 높았다는 것을 의미한다.

이상에서 살펴 본 바와 같이, 1990년대 중반 이후 진행된 북한의 내구성 관련 연구들은 북한체제의 생명력의 원천을 각기 다른 시각에서 분석·제시하는 가운데 북한 김정일 체제가 체계 붕괴의 극단적 위기 국면에도 불구하고 존속할 수 있었던 이유를 설명해 준다. 나아가 일정 정도 북한 김정은 체제의 내구성에 대한 평가

를 바탕으로 북한체제의 미래에 대한 전망을 제시하고 있다는 점에서 연구의 의의를 찾을 수 있다. 그럼에도 불구하고 기존 선행 연구들의 경우, 일부는 단편적 지표(강압적 통제와 자발적 동의, 소규모 지배연합과 엘리트들 사이의 상호 협력, 외부 영향력의 차단과 조직적 억압 능력 등)에 의존함으로써 북한체제의 생명력을 규명할 수 있는 통합적이고 전체적인 시각을 제한하고 있는 것으로 보인다. 다른 한편으로 북한 김정일 체제의 내구성을 평가하기 위한 여러 지표들을 단순히 병렬적으로 배치하고 계량화함으로써 오히려 북한 정치체계가 지니고 있는 유기체적 속성을 제대로 규명하지 못하는 한계를 지니고 있다고 할 수 있다.

이러한 맥락에서 유기체적 관점의 접근은 북한 정치체계가 발휘하는 생명력의 원천을 역동적·계기적 차원에서 규명하는 새로운 방법론적 토대가 될 수 있다. 북한 정치체계의 내구성과 생명력의 원천을 유기체적 관점에서 통합적으로 파악하고 규명하기 위해서는 북한 정치체계와 환경과의 상호작용 그리고 북한 정치체계 내부의 역동적 메커니즘을 함께 살펴볼 필요가 있다.

3. 북한 정치체계의 내구성 분석

북한 정치체계의 내구성을 규명하기 위해서는 정치체계 내부와 외부 두 차원에서 접근할 필요가 있다. 요컨대 외부 환경과의 상호작용을 통한 정치체계의 적응 과정 그리고 정치적 지지를 매개로 한 정치체계 구성원들과의 상호작용이 그것이다. 이는 정치체계의 엔트로피 수준을 정치체계의 외적 적응과 내적 지지의 함수관계로 파악한 기존 연구 결과에 기초한 것이다(Byeon, 2005; 변종헌, 2006). 다만 여기서는 북한 정치체계의 내구성 분석을 위한 체계 내부의 변인으로 체계의 구성원들이 보여주는 지지의 수준과 함께 그들에 대한 정치체계의 적극적 배제 내지 통제 메커니즘을 활용하였다.

1) 외적 적응(adaptation)

생명체계의 가장 두드러진 특징 가운데 하나가 바로 적응 능력이다. 그런데 애슈비(R. Ashby)에 따르면, 비생명 체계 또한 적응 행동을 발휘한다(Ashby, 1956). 이러한 관점에서 정치체계 역시 적응하고 진화할 수 있는 개방적인 체계로 종종 간주되고 있다. 적응(adaptation)이란 환경의 변화에 대한 체계의 광범위한 반응 행동을 의미한다(Ackoff, 1999, 58). 체계의 효율성을 실질적·잠재적으로 저해하는 변화에 대한 반응이라고 할 수 있다. 따라서 개방적 적응체계인 정치체계는 환경으로부터의 다양한 변화에 능동적으로 적응할 수 있으며 그 결과에 따라 체계의 상태가 달라질 수 있다.

일반적으로 생명체계의 적응 과정에는 지식과 정보의 활용 능력 이외에 다양성과 복합성에 기초한 체계의 유연성이 중요한 변수가 될 수 있다(Byeon, 2005, 226-229). 하지만 생명체계가 발휘할 수 있는 유연성이 극히 제한적일 경우 체계는 경계를 통제함으로써 환경으로부터 오는 변화에 대응하기도 한다. 어느 한 순간 환경으로부터의 과도한 외란은 체계의 정상적 작동을 마비시킬 수 있고 이때 체계는 생존의 차원에서 적극적으로 변화를 통제할 필요가 있기 때문이다. 따라서 체계의 경계는 항상 개방된 것도 항상 폐쇄된 것도 아니라고 할 수 있다. 오히려 개방과 폐쇄의 교체가 체계의 자연적 패턴이며 생명력이 강한 체계일수록 이와 같은 교체가 잘 이루어진다(Klapp, 1975).

체계는 환경과의 상호작용을 통해 물질, 에너지, 정보의 유입이 이루어지며 이는 체계의 생존과 존속에 중요한 역할을 담당하게 된다. 하지만 환경으로부터의 외압이 지나치게 클 경우 체계는 환경과 체계 사이의 경계를 인위적으로 통제함으로써 환경으로부터의 과도한 부담을 관리할 수 있다. 북한체제의 경우 사회주의권의 붕괴 이후 외부 환경의 급속한 변화 속에서 이른바 '경계 통제(boundary control)'를 통해 외란의 가능성을 차단하고 이를 토대로 환경과의 최소한의 상호작용 속에서 정치체계의 적응 메커니즘을 작동시켰다고 볼 수 있다.

주지하듯이 국가 간 상호의존의 심화는 주권국가의 불안정성과 취약성을 증가시킬 수 있다. 이는 주권국가의 자율성 약화를 의미한다(Koehane & Nye, 1989). 국제적 환경과의 개방적 상호작용을 통한 의존관계의 심화는 상호성 내지 호혜성을 동반하기도 하지만 국제관계 행위자들의 자주성을 약화시킬 수 있다는 것이다. 따라서 대외개방은 북한과 같은 사회주의 체제의 성격을 변화시킬 가능성이 높다. 하지만 북한은 심각한 경제적 위기 상황에서도 개방에 따른 경제적 이익을 위해 체제의 자주성이라는 가치를 포기하지 않았다. 이처럼 북한은 외부 환경의 급격한 변화 속에서도 자주성이라는 독자적인 체제 운영의 논리를 견지함으로써 정치체계의 중압을 효과적으로 관리해 왔다.

사실상 1990년대 북한의 개혁·개방 움직임은 사회주의를 고수하는 가운데 자주성의 원칙에 따라 추진되었다고 할 수 있다. 북한체제는 개방의 불가피성을 인식하면서도 개방으로 인한 자본주의적 요소의 침투에는 강력한 반대 입장을 보였다. 북한은 사회 전체의 구조 개혁을 목표로 한 중국의 경우와는 달리 개방 지역과 분야를 선택적으로 제한하는 방식을 통해 개방에 따른 부정적 역기능을 차단하고자 하였다. 외부 환경의 필요에 의해서가 아니라 북한체제의 필요를 충족시켜 줄 수 있는 범위 내에서만 제한적인 개방을 추진하고 허용한 것이다(정현수, 2005, 77).[7]

1998년 김정일 체제는 강성대국을 새로운 국가 발전 모델로 제시하였다. 하지만 1990년대 이후 장기간 지속된 식량난과 내부 자원의 고갈로 인해 강성대국을 추진하는 과정에서 대외 의존이 불가피하였다. 이러한 상황에서 북한체제가 선택한 것이 바로 이중 전략이다. 이는 모든 측면에서 주체와 실리를 동시에 추구하는 것으로 주체가 전략적 목적이라면 실리는 전략적 수단에 해당된다(정영철, 2004, 35). 김정일 체제는 이와 같은 이중 전략을 통해 주체 사회주의를 구

---

7 북한 김정일 정권 초기 대외 개방은 김일성 시대의 자주적 개방론에 기초하여 북한체제에 영향을 주지 않는 범위 내에서의 생존을 위한 방어적 차원에서 이루어졌다. 그 결과 나진·선봉 경제 특구를 통한 외자 유치 전략은 남한 기업의 참여 배제, 기초 인프라 미비 등의 문제로 성공을 거두지 못했다. 주체식 사회주의를 고수하는 가운데 일부 제한된 지역에서의 개방정책을 추진함으로써 중국이나 베트남 등에 비해 외국 자본의 북한 투자를 유인할 수 있는 요인이 상대적으로 부족했다.

현하기 위한 선군정치를 우선하면서 경제적 실리를 위해서는 대외 지향적 발전 전략을 추진한 것이다. 여기서 주목할 것은 북한체제의 대외 개방정책이 체제의 생존력을 증대시키기 위한 도구적 성격이 강했다는 점이다.

국내정책의 연장이라고 할 수 있는 북한의 대외정책은 자주성을 중시하는 폐쇄적 성격을 지녔다는 점에서 개방성을 강조하고 국제관계의 규칙과 절차를 준수하는 보편적 관행과는 분명 차이가 있다(송용운·이정우, 2008, 71). 특히나 북한 정치체계의 특수성 그리고 1990년대 이후 김정일 체제가 직면한 대내외적 상황을 감안할 때 북한체제의 일차적 목표는 체제 유지였다고 할 수 있다. 따라서 북한 김정일 체제는 대외적으로 체제 개방의 부정직 효과를 차단할 수 있는 범위 내에서 국가 간 관계를 활성화하고 국제사회의 지지를 얻고자 하였다. 요컨대 외부로부터의 경제 지원과 함께 탈냉전 시대 유일 초강대국으로 자리 잡은 미국으로부터 체제를 보장받을 수 있는 수단을 획득하고자 하였다.

김정일 체제에서 냉전 시대의 진영 외교나 명분 외교에서 벗어나 추진한 전방위 외교와 경제실리 외교는 바로 이와 같은 체계 경계의 통제 메커니즘을 반영한 것이다. 북한체제는 체제 유지라는 최대 목표의 달성을 위해 국제사회로부터 체제 안전을 보장받는 한편 외부와의 경제교류를 활성화하기 위한 방편으로 전방위 실리외교를 추구한 것이다. 이는 북한 김정일 체제가 체제 존속과 경제 위기의 타개를 목적으로 외부 환경의 변화에 적응하기 위한 전략적 선택의 결과라고 할 수 있다. 요컨대 김정일 체제는 북한 정치체계의 지속과 경제난 극복을 위해 외부 환경 변화로부터 오는 과도한 영향력을 통제하고 조절할 수 있는 기제를 효과적으로 작동시켜 왔다고 할 수 있다.

이처럼 북한 사회주의 체제는 기본적으로 외부 세계와의 상호작용을 적극적으로 차단하거나 의도에 맞게 통제하는 가운데 정치체계의 존속을 꾀해 왔다. 서구와의 연계가 매우 낮은 폐쇄형 정치체계를 물려받은 북한 김정일 체제는 외부 환경과의 적극적인 교류가 제한적일 수밖에 없었다. 더욱이 사회주의권의 붕괴와 김일성의 사망, 심각한 식량난에 따른 일련의 총체적 위기 국면에 들어서면서 북한체제는 지정학적 위치와 핵 게임을 통해 외부 환경으로부터 오는 중압을 차단하고자 노력해 왔다. 핵개발 카드를 통해 미국 등 서구 사회의 개입과 관여 가능성을 배제시키는 한편 핵협상을 전략적으로 활용함으로써 외부 세계의 지원과 원조를 얻어내기도 하였다. 이는 북한 정치체계가 체계 경계를 효율적으로 통제함으로써 대외내구성을 확보하고 북한 사회주의 체제의 존속을 위한 기반을 마련할 수 있었다는 것을 의미한다.

이와 같은 체계 경계의 통제 메커니즘은 남한과의 관계에서도 그대로 적용되었다. 북한 김정일 체제는 지속적으로 확대된 남한과의 경제교류에도 불구하고 상호 연계성과 파급효과를 효과적으로 차단함으로써 내외 내구성을 확보하고자 하였다. 이는 경제 분야에 집중된 남북 간의 교류 양상이 북한체제의 전략적 대응과 통제로 인해 다른 영역으로 확장되지 않았기 때문이다. 실제로 북한 김정일 체제는 인적 감시와 통제, 군과 보안 기구를 동원해 남한과의 교류과정에서 시장 가치나 민주적 규범 양식이 확산되는 것을 차단하는 데 진력해 왔다(김진하, 2012, 8-10).

북한체제는 체계 경계에 대한 통제와 관리를 통해 서구 세계나 남한과의 연계에 따른 외부효과를 최소화하는 한편 중국과의 상호작용은 지속적으로 확대해 왔다. 북한 정치체계는 출범 이후 줄곧 환경 변화에 따른 외부적 위협으로부터 상대적으로 자유로운 상태였다고 할 수 있다. 냉전 시대에 중국과 구소련의 보호를 받았다면, 탈냉전 시대의 국제 질서에서는 중국이 외부 위협으로부터의 안전판 역할을 해주고 있다. 김정은 체제의 경우도 중국의 지지와 후원이 가장 중요한 생존 요소 가운데 하나라고 할 수 있을 것이다. 따라서 북한체제의 중국에 대한 정치경제적 의존도는 갈수록 심화되고 있고 이러한 북중 교역 증가세는 김정은 체제에서도 지속될 것으로 보인다.

더욱이 중국은 단순 무역을 넘어 나진·선봉, 황금평 개발, 북한 내 지하자원 장기 채굴권 확보 및 개발 인프라 구축 등 직접적 투자에도 적극 뛰어들고 있는 상황이다. 역사적 유대관계를 기초로 한 북한과 중국과의 연계가 경제 부문을 넘어 군사, 정치, 문화, 인적 교류로 확대되고 있다. 이러한 배경 하에 중국은 김정일 사후 김정은 체제를 즉각적으로 지지하는 등 후견국가로서 북한체제의 안정에 지대한 영향력을 발휘하고 있다. 중국의 후원은 북한체제의 대외 내구력을 보완 강화시켜 한국 및 국제사회의 영향력을 중화시키는 기능을 발휘하고 있다고 볼 수 있다(김진하, 2012, 10-11).

하지만 새로운 경제개혁 조치의 하나로 간주되는 '6.28 방침'의 공표 등 김정은 정권이 보여준 일련의 변화 조짐들은 김정일 체제와 비교할 때 체계 환경과의 보다 적극적인 상호작용을 시도하고 있는 것으로 판단된다. 여기서 주목할 것은 이와 같은 체계 경계의 개방 확대가 초래할 수 있는 역기능의 가능성이다. 체계 경계의 개방 폭이 확대됨으로써 외부 세계와의 연계성이 높아지고 그만큼 서구 사회나 남한의 영향력에 노출되는 결과를 초래한다면 이는 김정은 체제의 대외 내구성을 취약하게 만들 수 있기 때문이다.

2) 내적 지지(support)와 통제(control)

정치체계의 정당성은 외적 적응 능력과 함께 정체체계의 안정과 지속을 위한 토대라고 할 수 있다.[8] 정치체계의 정당성 확보는 정치체계와 체계 구성원들 사이의 상호작용 속에서 살펴 볼 수 있는 데 이 경우에 유용한 지표가 바로 정치적 지지(political support)이다. 따라서 특정 정치체계의 내구성을 측정하기 위해서는 외적 적응 능력과 정치체계의 지지 수준이라는 두 가지 차원을 함께 고려할 필요가 있다. 일반적으로 정치체계에 대한 지지는 정치체계의 안정에 결정적인 변수 가운데 하나로 간주되기 때문에 정치체계의 내구성을 결정하는 중요한 요인이라고 볼 수 있다(Rhee, 1982).

정치적 지지는 정치체계의 구성원들이 정치체계를 인정하는 정도와 관련된 문제이다. 정치적 지지는 구성원들이 정치체계에 호의적인 행위를 하거나 긍정적인 정향을 지닐 때 존재한다. 그리고 이

8 체계론적 관점에서 정치체계의 정당성은 본질적 변수(essential variables)로 표현할 수 있다. 이스턴(D. Easton)에 따르면, 정치체계의 본질적 변수는 정치체계를 통해 사회적 가치의 권위적 배분이 이루어지고 이를 체계 구성원들이 받아들이는 것을 말한다: Easton(1965b), p. 24 참조.

러한 지지는 통상 외부적 행동으로 표출되거나 의무감 혹은 충성심 등의 감정과 태도로 나타나기도 한다. 지지는 크게 특수지지(specific support)와 확산지지(diffuse support)로 구분할 수 있다. 특수지지는 체계의 구성원들이 얻거나 얻게 될 특수한 혜택과 이익에 대한 대가 때문에 표명하는 지지를 말한다. 반면에 확산지지는 체계 구성원들이 느끼는 특수한 보상이나 혜택과 무관한 장기적인 지지를 말한다(Easton, 1965b, 267-274).

북한 사회주의 체제는 공식 규범의 교화에 기초한 체계 구성원들의 확산지지 산출을 통해 정치체계의 환류 메커니즘이 원활하게 작동되어 왔다. 사상 우위의 사회인 북한은 사회주의 사상과 주체사상, 혁명적 수령관 등과 같은 체제 작동의 논리들을 주민들에게 설복하고 교화시켜 왔다. 그리고 이처럼 교육을 통해 내면화된 북한 사회주의 체제의 가치, 규범, 권위 구조 등이 북한의 정치체계에 대한 확산지지의 원천으로 작용해 온 것이다. 사실상 북한체제는 1960년대 중반부터 주체사상을 수령 유일 체제를 정당화하는 이데올로기로 활용함으로써 개인 우상화와 이념교양 사업을 지속적으로 추진해 왔다(오경섭, 2012). 그 결과 수령에 대한 절대 복종을 신념화하고 군과 당의 결속을 유지할 수 있었다.

더욱이 북한체제는 개인보다는 집단을 우선시하는 집단정체성을 강조함으로써 주민들의 내적 지지 기반을 공고히 유지해 왔다. 북한은 가정과 학교, 직장 등 다양한 사회 조직 내에서 끊임없이 당과 수령을 위한 삶을 교양하고 강요하기 때문에 주민들의 사고와 감정 체계 깊숙이 집단주의 가치가 내면화되어 있다. 그 결과 자신을 독립적 개인으로 인식하기에 앞서 집단의 성원으로 인식하고 개개인의 인생 목표를 집단의 목표에 일치시키는 등 집단정체성이 강하다. 따라서 북한 주민들은 각종 사회화 기제와 조직생활을 통해 집단정체성이 우선시되는 가운데 사회주의적 규범과 가치에 순응하는 삶을 살아 왔다고 할 수 있다(조정아 외, 2010, 359). 그리고 이처럼 사회 전반의 인민대중에게 내면화된 가치관과 공식 규범은 북한 사회주의 체제의 정통성과 정당성의 기초로서 북한 정치체계의 존속을 위한 조건이 되었다.

하지만 북한 사회주의 체제는 1990년대 중반 이후 장기간 지속된 경제적 위기 속에서 이른바 이념적 교화에 기초한 정치체계 구성원들의 확산지지 산출이 점차 불가능하게 되었다. 총체적 위기 국면에서 주체사상의 체제 정당화 기능이 한계를 드러낸 것이다. 북한 주민들의 가치관이 급속하게 변화되면서 절대적 가치이자 생활 규범이었던 주체사상은 극심한 경제적 위기와 그에 따른 주민 생활의 궁핍화로 인해 신뢰가 흔들리게 되었다.[9] 이와 같은 가치 구조의 변화는 1996년과 2006년 통일연구원이 실시한 북한체제의 내구성 연구 결과에도 잘 반영되어 있다.

북한 주민들이 직면했던 식량난과 극한적 삶의 체험, 자생적 시

9 주체사상은 사실상 북한 정치체계를 지탱하는 가장 강력한 자발적 동의 기제로 기능해 왔다: 윤미량(2005), p. 102 참조. 주체사상을 위시한 북한 정치체계의 공식 규범은 북한 주민들로 하여금 북한체제에 대해 일체감을 느끼게 함으로써 정치체계의 유지와 존속에 기여해 왔다. 지지의 측면에서 볼 때, 정치체계에 대한 구성원들의 자발적 동의 또는 순응(compliance)을 확보하는 것이 외적 강제나 통제보다 효율적이고 지속적이다. 정치적 상징 조작이나 정치사회화 과정은 체계 구성원들의 자발적 동의와 순응을 확보하기 위한 노력이라고 할 수 있다.

장을 매개로 한 이윤 추구의 경험, 중국을 통한 외부 세계와의 접촉은 과거에는 생각하지 못했던 새로운 경험이었다. 이는 이전과는 전혀 다른 사고방식과 생활양식, 신념체계와 문화를 접할 수 있는 삶의 공간의 확장을 의미하는 것이다(조정아 외, 2010, 373-374). 이러한 변화 속에서 북한 주민들은 전반적으로 당과 국가에 대한 의존과 사회주의 사상의식이 크게 약화되었고, 시장경제 중심의 마인드와 개인주의적 사고방식이 확산되었다. 그 결과 조직 생활에 대한 혐오와 반감, 불만과 함께 집단의 구성원으로서의 의무를 형식적으로 이행하는 등 집단정체성의 균열이 나타났다. 특히 심각한 경제적 위기를 겪은 이후의 사회적 변화와 시장화 추세 그리고 자본주의적 가치가 유입되면서 개인적이고 독립적인 행동양식이 확산되었다(조정아 외, 2010, 115-116).

장기간 지속된 경제위기는 이처럼 북한사회 내부에 의미 있는 변화를 야기했고 이는 북한체제 변화의 중요한 계기가 될 수 있다. 이와 관련하여 구소련 및 동구 사회주의 국가들의 체제전환 과정에서 확인할 수 있는 사실 가운데 하나는 사회주의 체제의 와해가 장기간 지속된 체제의 위기와 이로 인한 주민들의 지지 상실로부터 비롯되었다는 점이다(조한범 외, 2010, 125). 말하자면 사회주의 체제의 구성원들은 일상생활의 안정과 미래에 대한 전망을 제공해 주지 못하는 정치체계에 대해서 겉으로는 순응하지만 내면적으로는 지지의 철회라는 자기방어 기제를 장기간 견지하고 있었다는 사실이다.

이와 같은 통찰은 경제위기가 심화되면서 정치체계의 구성원인 주민 대다수가 일상적 위기에 노출되어 있는 북한체제에도 적용될 수 있을 것이다. 북한 정치체계의 구성원들 또한 심각한 체계 실패로 말미암아 물질적 생존조차 보장해 주지 못하는 정치체계에 대한 지지를 철회했을 가능성이 높다는 점이다. 현실적으로 정치적 순응과 물질적 이익의 담보라는 정치체계와 구성원들 간의 사회주의형 계약관계는 장기화되는 경제위기 속에서 의미를 상실할 수 있다. 북한체제의 경우에도 구성원들의 탈국가화 내지 사회주의적 가치에 반하는 일탈적 물질주의가 확산되는 등 기존의 규범이나 가치체계가 설득력을 상실하게 된 것이다(이성로, 2008, 289-290). 이는 광범위한 정치적 지지를 산출할 수 있는 기반의 와해를 의미한다.

하지만 여기서 주목할 것은 북한 정치체계에 대한 전반적인 지지 수준의 하락에도 불구하고 북한체제가 여전히 생명력을 유지해왔다는 점이다. 말하자면 정치체계의 존립 기반 자체를 위협할 수 있을 정도의 심각한 경제적 위기 상황, 주체사상 등 공식 규범이 지닌 이념적 영향력의 약화 그리고 그에 따른 체계 구성원들의 지지철회 속에서도 북한체제는 붕괴되거나 해체되지 않았다는 사실이다. 이 과정에서 북한체제의 내구성의 원천으로 작용한 것이 바로 광범위한 확산지지를 대신할 수 있는 특수지지의 창출과 물리적 강압 기제의 적용이다. 북한 정치체계 구성원 전체를 대상으로 확산지지를 산출할 수 있는 여건 내지 토대가 취약해지면서 북한체제는 지배 엘리트와 북한 주민들을 분리해서 대응하는 이중적 접근을 통해 정치체계의 존속을 위한 내적 기반을 구축해 왔다는 점이다. 요컨대 북한 정치체계는 1990년대 중반 이후 체계위기의 임계점에 도달하면서 지배 엘리트들을 대상으로 하는 특수지지의 산출 노력과 함께 인민대중의 요구와 투입을 인위적으로 배제하거나 억제하는 강압적 통제 양식을 병용해 왔다는 것이다.

정치체계 이론에 따르면, 광범위한 일반적 지지의 확보가 더 이상 불가능한 상황에서는 적절한 산출을 통한 특수지지의 투입이 불가피하다(Easton, 1965b, 273-274). 특수지지는 정치체계의 구성원들이 경험하는 특수한 혜택이나 이득에 대한 대가로서 발생한다. 북한체제는 확산지지의 산출과 유지가 한계에 도달한 상황에서 지배 엘리트들을 대상으로 하는 정책의 산출을 통해 이들의 특수지지를 확보해 왔다. 반면에 인민대중으로부터는 정치적 지지를 확보할 유인이 약해지거나 사라지게 되었다. 그 대신에 북한 주민들에 대한 강압적 통제와 지배를 강화하였고 그 결과 주민들의 복지 수준의 극단적 저하와 대량 탈북 사태가 발생하게 된 것이다.[14]

북한의 김정일 체제는 출범 이후 내부적으로 정치적 안정과 사회적 안정이라는 두 가지 목표에 직면해 있었다. 그런데 이러한 두 가지 목표를 동시에 달성하기에는 많은 제약이 있었다. 정치적 안정은 기존 권력 엘리트의 결집력을 확보하는 것으로 이들의 기득권을 어떻게 보장해줄 수 있는가의 문제라고 할 수 있다. 반면에 사회적 안정은 식량난과 경제위기 등에서 야기된 주민들의 불만을 어떻게 해소하고 사회를 안정적으로 통제하는가의 문제라고 할 수 있다. 문

10 물론 강압적 통제와 감시가 일반 대중에게만 국한된 것은 아니라고 할 수 있다. 김정일은 권력 엘리트 내지 측근에 대한 감시와 통제 또한 중시했다. 다만 이들에 대한 통제와 감시는 처벌과 함께 보상이 병행된다는 점에서 일반 대중에 대한 강압적 통제와는 구별된다. 예컨대 김정일이 직접 관장한 것으로 알려진 친정경제(royal court economy)는 경제위기에도 불구하고 북한 지배 엘리트의 욕구를 충족시킴으로써 이들의 이탈을 방지하려는 정책의 일환으로 볼 수 있다: Mikheev(1993), pp. 81-95 참조.

제의 핵심은 북한체제의 경우 지배 엘리트와 인민대중의 이해관계가 확연한 차이를 보이는 상황에서 정치적 안정과 사회적 안정이라는 목표가 상호 보완적인 성격을 지닌 비영합적(non zero-sum)인 것이기보다는 영합적(zero-sum)인 성격을 지녔다는 점이다(정영태, 2010, 236). 이는 정치적 안정과 사회적 안정을 동시에 추구하기는 어려운 상황이었다는 것을 의미한다. 이러한 딜레마 속에서 북한의 김정일 체제는 지배 엘리트들에 대해서는 보상을 강화하는 한편 북한 주민들에 대해서는 감시와 통제를 강화하는 이중적 접근을 시도한 것이다.

북한 김정일 체제는 이러한 차별적 접근을 통해 지배 엘리트들에게는 국가 기구를 통해 특권과 부를 향유할 수 있는 기회를 제공하는 대가로 특수지지를 확보할 수 있었다. 이러한 관계 속에서 북한체제는 정치체계에 대한 지배 엘리트들의 충성을 강화하고 나아가 지배 엘리트들 간의 협력도 공고히 하는 결과를 낳게 되었다(한병진, 2009, 131-132). 북한 사회주의 체제는 지배 엘리트들의 강한 결속력과 당원 및 핵심 계층의 특수지지를 통해 내부적 안정을 유지할 수 있었다. 특히 가산제적 전체주의(patrimonial totalitarianism)[11]로 규정할 수 있는 북한체제는 강력한 응집력을 지닌 지배 엘리트 연합을 최소화하는 가운데 이들의 특수지지를 산출함으로써 효율적으로 정치체계를 유지할 수 있었던 것이다.

일인 독재와 일당 독재의 결합으로 당, 국가, 사회의 경계가 무너

11 한병진(2009)은 일당 독재와 일인 독재가 결합된 정권을 가산제적 전체주의로 보고 있다. 이와 유사한 관점에서 북한체제를 전체주의와 술탄체제의 결합으로 규정하는 시각도 있다: 류길재(2001), 최완규(2006) 등 참조.

지고 그 결과 체제 전반에 걸쳐 독재자의 인적 지배를 강화하는 것이 가산제적 전체주의의 주된 특징 가운데 하나이다. 김정일 체제는 수령제를 구축함으로써 공식 조직인 당의 기능을 형식화시켰다. 즉 일당 독재 체제의 수립으로 당의 최고 정책 결정 권한이 사실상 와해되어 사당화된 것이다. 이러한 상황에서 북한 김정일 체제는 반대 세력을 숙청하면서 소규모의 순응적 지배 엘리트들을 중심으로 권력을 사유화하게 되었다. 결과적으로 지배 엘리트들의 정치적 충성과 특수지지를 산출하기 위한 비용이 줄어들게 된 것이다. 더욱이 지배 엘리트들은 자신들의 기득권과 지위를 유지하기 위해 더욱 강력한 충성 경쟁을 벌이면서 정치체계 내부의 잠재적 위협 요인이 사라지게 된 것이다.

북한 사회주의 체제는 최소 규모의 지배연합과 지배 엘리트들 사이의 협력 게임을 유도하고 나아가 정치체계의 미래에 대한 기대를 강화함으로써 체제의 안정성을 제고해 왔다(한병진, 2009, 129). 가산제적 전체주의 통치 구조는 개인 독재자가 지배 엘리트들에게 정치적 권력과 경제적 특권의 시혜를 베푸는 대신에 그에 상응하는 충성과 복종을 제공받는 형태를 취하고 있다. 따라서 가산제적 전체주의 통치는 비물질적 동기 이외에 체제 유지를 위한 비용을 필요로 한다. 왜냐하면 이념적 헌신이나 신념만으로 지배 엘리트들의 희생과 같은 자발적 충성이나 복종을 기대하기에는 한계가 있기 때문이다(배정호 외, 2010, 17-18). 지배 엘리트들에 대한 물질적 유인이 필수적으로 제공되어야 한다는 것이다.

궁핍한 물질적 자원의 한계 속에서 북한체제가 지배 엘리트들의 특수지지를 확보하기 위해 선택한 것은 북한 주민들을 통제할 수 있는 강압적 국가 기구에 희소 자원을 집중하는 것이었다. 동구 사회주의권의 붕괴와 북한경제의 심각한 위축은 체제붕괴의 위기 상황을 초래했지만, 북한 김정일 체제는 지지의 근원인 지배 엘리트 집단을 보호하는 한편 전체 주민들에게는 희생을 강요하고 감시와 통제를 강화하는 강압적 통치를 구사하였다. 구소련의 지원 중단과 경제 파탄으로 체제 유지 비용조차 조달하기 어려운 위기 상황에서 북한체제는 제한된 자원을 당과 국가 강제 기구에 집중함으로써 정치체계의 내구성을 확보할 수 있었다. 개혁 개방을 거부한 북한체제는 그에 따른 경제적 위기와 빈곤의 대가를 주민들에게 전가하는 한편 체제 유지를 위해 필수적인 국가 억압 기제에 희소 자원의 배분을 선택적으로 집중한 것이다.[12] 전자의 결과가 북한 주민들의 대량 아사와 탈북이었다면 후자의 정치적 구현물이 바로 선군정치였다고 할 수 있다(김진하, 2012, 12-13).

북한 김정일 체제는 방대한 군과 억압 기구 그리고 동원 기제로서 대규모 당 조직을 김일성으로부터 물려받았다(Noland, 2007). 북한체제는 장기간의 경제난 등에서 비롯된 심각한 체제 위기의 국면에서 대규모 억압 조직에 동원 가능한 최대한의 자원을 배분하였고 동시에 이를 통해 생존 자체의 위기에 놓인 주민들을 강압적으로 통제하였다. 하지만 이러한 상황에서 오랜 전체주의적 통제로 파편화된 북한 주민들이 체제에 저항하고 도전하는 집단 행동을 하는

12 이와 같은 차별적 접근은 독재자의 존립을 위한 중요한 수단이 될 수 있다. 자세한 내용은 De Mesquita and Smith(2011), pp. 75-99 참조.

것은 불가능했다고 할 수 있다.[13] 결과적으로 북한 주민들이 선택한 것은 대량 이탈과 탈북이었다.

북한체제가 1990년대 중반 최대의 위기 국면에서도 주민들의 봉기와 저항에 직면하지 않고 존속할 수 있었던 핵심적 원인 가운데 하나는 특유의 사회통제 및 감시체제에서 찾을 수 있다. 고난의 행군 시기를 거치면서 감시 및 통제 메커니즘이 약화되었다고는 하지만 북한체제는 여전히 사회주의 국가들 중에서도 유례가 없을 만큼 고도로 통제된 사회라고 할 수 있다. 따라서 이와 같은 상황에서 북한 주민들이 표하는 정치체계에 대한 불만과 저항은 정치적 차원보다는 일상생활의 불만과 저항 수준에 머물러 있다고 보는 것이 타당할 것이다(최완규, 2006, 32).

13 통제경제의 마비에 가까운 위기 속에서도 북한체제가 존립할 수 있었던 이유로 강력하고 억압적인 사회통제 기제뿐만 아니라 북한 주민들에게 내재된, 사회적 의식과 행위를 무의식적으로 구속하는 집단적인 사회심리적 힘에 주목하는 시각도 있다. 최봉대는 북한 주민의 멘탈리티를 집단주의, 온정주의, 탈식민지 자민족 중심주의로 구분한다. 고난의 행군 시기를 거치면서 집단주의 의식은 많이 약화되었지만 온정주의와 탈식민지 자민족 중심주의의 영향으로 심각한 경제위기에도 불구하고 북한 주민들의 사회적 통합을 유지할 수 있었다고 보고 있다: 최봉대(1999), pp. 233-302 참조.

4. 북한체제의 지속과 변화

1990년대 북한 정치체계는 연속적인 위기에 직면하게 되었다. 동구 사회주의 체제의 붕괴에 따른 외교적 고립을 시작으로 1994년 김일성의 갑작스런 사망, 1995년-1998년 사이에 벌어진 식량난과 대량아사 사태 등으로 체제 존립의 위기 상황을 맞이했다. 하지만 이와 같은 체계 실패의 징후에도 불구하고 북한 정치체계는 임계 범위를 벗어나지 않으면서 여전히 생명력을 유지하고 있다.

유기체적 관점에서 볼 때 북한 정치체계는 폐쇄적인 체계의 특성을 바탕으로 체계 경계에 대한 통제를 통해 외부 환경으로부터의 중압을 효과적으로 관리해 왔다. 또한 내부적으로는 특수지지의 산출과 주민들에 대한 강압적 통제를 통해 안정적인 체계 상태를 유지해 왔다. 공식 규범의 교화를 통한 확산지지의 산출이 불가능한 상황에서 북한체제는 지배 엘리트들에게 물질적 자원을 집중하는 대가로 특수지지를 확보할 수 있었다. 반면에 일반 주민들에 대해서는 감시와 통제를 강화함으로써 과도한 요구 투입을 차단하고 체계의 안정을 유지할 수 있었다.

부연하자면 북한 김정일 체제의 생명력 내지 내구성의 원천은 하나의 유기체로서 북한 정치체계가 발휘한 외부 환경 변화에 대한 적응 능력과 체계 내부의 역동적 상호작용을 통해 설명할 수 있다. 북한 김정일 체제는 구소련과 중국 등 사회주의 세계를 제외하고는 외부 환경과의 적극적인 교류를 제한하는 조치를 통해 환경의 급격한 변화에서 오는 영향력을 효과적으로 차단할 수 있었다. 김정일

체제는 이른바 '경계 통제'를 통해 체계와 환경 사이의 상호작용의 폭과 영향력을 조절할 수 있었다.

그리고 정치체계 내부적으로는 지배연합 엘리트들을 대상으로 하는 특수지지의 산출과 주민들에 대한 강압적 통제라는 이중적 전략을 통해 북한체제의 안정을 유지하였다. 1990년대의 결정적 위기 국면은 북한 주민들의 삶은 물론 그들의 가치관에 적지 않은 변화를 가져왔다. 주체사상 등 공식 규범이 지닌 광범위한 이념적 지지 기반이 침식되고 집단정체성이 약화되면서 정치체계 전반에 대한 확산지지의 산출이 불가능하게 되었다. 또한 경제적 위기가 심화되면서 물적 기반이 약화되고 자원이 고갈되는 상황에서 북한 김정일 체제는 정치체계의 희소 자원을 지배 엘리트들에게 집중하는 대신에 주민들에 대해서는 감시와 강압적 통제를 강화한 것이다. 북한 김정일 체제는 일인 독재와 일당 독재가 결합된 가산제적 전체주의를 통해 이와 같은 이중적 전략에 성공할 수 있었다.

하지만 역설적인 사실은 바로 이러한 가산제적 전체주의 통치가 북한 김정은 체제의 지속 가능성에 영향을 줄 수 있다는 점이다. 가산제적 전체주의 체제는 공적 기구의 사유화를 가속화시키는 동시에 향후 북한체제 전반에 걸쳐 부패의 구조화를 야기할 수 있다. 그리고 구조적 부패와 물질주의의 만연은 신념체계의 근간을 위협하고 이념의 종언을 초래하게 될 것이다. 그 결과 이념 통제에 의한 통치가 사실상 불가능하게 될 것이다(Haggard and Noland, 2011). 그와 같은 상황 속에서 최소한 가산제적 전체주의 체제가 작동하기 위해서는 지배 엘리트들의 충성과 복종을 유인할 수 있는 물질적 자원의 확보가 이루어져야 할 것이다.

북한 사회주의 체제가 계속해서 환경과의 상호작용을 제한하고 그 결과 외부 자원이 원활하게 유입되지 못한다면 이는 지배 엘리트들의 분열과 이탈을 초래할 수 있을 것이다. 이는 북한 사회주의 체제에 대한 특수지지의 철회 가능성을 의미한다. 이와 더불어 계속되고 있는 북한 주민의 탈북 추세는 북한체제를 지탱하는 감시 및 사회통제 시스템의 위기를 보여주고 있다. 그런데 이와 같은 국면의 전개는 곧 북한 사회주의 체제의 생명력을 지탱하고 있는 대내 내구성의 약화, 요컨대 체계 내부의 특수지지의 산출과 강압적 주민 통제라는 이중적 체제 유지 메커니즘의 한계를 뜻하는 것이다.

참고문헌

김성철 외(1996), 『북한 사회주의체제의 위기수준 평가 및 내구력 전망』, 서울 : 민족통일연구원.

김진하(2012), "김정은 정권의 내구성 진단 : 김정일체제와의 비교를 중심으로", *Online Series* CO 12-20.

다케다 나오키(2010), "김정일 시대 북한 사회통제의 변화", *Korean Policy* 창간호.

류길재(2001), "예외국가의 제도화 : 군사국가화 경향과 군의 역할 확대", 최완규 편, 『북한의 국가성격 변용에 관한 연구』, 파주 : 한울아카데미.

박형중(2012a), "북한의 '6.28 방침'은 새로운 '개혁개방'의 서막인가?", *Online Series* CO 12-31.

박형중(2012b), "새로운 경제관리 체제의 도입은 판도라의 상자가 열린 것", *Online Series* CO 12-33.

배정호 외(2010), 『전환기의 북한과 통일담론』, 서울 : 늘품플러스.

변종헌(2006), "북한 정치체계 변동에 관한 체계론적 접근", 통일연구원, 『통일정책연구』, 제15권 1호.

송용운·이정우(2008), "북한 외교정책의 전개와 그 특징에 관한 검토", 한국평화학회, 『평화학 연구』, 제9권 1호.

오경섭(2012), "주체사상의 구조와 정치적 기능의 변화", 세종연구소, 『세종정책연구』, 2012-17.

윤미량(2005), "북한체제의 내구성 평가에 있어서의 쟁점", 현대북한연구회 편, 『현대북한연구의 쟁점 1』, 파주 : 한울.

이성로(2008), 『북한의 사회불평등 구조』, 서울 : 도서출판 해남.

이종석(2004), 『새로 쓴 현대북한의 이해』, 서울 : 역사비평사.

전현준 외(2006), 『북한체제의 내구력 평가』, 서울 : 통일연구원.

정영철(2004), 『북한의 개혁·개방 : 이중전략과 실리사회주의』, 서울 : 선인.
정영철(2005), "사회통제와 조직생활의 변화", 『1990년대 이후 북한 사회변화』, 서울 : 한국방송.
정영태 외(2010), 『북한의 포스트 김정일 체제 전망』, 서울 : 통일연구원.
정현수(2005), "김정일 시대의 대외개방과 체제변동", 통일연구원, 『통일정책연구』, 제14권 1호.
조정아 외(2010), 『북한 주민의 의식과 정체성 : 자아의 독립, 국가의 그늘, 욕망의 부상』, 서울 : 통일연구원.
조한범 외(2010), 『북한의 체제위기와 사회갈등』, 서울 : 통일연구원.
주봉호(2005), "북한 대외정책의 지속과 변화", 동아시아국제정치학회, 『국제정치연구』, 제8집 2호.
최봉대(1999), "북한사회 주민들의 멘탈리티와 사회적 통합기제", 북한대학원대학교 북한미시연구소, 『현대북한연구』, 제2권 2호.
최완규(2006), "북한체제의 지탱요인 분석-쿠바 사례와의 비교론적 접근", 북한대학원대학교 북한미시연구소, 『현대북한연구』, 제9권 2호.
한병진(2009), "북한 정권의 내구성에 대한 이론적 고찰", 세종연구소, 『국가전략』, 제15권 1호.
Ackoff, R.(1999), *Ackoffs Best : His Classic Writings on Management,* New York : Wiley.
Ashby, R.(1956), *Introduction to Cybernetics,* New York : Wiley.
Bueno De Mesquita, B. and Alastair Smith(2011), *The Dictator's Handbook : Why Bad Behavior is Almost Always Good Politics,* New York : Public Affairs.
Byeon Jong Heon(2005), "A Systems Approach to Entropy Change in Political Systems", *Systems Research and Behavioral Science* Vol. 22, No. 3(May-June).
Easton, D.(1965a), *A Framework for Political Analysis,* Chicago : The Univer-

sity of Chicago Press.

Easton, D.(1965b), *A Systems Analysis of Political Life,* New York : John Wiley & Sons, Inc..

Haggard, S. and Marcus Noland(2011), *Witness to Transformation : Refugee Insights in North Korea,* Washington, DC. : Peterson Institute for International Economics.

Jowitt, K.(1971), *Revolutionary Breakthroughs and National Development : The Case of Romania, 1944–1965,* Berkeley, CA. : University of California Press.

Klapp, O.(1975), *Opening and Closing : Strategies of Information Adaptation in Society,* London : Cambridge University Press.

Koehane, Robert O. & Joseph S. Nye(1989), *Power and Interdependence,* Glenview : Scott, Foresman and Company.

Levitsky, S. and Lucan A. Way(2010), *Competitive Authoritarianism : Hybrid Regimes After the Cold War,* Cambridge : Cambridge University Press.

Linz, Juan J. and Alfred Stepan(1996), *Problems of Democratic Transition and Consolidation : Southern Europe, South America and Post–Communist Europe,* Baltimore : Johns Hopkins University Press.

Mikheev, V.(1993), "Reforms of the North Korean Economy : Requirements, Plans and Hopes", *The Korean Journal of Defense Analysis* Vol. 5, No. 1(Summer).

Noland, M.(2007), "North Korea : The Tyranny of Deprivation", in Robert I. Rotberg(ed.), *Worst of the Worst : Dealing with Repressive and Rouge Nations,* Washington, D. C., Cambridge, Mass. : Brookings Institution Press and World Peace Foundation.

Rhee Yong Pil(1982), *The Breakdown of Authority Structure in Korea in 1960 : A Systems Approach,* Seoul : Seoul National University Press.

제4장 남북한 관계의 전개

남북한 통일에 영향을 미치거나 통일 과정에 기여할 수 있는 요소들은 다양하다. 남북한 통일의 당사자가 바로 남한과 북한이라고 할 때 우리의 통일정책은 통일 과정에 영향을 미치는 가장 명시적이고 현실적인 방안이라고 할 수 있다. 이러한 맥락에서 대한민국 헌법은 "통일을 지향하며, 자유민주적 기본질서에 입각한 평화적 통일정책을 수립하고 이를 추진한다(제4조)"라고 규정함으로써 통일정책 수립과 추진을 국가의 과제로 명시하고 있다. 하지만 우리 정부의 통일정책은 북한과의 관계를 전제로 한다는 점에서 대북정책과 밀접하게 연계될 수밖에 없다. 그렇다면 분단 이후 우리 정부는 통일정책의 방향과 내용을 어떻게 수립하고 추진해 왔는가?

1. 통일정책과 대북정책

통일정책은 남북통일을 이루기 위한 국가정책이다. 이는 통일된 국가를 이루기 위한 정책 목표 및 수단의 선택과 관련된 국가의 결정과 집행을 총칭하는 개념이다. 통일정책은 분단 상태를 극복하고 민족의 숙원인 통일을 이룩하기 위해 국가가 정치·경제·사회·문화·군사·외교 등의 분야에서 추진하는 모든 정책을 지칭한다. 통일정책의 핵심은 현상 유지(status quo)가 아닌 현상의 타파이다(제성호, 2010, 61).

그런데 이와 같은 통일정책은 통일의 상대인 북한과의 관계를 본질적 요소로 한다는 점에서 정부의 대북정책과 밀접하게 연계될 수밖에 없다. 대북정책은 남한과 북한의 존재라는 현실을 고려한 정책이다. 그리고 이는 북한을 대하는 정책으로 북한과의 관계를 어떻게 설정할 것인가가 핵심이라고 할 수 있다. 대북정책은 한반도의 분단 상황을 평화적으로 관리하고 남북 간의 화해와 협력을 증진하기 위해 북한을 상대로 하는 정책을 의미한다.[1] 달리 말해 분단체의 하나인 북한과의 관계를 안정적으로 유지 관리함으로써 평화 공존 및 공영을 실현하기 위한 정부의 제반 정책을 말한다. 대북정책의 목표는 한반도 평화 조성과 분단 고통의 완화 등이며 이를 위해 대화, 교류협력, 지원 등의 수단에 의존한다(제성호, 2010, 62).

통일정책은 논리적으로 대북정책을 포괄하는 상위 개념으로 볼 수 있다. 하지만 모든 대북정책이 현실적으로 분단 상태의 극복을 목표로 하는 것은 아니기 때문에 모든 대북정책이 통일정책이라고 할 수는 없다. 또한 양자 모두가 궁극적으로는 통일을 지향한다 하더라도 구체적인 세부 정책 내용에 있어서는 차이가 있을 수 있다. 통일정책은 남북한의 협력과 남북한 주민의 합의, 국제적 지원을 통한 남북통일을 목표로 하는 중장기 정책이다. 반면에 대북정책은 북한의 존재를 인정하면서 남북대화, 교류협력 등을 통해 북한과의 갈등과 대립의 극복을 목표로 하는 중단기 정책이라고 할 수 있다(박형중 외, 2012, 290).

하지만 중요한 사실은 대북정책이 분단관리와 화해협력을 추진함으로써 결과적으로 남북통일의 여건을 조성하는 데 기여해야 한

1 대북정책은 남북 분단이 고착됨에 따라 남북관계를 보다 현실적으로 개선 관리하기 위해 국민의 정부 이후 '통일정책'이라는 용어를 의식적으로 자제하면서 통용된 개념이다. 한편 1995년 통일원에서는 통일정책을 최종 목표인 통일국가를 달성하기 위한 전 단계에서의 정책 목표 및 수단 선택과 관련한 결정과 진행을 총칭하는 것으로 보았다. 요컨대 대내외적으로 경제적·사회적·정치적 환경을 유리하게 변화·유도하여 종국에는 통일된 민족국가를 건설하고 국가와 민족의 목표를 실현하고자 하는 정부의 노력이 구체적으로 표현된 것으로 규정하였다(박형중 외, 2012, 289-290).

다는 점이다. 대북정책의 결과가 긍정적인 통일 환경을 조성할 수 있어야 한다는 것이다. 요컨대, 대북정책은 궁극적으로 통일정책에 기여해야 한다. 중장기적으로 통일에 대한 비전과 미래상, 통일전략이 없거나 그것과 유리된 대북정책은 분단 상태의 소극적 관리에 머물거나 현상 유지적인 남북관계 개선으로 귀결될 수 있기 때문이다. 통일정책이 대북정책에 대해 일종의 지침을 제공하는 가이드라인과 같다면 대북정책은 세부적 정책들을 수행함으로써 최종 목표인 통일을 향해 가는 로드맵의 역할을 해야 한다. 따라서 우리에게 필요한 것은 중장기적인 통일비전과 통일전략의 큰 틀 위에서 한반도 안정과 남북한의 화해협력을 이끌어낼 수 있는 대북정책이다(박종철 외, 2012, 251).

분단 이후 우리의 대북정책이 통일지향적인 관점에서 효과적으로 수립되고 추진되어 왔다면 대북정책의 목표와 수단들이 통일정책과 일치하는 영역도 점점 커졌을 것이다. 하지만 현실은 통일의 비전이나 미래상과 유리된 대북정책이었거나 아니면 대북정책과 통일정책이 유기적으로 연계되지 못한 채 분리되어 추진되어 왔다고 할 수 있다.[2] 이는 남북한 사이의 갈등과 대립이 증폭된 상황에서의 통일정책은 비현실적이라는 판단 그리고 남북통일은 남북한의 화해협력, 평화번영, 상생공영으로 분단의 상처를 우선 극복할 때 가능할 수 있다는 인식에서 비롯된 것이라고 할 수 있다.

---

2 이와 관련하여 한국 정부의 통일·대북정책 추진 과정을 다음과 같이 3단계로 나누어 분석하기도 한다. 제1단계는 대한민국 정부 출범 직후의 시기로 분단 고착화를 방지하기 위한 통일정책이 강조된 시기이다. 제2단계는 1970년대 이후 김대

대북정책 없는 통일정책은 해방과 함께 시작된 남북한의 분단과 6·25전쟁 이후의 극단적 대결 시기의 정책이었다. 일방적인 통일정책은 국내정치적 필요에 따른 공허한 명분 제시나 북한의 급변 사태 내지 붕괴 가능성에 대한 과잉 기대가 작용한 결과라고 할 수 있다. 이처럼 통일정책 혹은 대북정책 일방의 편향된 추진은 시대적 상황의 산물이었다. 따라서 우리에게 필요한 것은 남북한 관계의 현실과 통일 미래의 당위 사이의 연계, 대북정책과 통일정책 사이의 유기적 통합이다(박형중 외, 2012, 292-293).

2. 냉전 시기의 통일정책

1) 제1공화국의 통일정책

우리 민족은 해방과 동시에 남북으로 분단되었다. 1948년 남과 북에 각각 들어선 대한민국과 조선민주주의인민공화국은 통일이라는 민족적 과제를 해결하려는 진지한 노력보다는 이데올로기적 대결에 치중했다. 이승만 정부는 북한 정권과의 협상을 배제한 채, 국내

중 정부 출범 이전 시기로 다양한 통일정책의 제시와 함께 간헐적으로 대북정책이 추진된 시기이다. 제3단계는 김대중 정부 출범 이후의 시기로 통일방안 제시를 자제하는 대신 현실적인 대북정책을 추진한 시기이다. 이에 관한 자세한 내용은 박형중 외(2012), pp. 291-293 참조.

적으로는 북한 지역의 주권 회복을 위한 북진통일을 주장했고, 국제적으로는 미국의 주도 아래 유엔에서 결의한 바 있는 유엔 감시 하의 남북한 총선거 원칙만을 되풀이 하였다. 북한과 구소련은 이러한 제안을 거부하였고, 김일성과 북한 지도부는 평화통일에 대한 비전보다는 남한의 혁명화에 몰두하였다. 그리고 그 과정에서 1950년 6·25전쟁이 발발했다.

제1공화국은 건국과 6·25전쟁 이후 국가 재건의 시기였다. 1948년 8월 15일 출범한 이승만 정부는 통일에 관한 기본 입장을 천명하였는데 그 내용은 다음과 같다(황인태, 1995, 175-176; 김병오, 2001, 118): 첫째, 대한민국 정부는 헌법 규정에 따라 한반도 전체에 대한 주권을 가진 유일한 합법 정부이다. 둘째, 선거가 보류된 북한에서 조속히 민주적 선거를 실시, 북한 동포를 위하여 국회에 공석으로 남겨둔 100석의 의석을 채워야 한다. 셋째, 북한 동포들의 자발적 의사가 계속적으로 공산주의자들에 의하여 억압받을 경우에 대한민국은 (정통 정부로서 무력에 의해서라도) 북한에 대한 주권을 회복할 권한이 있다.

이처럼 제1공화국은 대한민국만이 한반도의 유일한 합법 정부임을 천명하는 가운데 통일 구상을 제시하였다. 이는 내용면에서 극히 불충분하고 초보적인 것이기는 하지만 한국 정부가 밝힌 최초의 공식적인 통일방안이라고 할 수 있다(양영식, 1997, 11). 이승만 정부의 통일정책은 정부 수립 당시의 국제법적 도덕적 우월성에 기초하여 북한 정권을 철저히 부정하는 대북 인식에서 출발하였다. 북한 지역에서의 자유 총선을 주장하는 가운데 이를 구현하기 위한 방안으로 한반도 문제의 국제화, 특히 유엔 총회 결의의 중시 및 유엔을 통한 문제 해결을 촉구하였다. 이에 따라 대등한 입장에서의 남한과 북한 사이의 모든 논의, 특히 평화적인 통일론이 금기시되었다(송건호, 1973, 147).

6·25남침 이후 이승만 정부에서는 미군 등 유엔군의 힘을 활용한 무력 북진통일론이 비등하였다. 하지만 북진은 단지 구호에 지나지 않았다. 이승만 정부 스스로 북진을 시도할 만한 물질적 자원, 군사력, 미군의 지원을 보유하고 있지 않다는 사실을 잘 알고 있었기 때문이다(조정원, 1989, 74). 물론 당시의 국제 정세와 남북관계도 이를 허용하지 않았다. 1953년 10월 체결된 한미상호방위조약은 남한의 독자적 결정에 의한 북진을 사실상 불가능하게 하였다. 따라서 북진통일론은 진정한 의미에서의 통일정책이기보다는 일체의 남북협상과 통일논의를 차단함으로써 불안정한 정권 기반을 강화하려는 전략적 의도를 반영한 것이라고 할 수 있다(임혁백, 1992, 51).

1953년 7월 체결된 정전협정 제60항에 따라 1954년 6월 한반도 문제의 평화적 해결을 위해 개최된 제네바 정치회담에서 이승만 정부는 최초로 평화적 방법에 의한 통일방안을 제시하였다. 변영태 외무부 장관이 제시한 14개 통일방안의 골자는 유엔 감시 하의 대한민국 헌법에 의한 남북한 총선거와 인구 비례에 의한 국회 구성이었다(김명기, 1995, 86-87). 반면에 북한 대표인 남일 외상은 유엔의 감시 없이 남북 동수의 전조선위원회를 구성하여 남북총선거를 실시하자고 제안하고 그 전제로 외국군의 철수를 주장했다. 남북한의 주장은 서로가 받아들일 수 없는 것이었고 회담은 결렬되었다.

1950년대 내내 이승만 정부는 전쟁 이후 고조된 반공 반북 분위기 속에서 북한과의 대화를 일체 거부하였다. 대신에 국내적으로는 무력에 의한 북진통일을 내세우고 국제적으로는 형식상 유엔 감시 하의 인구 비례에 의한 평화적 자유 총선을 통한 통일방안을 견지하였다. 이는 북한이 받아들이기 어려운 정책이었다는 점에서 진정한 의미의 평화통일 제안과는 거리가 있었다(정용석, 1989, 205). 결국 1950년대 제1공화국 통일정책의 특징은 반공정책의 연장 그리고 진정성 있는 통일정책의 부재기로 평가할 수 있다.

2) 제2공화국의 통일정책

1960년 발생한 4·19혁명으로 제2공화국이 등장하였다. 자유당 정권이 무너지면서 북진통일론은 자취를 감추고 사회 각 세력에 의해 다양한 통일논의가 봇물을 이루었다. 하지만 친미, 반공, 보수 성향의 민주당 정부는 4.19혁명 이후 활발히 전개된 통일논의를 수용할 수 없는 한계를 지니고 있었다. 장면 정부는 새로운 통일정책을 제시하지 못하고 이승만 정부가 유지했던 유엔 감시 하의 남북한 자유 총선거 방안을 계승하였다.

제2공화국은 집권 기간이 1년 여에 불과했지만 사회적으로 통일 열기가 확산되면서 통일문제에 관한 논의는 훨씬 활발했던 시기였다(이형, 2005, 177-181). 하지만 장면 정부는 사회 각 방면에서 분출하는 통일 열기를 제대로 소화해 낼 능력을 갖추지 못한 채 소극적인 통일정책으로 일관했다. 내각책임제 헌법에 기초하여 출범한 장면 정부는 통일문제에 대한 비등하는 여론을 감안하여 1960년 8월 17일 유엔 감시 하의 남북 자유 총선거를 통일정책의 기조로 제시하였다. 정형일 외무부 장관은 같은 날 기자회견을 통해 “대한민국의 통일방안은 국제연합 감시 하의 총선거 실시이며, 이에 의해서만 국민의 자유의사에 따른 통일정부 수립이 가능하다"고 언급하였다. 장면 정부는 북진통일론을 폐기하고 평화통일론을 주창했지만 유엔 감시 하의 총선거 통일방안은 그대로 계승하였다. 또한 통일정책을 외교정책의 일부로 간주함으로써 남북대화와 협상을 금기시하였는데 이는 이승만 정부와 크게 다를 바가 없었다(신영석, 2008, 96).

제2공화국의 경우 정부 차원에서 통일논의 자체를 회피했던 이유에 대해서는 몇 가지 설명이 가능하다. 우선 4·19혁명을 성공시킨 주체가 학생과 시민이었고, 민주당 정권은 그 수혜자에 불과했기 때문에 통일정책에 추진력을 발휘하기 어려웠다는 점을 지적할 수 있다. 또한 남한이 아직은 북한에 대한 경제적 열세를 면치 못하고 있다는 현실 판단에서 기인한 것이라고 할 수 있다. 실제로 북한 공산세력을 압도하기 전까지 통일논의는 유보하고 경제 건설에 치중해야 한다는 선건설 후통일론이 민주당 정권의 정책 기조였다(김학준, 1986, 322-325).

3) 제3공화국과 제4공화국의 통일정책

1961년 5·16 군사 쿠데타의 발생과 함께 남한 사회의 통일논의는 새로운 국면에 접어들게 되었다. 쿠데타에 성공한 제3공화국 정부는 반공을 국시로 삼고, 국토통일을 위해 공산주의와 대결할 수 있는 실력 배양에 전력을 집중할 것을 천명하였다. 이는 강력한 반공정책으로 이어졌다. 그 결과 민간 차원의 통일운동이 침체되는 가운데 정부 차원의 선건설 후통일론이 지배적인 담론이 되었다.

1963년 10월 15일 제5대 대통령 선거를 통해 집권한 박정희 정부는 1964년 1월 10일 연두교서를 통해 정부의 통일방안이 유엔을 통한 자유민주주의 원칙에 따른 통일, 실지 회복에 의한 국토통일임을 밝히고 통일을 위한 제반 문제에 대비하기 위한 태세를 갖출 것임을 강조하였다(김병오, 2001, 120). 그리고 박정희 대통령은 1966년 1월 18일 국회에 보낸 연두교서에서 "우리가 지향하는 조국 근대화야말로 남북통일을 위한 대전제요, 중간목표이다.... (경제)자립은 통일의 첫 단계가 된다"고 함으로써 선건설 후통일의 정책 방향을 분명히 하였다. 이는 한국의 경제력이 북한을 압도적으로 능가하고 또한 민주주의가 정착된 다음에야 비로소 통일 노력이 실효성을 거둘 수 있다는 현실주의 입장의 표명이라고 할 수 있다(제성호, 2010, 86-87).

1960년대와 달리 1970년대에 들어와서는 남북관계가 개선되고 통일논의도 활발해 졌다. 1970년대 초 전 세계적으로 긴장 완화와 평화 공존의 분위기가 조성되었다. 1970년 봄에 개최된 동서독 정상회담, 1972년 미중 간의 핑퐁외교와 닉슨 미국 대통령의 중국 방문, 1972년 5월 미소 간의 1차 전략무기제한협정(SALT 1) 체결 등 국제관계의 데탕트 무드가 조성되었다. 이러한 상황에서 1960년대 고도성장을 구가한 박정희 정부는 경제력에 대한 자신감을 바탕으로 남북관계와 통일정책에 적극성을 띠게 되었다. 그 결과 선건설 후통일론을 대신하는 새로운 통일정책을 마련하기 시작하였다.

박정희 대통령은 1970년 8월 15일 제25주년 광복절 경축사를 통해 남북 간의 선의의 경쟁을 촉구하는 '평화통일구상선언'을 발표하였는데, 그 주요 내용은 다음과 같다(통일부, 1998, 20).

1. 긴장 상태의 완화 없이는 평화적 방법에 의한 통일에의 접근이 불가능하다.
2. 북한이 무력에 의한 적화 통일이나 폭력혁명에 의한 대한민국 전복 기도를 포기해야 한다.
3. 남북 간에 가로 놓인 인위적 장벽을 단계적으로 제거해 나갈 용의가 있다.
4. 북한이 유엔의 권위와 권능을 수락한다면 북한의 유엔 참석을 반대하지 않는다.
5. 남북한의 어느 체제가 더 잘 살 수 있는지 개발과 건설에서 선의의 경쟁을 벌일 것을 제의한다.

1971년 8월 12일 최두선 대한적십자사 총재는 평화통일구상선언의 기본 정신에 따라 북한적십자회에 1천만 이산가족문제 해결을 위한 남북적십자회담 개최를 제의하였다. 이 제의를 북한적십자회가 수락함으로써 1971년 9월 분단 이후 최초로 남북대화의 통로가 마련되었다. 이후 1972년 7월 4일에는 남북 양측의 고위 당국자(이후락 중앙정보부장과 김영주 조선로동당 조직지도부장) 사이의 비공개 접촉과 상호 방문을 거쳐 분단 이후 최초로 남북 당국 간 합의 문서라고 할 수 있는 '7·4남북공동성명'이 서울과 평양에서 동시에 발표되었다(통일부, 2002, 19-20).

7·4남북공동성명에서 남북한 양측은 첫째, 통일은 외세에 의존하거나 외세의 간섭을 받음이 없이 자주적으로 해결해야 한다. 둘째, 통일은 서로 상대방을 반대하는 무력행사에 의거하지 않고 평화적인 방법으로 실현해야 한다. 셋째, 사상과 이념, 제도의 차이를 초

월하여 우선 하나의 민족으로서 민족적 대단결을 도모해야 한다는 조국통일 3원칙에 합의하였다. 또한 상호 중상 비방 중지, 군사적 충돌을 방지하기 위한 적극적 조치, 다방면의 교류 실시, 직통전화 설치 등 실천 조치에 합의하였다. 그리고 쌍방의 합의사항을 추진하고, 남북 사이의 제반 문제를 개선·해결하기 위하여 남북조절위원회를 구성·운영하기로 합의하였다(국토통일원 남북대화사무국, 1988, 54-56).

7·4남북공동성명은 이후 남북관계에서 통일을 향한 남북대화의 기초가 되고 있다. 특히 제1항에서 밝힌 자주, 평화, 민족대단결의 조국통일 3원칙은 통일논의의 기본 정신과 자세로 받아들여지고 있다.[3] 7·4남북공동성명은 남북한이 최초로 통일과 관련된 합의를 이루었다는 점에서 중요한 의미를 지닌다. 하지만 7·4남북공동성명은 남북한 주민의 광범위한 논의 과정을 거친 것이 아니라 남북한 고위 당국자들 간의 비밀 협상의 산물이었다는 점에서 근본적인 한계를 지닐 수밖에 없었다.

이후 1972년 박정희 정권은 통일 시대를 대비한다는 명분 하에

3 실제로 1991년 12월 체결된 '남북 사이의 화해와 불가침 및 교류협력에 관한 합의서'는 "남과 북은 분단된 조국의 평화적 통일을 염원하는 온 겨레의 뜻에 따라 7·4남북공동성명서에서 천명된 조국통일 3대원칙을 재확인하고...."라고 명시하고 있다. 하지만 이처럼 조국통일 3원칙이 남북기본합의서로 이어졌음에도 불구하고 남북한 어느 쪽도 이를 제대로 지켜왔다고 보기 어렵다. 특히 남한에서는 3원칙 가운데 하나인 민족대단결의 원칙이 북한의 대남 통일전선 전술과 관련되어 있다는 의구심 때문에 제6공화국 때부터 민족대단결 대신에 '민주'를 3원칙의 하나로 제시하고 있다. 뿐만 아니라 남북한이 이러한 3원칙의 의미에 대해 합의를 한 적이 없기 때문에 서로 다른 해석의 여지를 안고 있다: 이종석(2012), 104-105 참조.

유신체제를 출범시켰다. 그리고 북한에서도 1972년 12월 모든 국가 권력의 중심을 국가주석 김일성으로 하는 조선민주주의인민공화국 사회주의헌법이 마련되었다. 이렇듯 7·4남북공동성명의 정신이 퇴색하면서 남북한은 통일문제를 둘러싸고 국제무대에서 적대적인 경쟁을 벌이기 시작하였다. 이러한 외교 경쟁은 1973년 6월 23일 남북한에서 동시에 촉발되었다.

10월 유신 단행 이후 제4공화국 박정희 정부는 국제 정세의 변화에 능동적으로 대처한다는 차원에서 1973년 6월 3일 7개항의 '평화통일외교정책선언'을 발표하였다. 그 내용은 조국의 평화적 통일을 위한 모든 노력의 경주, 한반도의 평화 유지, 남북 간의 내정불간섭 및 불침략, 성실과 인내로써 남북대화 계속, 북한의 국제기구에의 참여 불반대, 남북한 동시유엔가입 불반대, 모든 국가에의 문호개방, 평화선린에 기초한 대외정책의 추진 등이다(국토통일원 남북대화사무국, 1988, 453－457). 이는 그동안 한국 정부가 견지해 온 할슈타인 원칙(Hallstein Doctrine)[4]을 공식 포기한 것으로서 당시로서는 매우 획기적이고 전향적인 대북정책이었다.

7·4남북공동성명 이후 남북한은 평화적인 통일방안이라는 합의된 목표를 어떻게 달성할 것인가를 둘러싸고 방법론적 경쟁을 전

4 1955년 서독 아데나워 정권 하에서 외무부 차관직을 수행했던 할슈타인이 천명한 외교정책으로서 동독을 승인한 나라와는 외교관계를 맺지 않는다는 정책이다. 이 원칙은 서독이 1967년 루마니아와 국교를 정상화하면서 사실상 폐지되었다. 모든 국가에의 문호개방, 평화선린에 기초한 대외정책의 추진 천명은 그동안 한국 정부에서 채택한 할슈타인 원칙의 포기를 의미한다.

개했다. 7·4남북공동성명으로 대화 없는 대결에서 대화 있는 대결로의 전환이 이루어졌으나 근본적인 대결 구조가 사라진 것은 아니었다(정연선, 1990, 241). 이러한 방법론적 대결에서 남한은 기능주의적 접근을 시도한 반면에 북한은 연방주의적 접근을 주장하였다.

박정희 정부의 6·23선언은 정부의 기능주의적 접근 정책을 반영한 것이라고 할 수 있다. 기능주의 통합이론을 한반도에 적용하기 위해서는 남북한이 서로를 독립된 국가로 간주해야 한다. 그런데 6·23선언은 바로 북한을 미수복 지구로 규정하던 '1국내 2지역 관계'를 철폐하고 '2체제 2국가 관계'를 인정함으로써 북한을 사실상 그리고 공식적으로 국가로 승인한 것으로 볼 수 있다. 하지만 이와 같은 승인에도 불구하고 통일문제에 대한 박정희 정부의 소극적이고 방어적인 입장이 근본적으로 변화되지는 않았다. 기능주의에 입각한 단계적 교류협력론과 평화 공존론은 이러한 입장을 반영한 것이다(임혁백, 1992, 59-60).

1974년 제시한 '평화통일 3대 기본 원칙'은 이와 같은 선평화정착 후통일 정책을 구체화한 것이다: 첫째, 한반도에 평화를 정착시켜야 한다. 이를 위하여 남북은 상호불가침협정을 체결하여야 한다. 둘째, 남북 간 상호 문호를 개방하고 신뢰를 회복해야 한다. 이를 위하여 남북대화를 성실히 진행시켜야 하며, 다각적인 교류와 협력이 이루어져야 한다. 셋째, 이 바탕 위에서 공정한 선거관리와 감시 하에 토착인구비례에 의한 남북 자유 총선거를 실시하며 통일을 이룩한다(김경태, 1991, 42).

하지만 선평화정착 후통일 정책은 한계를 지니고 있다. 평화 공존론이 기능주의적 교류협력의 전제 조건으로 제시된 것임에도 불구하고 그 자체가 통일정책의 목표가 되었다는 점에서 제4공화국 통일정책의 현상 유지적, 소극적인 성격을 엿볼 수 있다. 통일을 위한 수단으로서의 평화가 아니라 평화 정착 그 자체가 합목적성을 가질 경우 분단을 고착화시킬 수 있다. 제4공화국의 통일정책은 한반도 통일의 비전, 통일된 한국의 미래상을 제시하지 못했다. 더욱이 평화와 통일 간의 관계를 명확히 하지 못하면서 통일정책이 안보정책에 종속되는 결과를 가져 왔고 통일정책의 활성화를 가로막았다고 할 수 있다(임혁백, 1992, 62).

4) 제5공화국의 통일·대북정책

1980년대 들어 먼저 통일 공세를 펼친 것은 북한이었다. 북한은 1980년 10월 열린 노동당 제6차 대회에서 새로운 통일방안으로 '고려민주연방공화국 통일방안'을 제시하였다. 이 방안은 북한이 제안했던 기존의 연방제와는 성격이 다르다. 기존의 연방제가 통일로 가는 과도기적 형태였다면 새롭게 제안한 고려민주연방공화국 안은 과도체제가 아닌 완성된 통일국가라는 점에서 차이가 있다. 요컨대 고려민주연방국이라는 하나의 통일국가를 구성하되 남북한에 두 개의 지역자치 정부를 두자는 것이었다. 북한이 제안한 고려민주연방공화국은 하나의 민족, 하나의 국가, 두 개의 제도, 두 개의 정부형태로 요약할 수 있다(신정현, 1989, 270).

그러나 제5공화국은 북한의 새로운 통일방안이 적화 통일을 위한 술수에 지나지 않는다고 보고 이를 거부하였다. 그리고 이에 대응하기 위한 새로운 통일방안으로 제시한 것이 '민족화합 민주통일방안'이었다. 1981년 3월 출범한 제5공화국은 통일되고 독립된 근대적 민족국가 건설이라는 통일정책 방향을 제시하였다. 그리고 1982년 1월 22일 '민족화합 민주통일방안'을 발표하였는데 이는 대한민국 정부 수립 이후 줄곧 견지해 온 평화통일정책을 최초로 체계화한 통일방안이라는 점에서 의미가 있다.

이 방안의 골간은 남북한 당국의 최고책임자 회담을 실현시켜 '남북한 기본관계 잠정협정'을 체결한 후 남북대표로 '민족통일협의회'를 구성하고 여기서 통일민주공화국을 실현하기 위한 통일헌법을 기초하여 국민투표로 확정하는 것이다. 그리고 통일헌법이 정하는데 따라 민주총선거를 실시하여 통일국회와 통일정부를 구성하여 통일을 완성하자는 것이었다. 통일이 민족자결의 원치아래 겨레 전체의 자유의사가 고루 반영되는 민주적 절차와 평화적 방법으로 성취되어야 한다는 기본 원칙에 입각해 평화통일을 성취하는 가장 합리적인 길로서 통일헌법을 채택하고, 이 헌법에 따라 통일된 단일 주권국가를 완성시킨다는 것이 민족화합 민주통일방안의 기본 골자였다. 이처럼 민족화합 민주통일방안은 통일헌법의 제정으로부터 총선거를 통한 통일민주공화국 완성에 이르는 일련의 과정을 구체적으로 제시하였다.

이어 1982년 2월 1일에는 통일방안의 후속 실천 조치로서 민족화합을 위해 20개항에 걸친 구체적 시범사업을 함께 추진해 나갈 것을 제의하였다. 20개 시범사업은 사회개방 8개항, 교류협력 8개항, 긴장완화 4개항으로 구성되어 있다. 구체적으로는 서울·평양 간 도로연결 개통, 남북 이산가족 간 우편교류 및 상봉, 설악산 이북과 금강산 이남 지역의 자유 관광 공동지역 설정, 공동어로구역 설정, 남북 간 정규방송 자유 청취, 민족사 공동연구, 남북 자원 공동개발 및 이용, 비무장지대 학술조사 등이 포함되어 있다.

제5공화국의 민족화합 민주통일방안은 종래의 단계론적 입장을 견지하는 가운데 정치 분야의 중요성을 강조하고 있다는 점에서 신기능주의적 접근법을 구체화한 것으로 볼 수 있다. 실제로 '남북한 기본관계 잠정협정'에는 남북한 정치체계와 군비 문제에 대한 사항이 포함되어 있다.[5] 제5공화국의 통일방안은 기능적 교류 확대와 평화 정착이 어떻게 통일로 이어질 수 있는가에 대한 구체적 방안을 담고 있고, 비정치적 분야의 교류 확대가 정치적 분야로 파급되기 위해 필요한 인위적인 정치화를 강조하고 있다는 점에서 이전의 통일정책에 비해 진일보한 모습을 보여주고 있다(임혁백, 1992, 65-69).

3. 탈냉전 시대의 통일·대북정책

1) 제6공화국의 통일·대북정책

1988년 2월 제6공화국이 출범하면서 사회 각계각층의 통일논의

5 기능주의의 핵심이라고 할 수 있는 파급(spill-over)효과는 정치적 타결이 따르지 않을 경우 역류(spill-back)효과의 위험이 따른다. 반면 신기능주의는 파급효과의 보편성을 부인하고 정치적 문제의 의식적인 해결을 통한 파급효과의 확산을 주장한다는 점이 특징이다(Schmitter, 1969).

가 확산되었고 정부 차원에서도 이에 대응하여 새로운 통일정책을 마련할 필요성이 제기되었다. 국제적으로도 80년대 중반 이후 탈냉전의 흐름이 전개되면서 남북관계의 해빙 무드가 조성되었다. 이러한 환경 변화는 제6공화국 정부가 대북 우위의 입장에서 통일문제에 관한 공세적 입장을 취할 수 있는 계기가 되기도 하였다. 제6공화국 정부는 이전 정부와는 달리 탈냉전의 흐름에 맞추어 기존 사회주의권과의 관계 정상화를 꾀하고 북한과의 대화를 모색하는 북방정책을 과감하게 추진하였다.

제6공화국 노태우 정부는 구소련의 개혁 개방, 동구 사회주의권의 민주화, 미소 간의 중거리 핵미사일 폐기협정(INF) 체결 등 세계적인 탈냉전 추세와 점차 고조되는 국민적 통일 여망에 부응하기 위하여 1988년 6월 2일 통일논의 자유화 조치를 취하였다. 이후 같은 해 7월 7일에는 '민족자존과 통일번영을 위한 특별선언'(7·7특별선언)을 발표하여 적극적인 남북대화 추진 의사를 천명했다. 이는 북한을 대결 상대가 아니라 선의의 동반자로 간주하고, 남북이 함께 번영하는 민족공동체 관계로 발전되어 나가는 것이 통일조국을 실현하는 지름길이라는 인식을 바탕으로 남북 간 대결 구도를 화해 구조로 전환하겠다는 정책의 선언이었다(국토통일원, 1988, 7-48). 또한 남북한의 대결관계를 극복하고 화해와 교류협력을 지향하며 한반도 냉전 구조의 한 축인 북미와 북일 적대관계 해소를 추구했다는 점에서 중요한 의미를 지닌다. 하지만 북한 측의 부정적인 반응과 정부의 실천 의지 부족으로 당시에는 선언 이상의 의미를 갖지는 못했다(이종석, 2012, 110).

특히 7·7특별선언은 민족공동체 형성을 위해서는 무엇보다 남북 간의 인적·물적 교류협력이 활성화되어야 한다는 인식에 따라 이를 위한 실현 조치들과 정책 방향을 제시하였다. 여기에 담긴 내용은 첫째, 남북동포 간 상호교류 적극 추진 및 해외동포의 남북 자유왕래 허용, 둘째, 이산가족의 생사 확인, 주소 확인, 서신 왕래, 상호방문 주선, 셋째, 남북한 교역 문호 개방과 남북한 교역을 민족 내부교역으로 간주, 넷째, 우방국의 대북한 비군사 물자 교역 불반대, 다섯째, 남북한 대결외교의 종결 및 국제무대에서의 남북대표 자유접촉, 여섯째, 북한의 대미 대일 관계개선 협조 등이었다. 그리고 이를 법적·제도적으로 뒷받침하기 위해 1990년 8월 1일 남북교류협력에 관한 법률을 제정·시행하였다. 이는 법 규범의 틀 안에서 이루어지는 남북 교류협력 시대의 개막을 알리는 역사적 사건이었다.

한편 노태우 정부는 국민 각계각층의 의견을 수렴하여 통일의 원칙과 방향을 담은 '한민족공동체 통일방안'을 1989년 9월 11일 대통령의 국회연설을 통해 발표하였다. 이는 이전 정부가 제시했던 '민족화합 민주통일방안'의 미비점을 보완하는 동시에 통일방안으로서의 틀과 체계성을 보강하는 내용으로 구성되어 있다. 이 방안은 남북 간의 누적된 불신과 대결의식 그리고 이질화 현상을 그대로 둔 채 일시에 통일을 이룩한다는 것은 현실적으로 어렵다는 점을 전제로 하여 남북교류와 협력을 통해 먼저 민족공동체를 회복·발전시키고 이를 바탕으로 점진적으로 정치적 통일을 실현해 나간다는 구상을 바탕에 깔고 있다.

한민족공동체 통일방안은 통일의 원칙으로 자주, 평화, 민주의 3원칙을 제시하였다. 그리고 통일국가의 미래상으로 자유, 인권, 행복이 보장되는 민주국가를 제시하였다. 통일국가의 수립 절차는 남북대화를 통한 신뢰회복—남북정상회담 개최 및 민족공동체헌장 채택—과도적 통일체제인 남북연합의 구성(남북의 공존공영과 민족사회의 동질화, 민족 공동생활권의 형성 등을 추구)—통일헌법 제정—통일헌법이 정하는 바에 따른 총선거 실시—통일국회와 통일정부 구성으로 되어 있다. 이와 같은 절차와 방법에 의해 완전한 통일국가인 통일민주공화국을 건설하는 것으로 되어 있다(황인태, 1995, 194-195; 김병오, 2001 127-128).

한민족공동체 통일방안은 남북한 간의 사상, 제도, 문화 등에 실재하는 이질성을 고려하여 과도기적 통일체제로서 '남북연합'의 결성을 제안했다. 그리고 남북연합에는 남북정상회의와 남북각료회의, 남북평의회를 두도록 했다. 제6공화국 정부의 구상은 남북한이 남북평의회에서 통일헌법을 기초하여 이를 민주적 절차에 의해서 확정·공포하며 이에 의해서 남북이 총선거를 실시하여 통일국가를 건설하는 것이었다. 이 통일방안의 가장 큰 특징은 최종적인 통일국가를 실현하는 과정에서 중간에 남북연합체를 상정하고 있다는 점이다. 이는 과도 형태의 통합체를 상정하지 않고 연방제를 최종적인 국가형태로 제시한 북한의 통일방안과 대비된다.[6] 남북연합 단계를 상정하는 통일방안은 이후 구체적인 내용에서는 다소 변화가 있었으나, 역대 남한 정부의 통일방안에서 하나의 기본 틀로 자리를 잡

6 남북연합은 국가연합이나 연방과는 달리 통일을 지향하는 과도적이고 특수한 결합 형태이다. 1민족 내부의 2체제 연합 형태와 같다. 즉 남북연합 내에서 남과 북은 각각 주권국가의 지위를 부여받지만, 그 관계는 국제법상의 관계가 아닌 국내법에 준하는 특수한 법적 관계라고 할 수 있다.

아 왔다.

한편 노태우 정부는 7·7특별선언 후속 조치의 일환으로 남북고위급회담을 비롯한 다각적인 대화와 교류를 추진하였다. 북한 역시 동구 사회주의권의 붕괴에 따른 위기 국면을 돌파하기 위한 방편의 일환으로 남북대화에 적극적인 태도를 보였다. 남북한은 상호 신뢰 구축과 긴장 완화 문제 등 민족의 현안 및 상호 관심사를 협의하고 의견 접근을 위해 노력한 결과, 1991년 12월 서울에서 개최된 제5차 남북고위급 회담에서 전문과 25개 조항으로 된 '남북 사이의 화해와 불가침 및 교류·협력에 관한 합의서'(남북기본합의서 또는 기본합의서)를 채택하였다.

남북기본합의서는 "분단된 조국의 평화적 통일을 염원하는 온 겨레의 뜻에 따라, 7·4남북공동성명에서 천명된 조국통일 3대원칙을 재확인하고, 정치적·군사적 대결 상태를 해소하여 민족적 화해를 이룩하고, 무력에 의한 침략과 충돌을 막고 긴장 완화와 평화를 보장하며, 다각적인 교류·협력을 실현하여 민족공동의 이익과 번영을 도모하며, 쌍방 사이의 관계가 나라와 나라 사이의 관계가 아닌 통일을 지향하는 과정에서 잠정적으로 형성되는 특수관계라는 것을 인정하고, 평화통일을 성취하기 위한 공동의 노력을 경주할 것을 다짐하면서" 남북 화해, 남북 불가침, 남북교류·협력을 위한 조치들을 명시하였다.

이어 1992년 2월 19일 평양에서 개최된 제6차 남북고위급회담에서는 '남북 사이의 화해와 불가침 및 교류협력에 관한 합의서', '한반도 비핵화에 관한 공동선언', '남북고위급회담 분과위원회 구성·운영에 관한 합의서'가 발효되었다. 이후 남북한은 제7차 남북고위급회담에서 남북군사공동위원회 구성·운영에 관한 합의서, 남북교류협력 공동위원회 구성·운영에 관한 합의서, 남북연락사무소 설치·운영에 관한 합의서 그리고 제8차 남북고위급회담에서 남북화해공동위원회 구성·운영에 관한 합의서, 남북화해 이행과 준수를 위한 부속합의서, 남북불가침의 이행과 준수를 위한 부속합의서, 남북교류협력의 이행과 준수를 위한 부속합의서를 채택·발효시켰다.

이러한 일련의 과정을 통해 발효된 남북기본합의서와 그 부속합의서들은 남북한에 의해 '평화와 통일로 가는 길'을 명시한 장전으로 공인되었다. 그리고 이들 합의서는 1972년 발표된 7·4남북공동성명에서 제시된 조국통일 3대원칙을 구체화한 것으로 통일문제의 민족 내부 해결의 경로를 밝힌 전범(典範)이라고 할 수 있다. 즉 남북기본합의서는 한반도에 하나의 민족, 두 개의 체제가 존재한다는 현실을 인정하는 가운데 화해와 통일의 길로 나아가는 구체적인 경로를 제시한 것이다. 남북기본합의서는 그 정신이나 내용이 현실(적대적 분단 상황)에서 출발하여 공동의 이상(통일)을 실현할 수 있는 길을 가장 적절하게 제시한 안내도로서 탈냉전 시대 남북대화의 교본으로 평가할 수 있다(이종석, 2012, 114).

1992년 남북기본합의서 발효를 계기로 남북한은 남북군사분과위원회와 교류협력분과위원회 등을 설치하여 더욱 진전된 대화를 진행하였다. 그러나 이러한 대화 국면은 북한의 핵무기 개발 의혹이 증폭되고, 북한 당국이 우리의 팀스피리트 훈련을 구실로 1993년 1월 29일 모든 남북 당국 간 대화 중단을 선언함으로써 냉각 국면으로 되돌아가고 말았다. 온 민족의 평화와 통일에 대한 염원을 담아 탄생한 남북기본합의서는 채택 1년을 넘기지 못하고 사문화되었다.[7]

남북기본합의서의 효력이 정지되었다는 사실은 남북한 문제를 민족 내부에서 해결할 수 있는 길이 봉쇄되었다는 것을 의미한다.

2) 김영삼 정부의 통일·대북정책

문민정부로서의 정통성을 안고 출발한 김영삼 정부는 높은 여론의 지지를 바탕으로 정부가 원하는 대북정책을 추진할 수 있었다. 김영삼 대통령은 이와 같은 자신감을 바탕으로 1993년 2월 25일 취임사를 통해 "동맹보다 민족이 더 중요하며 어떠한 이념이나 사상도 민족보다 더 큰 행복을 가져다주지 못한다"고 천명하였다. 강력한 민족 우선의 철학을 밝히면서 남북관계 개선의 의지를 보여준 것이다.

하지만 동시에 문민정부는 북미 간 핵문제가 핵심 이슈로 등장하고 그것이 남북관계를 압도하는 상황 속에서 초기부터 핵문제와 분리된 자율적인 통일정책을 전개하기 어려웠다(이종석, 2012, 121). 급기야 1993년 3월 12일 북한이 핵무기 확산방지조약(NPT) 탈퇴를 선언하고, 핵무기 개발 의혹에 대한 제재 조치에 맞서 서울 불바다, 전쟁 불사 등의 발언으로 위협함으로써 남북관계는 최악의 위기 국면으로 치닫게 되었다.

1993년 6월 초 북한 핵문제 해결을 위한 미국과 북한 간의 협상이 시작되었고 북미 양국은 1993년 6월 11일 북한이 NPT 탈퇴를 잠정 유보하고 향후 협상을 통해 문제를 해결한다는 공동발표문

---

7 남북기본합의서가 사문화된 자세한 이유나 배경에 관해서는 이종석(2012), pp. 117-118 참조.

을 채택하였다. 이후 계속된 북한 핵협상을 통해 1994년 10월 21일 미국과 북한 사이에 제네바 기본합의문이 채택됨으로써 북한 핵문제는 일단 고비를 넘기게 되었다(백학순, 2012, 28–30). 하지만 남북관계는 1994년 카터(Jimmy Carter) 전 미국 대통령의 중재로 이루어진 남북정상회담 개최 합의에도 불구하고 같은 해 7월 김일성 사망 이후 발생한 조문파동을 계기로 더욱 퇴행적인 모습을 보여 주었다.[8]

김영삼 대통령은 1993년 5월 하순 제26차 태평양경제협의회(PBEC) 총회 연설을 통해 통일은 점진적이고 평화적인 단계를 거쳐 이루어질 것이라고 주장하였다. 남북한이 화해와 협력의 단계, 남북연합의 단계를 거쳐 1민족 1국가의 통일조국을 이룩할 것이라고 밝혔다. 그 뒤 김영삼 대통령은 1994년 8월 15일 광복절 경축사를 통해 기존의 한민족공동체 통일방안을 보완·발전시키면서 전반적인 통일 환경의 변화를 반영한 '한민족공동체 건설을 위한 3단계 통일방안(민족공동체 통일방안)'을 천명하였다.

이 통일방안의 기본철학은 두 가지 개념을 중심으로 정립되었는데, 통일 추진 기본철학으로서의 자유민주주의와 통일의 접근 방도로서의 민족공동체가 그것이다. 요컨대 김영삼 정부의 민족공동체

8 조문파동은 김일성 사망을 맞아 야당에서 정부 차원의 조문사절단 파견을 촉구한 것에 대한 반작용으로 발생했다. 조문단 파견 주장에 대한 비판적 여론이 비등하자 문제를 제기한 야당 의원들이 이에 대해 해명했음에도 불구하고, 언론에서는 연일 강력한 비판이 제기되었다. 이 사건은 여권 강경 세력의 요구로 급기야 김일성의 과거사에 대한 정부의 공식입장 표명으로 이어졌고 이것이 북한을 자극하는 결과를 가져왔다. 북한은 김일성 장례식이 끝난 후 남한에서 일어난 일련의 사건에 대해 공식적으로 대대적인 비난 공세를 퍼부었다.

통일방안은 자유민주주의를 통일의 기본철학으로 정립하고, 통일의 주체가 민족구성원 모두임을 분명히 하고, 통일정책의 패러다임으로서 민족공동체를 강조하였다. 그리고 민족공동체 통일방안은 통일의 기본원칙으로서 자주, 평화, 민주를 제시하였다. 또한 통일은 하나의 민족공동체를 건설하는 방향에서 점진적 단계적으로 이루어 나가야 한다는 기조에서 통일의 과정을 화해협력 단계—남북연합 단계—통일국가 완성 단계의 3단계로 설정하였다(신영석, 2008, 234-237).

이후 김영삼 대통령은 1995년 연두 기자회견을 통해 민족발전 공동 계획의 일환으로 대북 경수로 건설 사업을 지원할 것을 밝혔다. 그리고 1996년 8월 15일 광복절 경축사를 통해 '한반도 평화와 남북 간 협력'의 방향을 제시하였다. 그 주요 내용으로는 첫째, 평화통일을 민족의 최대과제로 설정, 둘째, 한반도 평화와 남북 간 협력의 주도적 역할, 셋째, 남북기본합의서의 조기이행 촉구, 넷째, 남북한 평화와 협력정신을 실행하기 위한 4자회담의 실천방향 제시, 다섯째, 구체적인 통일대비 태세 강조 등이 포함되어 있다(공보처, 1997, 442-443).

이전 노태우 정부는 남한의 통일정책 기조를 북한과의 적대적 대결에서 화해, 공존, 협력의 노선으로 전환하고자 하였다. 하지만 이러한 정책 노선은 문민정부 들어 크게 흔들렸다. 김영삼 대통령이 취임 초 민족을 우선시하는 가운데 남북관계 개선의 의지를 천명했음에도 불구하고 실제 정책에서는 일관된 원칙을 견지하지 못함으로써 많은 한계를 보여 주었다. 문민정부는 북한과의 평화와 협력을 강조하고 북한체제가 붕괴하는 것을 원하지 않는다고 공언하였다. 하지만 다른 한편으로는 북한 핵문제의 해결이 난망하고 북한경제가 식량난 등으로 지속적으로 악화되자 북한을 엔진이 고장 난 비행기로 묘사하는 등 북한 붕괴에 대한 기대감을 감추지 않았다는 점에서 대북정책의 이중성을 노정하였다고 할 수 있다(이종석, 2012, 125-126; 백학순, 2012, 81-82).

4. 2000년대의 통일·대북정책

1) 국민의 정부의 통일·대북정책

1998년 2월 출범한 국민의 정부는 한반도 통일의 달성보다는 남북관계 개선이 우선적으로 이루어져야 한다는 시각에서 이른바 햇볕정책(sunshine policy)이라고 불리는 대북포용정책을 추진하였다. 김대중 대통령은 북한의 무력 도발을 억제할 수 있는 방위 능력의 구비 그리고 정치, 경제 등 제반 분야에서 심화되고 있는 남북 간의 격차에 따른 대북 자신감에 근거하여 기존의 강경정책에서 벗어난 포용정책을 주장하였다. 대북포용정책은 강력한 안보 태세를 바탕으로 남북 간의 화해와 교류협력을 실현하여 한반도에 평화를 정착시키려는 정책으로서 현재의 분단 상태를 평화적으로 관리하고 나아가 평화 정착을 실현해서 통일로 나아간다는 두 개의 과제를 목표로 한 것이다(이종석, 2012, 138).

이에 따라 국민의 정부는 평화와 화해협력의 실현을 통한 남북관계 개선을 대북정책의 목표로 설정하고, 북한의 무력 도발 불용,

흡수통일 배제, 남북 간 화해협력의 적극적 추진을 대북정책의 3원칙으로 제시하였다(통일부, 1998, 35-42). 이러한 대북정책 원칙은 김대중 대통령이 1972년 2월 발표한 '3단계 통일론'에서 처음으로 제기된 이후 1995년 출간된 김대중의 3단계 통일론을 통해 구체화된 바 있다. 이는 국민의 정부 대북정책의 기본철학으로서 확고한 안보 태세를 바탕으로 남북 간 교류와 협력을 적극 추진해 나감으로써 포용적인 입장에서 북한의 긍정적인 변화를 지원하고 남북관계를 개선하겠다는 의지를 표명한 것이다.

국민의 정부에서 추진한 대북포용정책의 의의와 특징은 다음과 같다(동북아평화연구회, 1999, 96-99). 첫째, 당장의 통일에 주력하기보다는 평화적 공존공영의 관계를 형성하는 것이 급선무라는 기본적 인식에 기초하고 있다. 반세기 이상 대결과 반목을 거듭해 온 남북관계 속에서 단기간 내에 통일을 기대하기는 어렵다는 판단 하에 평화와 화해협력의 실현을 통한 남북관계 개선을 대북정책의 목표로 설정한 것이다.

둘째, 대북포용정책은 튼튼한 안보의 토대 위에 안보와 화해협력을 동시에 추진하는 정책이다. 국민의 정부는 한반도 평화를 파괴하는 북한의 일체의 무력 도발을 용납하지 않는다는 점을 대북 원칙의 하나로 천명함으로써 강력한 안보 태세를 무엇보다 강조하였다. 이는 강력한 안보를 바탕으로 북한과의 대화와 협상을 통해 평화를 정착시키겠다는 의지의 표명이라고 할 수 있다.

셋째, 대북포용정책은 북한 스스로 변화할 수 있도록 유도해 나가는 정책이다. 북한은 1980년대 후반 동구 사회주의권의 붕괴 이후, 개방과 개혁이 체제붕괴와 남한에 의한 흡수통일로 이어질 수 있다는 판단에 따라 폐쇄정책과 대남 적대정책을 고수해 왔다. 하지만 남북관계 개선과 한반도 평화 정착을 위해서는 이와 같은 북한의 정책에 근본적인 변화가 있어야 한다고 본 것이다. 이러한 맥락에서 대북포용정책은 무력에 의한 대남 적화전략이 실현 불가능하다는 점을 북한에게 확실히 인식시켜 주고 나아가 북한 스스로 개방과 개혁을 선택할 수 있는 여건을 조성해 주기 위한 정책이라고 할 수 있다.

넷째, 대북포용정책은 북한의 변화를 유도해 나가는 적극적인 참여정책이다. 북한의 급격한 붕괴를 막고 통일의 후유증을 최소화하기 위해서는 북한체제의 개방과 개혁을 통한 점진적인 남북관계 개선과 통일을 추진하는 것이 바람직하다. 이러한 현실에서 변화와 개방에 대해 북한이 갖고 있는 우려를 해소시켜 주고 북한 스스로 변화의 길로 나올 수 있도록 여건을 마련해 준다는 것이 바로 대북포용정책이다. 즉 대북포용정책은 남북 간의 교류협력을 통해 북한의 변화와 개방을 촉진시킴으로써 북한을 연착륙시키려는 적극적인 참여정책이라고 할 수 있다.

다섯째, 대북포용정책은 정경분리 원칙에 입각한 신축적인 비(非)연계적 상호주의를 통해 남북관계 개선을 모색하였다. 연계적 상호주의는 정치·군사 부문과 비정치·군사 부문을 연계시켜 대북정책을 운용하는 것을 말한다. 반면에 비연계적 상호주의는 정경분리를 통해 비정치적인 분야부터 신뢰구축의 계기를 만들 수 있는 여건을 조성하는 것을 의미한다. 대북포용정책은 과거 대북정책의 실패를 교훈삼아 경제 분야를 중심으로 점진적으로 남북 간의 화해와 교류협력의 기반을 확대하기 위한 정책이라고 할 수 있다.

한편 김대중 대통령은 적대적인 남북대결 시대를 종식하고자 2000년 3월 베를린 자유대학에서 대북 경제지원 용의와 한반도 냉전체제의 해체, 평화 정착, 이산가족 문제의 해결, 남북대화의 필요성 등을 강조한 '베를린 선언'을 발표하였다. 북한도 이에 호응하여 당시 비공개로 진행 중이던 남북회담을 통해 남한의 정상회담 제안을 수용하였다. 그 결과 2000년 6월 분단 반세기 만에 처음으로 남북정상회담이 개최되었다. 정상회담의 결과 남북한 두 정상은 6·15 남북공동선언에 서명하였다. 이는 남북한 정상이 기존의 적대와 대결의 남북관계를 화해와 협력의 관계로 전환시키기로 한 역사적인 문건이라고 할 수 있다.

6·15남북공동선언은 전문 속에서 분단 역사상 처음으로 열린 상봉과 회담이 서로 이해를 증진시키고 남북관계를 발전시키며 평화통일을 실현하는 데 중대한 의의를 가진다고 평가하고 있다. 5개항의 합의 사항은 우리 민족끼리 통일문제의 자주적 해결, 남북한의 통일방안 사이에 접점 도출 노력, 이산가족과 비전향장기수 문제 해결, 경제·사회·문화 등 다방면의 교류협력 실천, 당국 간 대화 및 김정일 위원장의 서울 답방 등을 담고 있다.

남북정상회담 개최 이후 다양한 분야에서 남북 당국 간의 대화가 진행되었다. 장관급회담, 국방장관회담, 특사회담, 경제협력추진위원회 등 다양한 형태의 당국 간 대화가 진행되면서 남북 간의 실질적 문제들이 논의되고 실천방안들이 모색되었다. 그 결과 경의선과 동해선 철도 및 도로 연결, 개성공단 건설, 부산 아시안게임에 북한 선수단 참가 등 다방면에 걸쳐 남북 교류협력이 양적으로 크게 증가하였다(통일교육원, 2009a, 46). 대북포용정책의 최대 성과는 이산가족의 고통을 완화하는 한편 금강산 관광 실현 등 남북 교류협력의 지평을 넓혔다는 점이다. 더불어 남북한의 화해협력 및 정치적 신뢰구축의 토대를 마련한 것도 성과라고 할 수 있다.

6·15남북공동선언의 역사적 의의는 다음과 같다(이종석, 2012, 152-154): 첫째, 남북관계를 적대관계에서 화해협력의 관계로 전환하기로 하였다는 점이다. 남북한 정상은 그동안 남북관계를 규정하던 적대적 대결 상태를 종식시키고 평화 공존의 새로운 패러다임으로 전환하기로 사실상 합의함으로써 남북관계를 대결에서 공존공영의 패러다임으로 바꿀 수 있는 결정적 계기를 마련하였다. 나아가 6·15남북공동선언은 남북관계를 넘어 포괄적인 한반도 냉전 구조의 해체에 중요한 역할을 할 수 있는 계기를 마련하였다고 할 수 있다. 둘째, 6·15남북공동선언은 남북한이 한반도 분단 해소의 실질적 주체로 나설 수 있는 전환점을 제공했다는 점이다. 6·15남북공동선언을 통해 한반도 평화와 통일문제를 민족 내부에서 해결할 수 있는 계기를 마련한 것이다. 요컨대 6·15남북공동선언은 한반도 문제의 해결 주체가 남북 당사자라는 사실을 명확히 했다는 점에서 의의를 찾을 수 있다.

하지만 이와 동시에 6·15남북공동선언에 대한 부정적 시각과 비판이 제기되기도 하였다. 무엇보다도 남북정상회담 추진 과정이 투명하지 못했다는 의혹이 제기되는 등 사회적 논란이 증폭되었고, 6·15남북공동선언에 명시된 '우리 민족끼리'의 협력과 '낮은 단계의 연방제'에 대한 이해를 둘러싸고 임기 후반 내내 남남갈등의 원인이 되기도 하였다. 또한 지속된 '대북 퍼주기' 논란 속에서 오히려 북한에 의한 군사적 도발 행위가 나타나면서 대북포용정책이 안보에 둔

감한 정책이라는 비판을 받기도 하였다(제성호, 2012, 96). 실제로 북한은 우리 정부의 대북 지원과 남북한 교류협력의 확대에도 불구하고 1999년과 2002년 두 차례에 걸쳐 서해교전을 일으켜 한반도의 긴장을 고조시키기도 하였다.

2) 참여정부의 통일·대북정책

참여정부를 표방하며 2003년 2월 출범한 노무현 정부는 국민의 정부의 대북포용정책을 계승 발전시킨 평화번영정책(policy of peace and prosperity)을 추진하였다. 평화번영정책은 한반도 평화증진과 남북한 및 동북아의 공동 번영을 목표로 한 것이었다. 이를 위한 추진 구도 내지 추진 전략으로 북한 핵문제 해결(1단계)—한반도 평화체제 구축(2단계)—동북아 경제 중심 국가 건설(3단계)의 단계적 구도를 제시하였다(통일부 통일정책실, 2013, 1-30; 통일교육원, 2006, 82). 그리고 대화를 통한 문제 해결, 상호신뢰와 호혜주의, 남북 당사자 원칙에 기초한 국제협력, 국민과 함께 하는 정책을 4대 추진 원칙으로 제시하였다.

참여정부 평화번영정책의 핵심은 다음과 같이 요약할 수 있다: 첫째, 김대중 정부의 대북정책 기조를 그대로 이어받아 상호신뢰와 호혜주의를 바탕으로 대화와 협력을 통해 한반도 문제를 풀어나간다는 것이다. 둘째는 정책 추진 과정에서 주변국 등 국제사회와 긴밀하게 협력하고 국민의 참여와 동의를 확보하는데 중점을 두고 있다. 셋째, 이러한 원칙 아래 남북 간 안보와 경제 분야에서 균형 있게 교류를 확대하여 한반도에 평화와 번영의 토대를 만들어 나간다는 것이다(통일부, 2006, 15).

그리고 평화번영정책에 나타난 정책 내용과 추진 전략에 따른 정책적 특징을 살펴 보면 다음과 같다(박종철, 2003, 26; 민주평화통일자문회의사무처, 2003, 6): 첫째, 평화번영정책은 북한의 정치적 실체를 인정하고 북한과 평화 공존을 모색하고 있다는 점에서 김대중 정부의 햇볕정책과 공통점을 지니고 있다. 둘째, 북한과의 교류협력 증대를 통한 남북관계 개선을 추구하였다. 이는 북한을 적대적인 관계로 설정하여 설득과 강제의 이중적 배합 전략을 가지고 전략적인 차원에서 대하기보다는 대화와 협력의 상대로 명시한 것이다. 다음으로 남북관계를 넘어 동북아 평화와 공동 번영을 추구하였다. 참여정부는 동북아 질서에서 평화와 번영은 분리될 수 없으며 평화번영정책과 동북아 경제 중심 국가 건설은 목표와 수단의 관계에 있다고 밝히고 있다.

한편 노무현 대통령은 2007년 10월 2~4일 평양을 방문하여 북한의 김정일 국방위원장과 제2차 남북정상회담을 통해 10·4남북정상선언으로 불리는 '남북관계 발전 및 평화번영을 위한 선언'에 합의하였다. 이 선언은 북한이 남한의 평화번영정책에 호응하면서 만들어진 것으로 참여정부의 중요한 대북정책 의제들이 망라되어 있다. 남북정상선언을 통해 남북한은 상이한 체제에 대한 상호 존중을 토대로 정치·군사·경제·사회·문화·인도·외교 등의 영역에서 통일을 위한 공동 사업들을 추진할 것에 합의하였다. 이후 남북한은 2007년 11월 1차 남북총리회담과 2차 남북국방장관 회담을 열어 합의문을 채택하는 등 정상회담 분위기를 이어가려고 노력하였다(통일부, 2008, 79-85; 신영석, 2008, 380-399).

6·15남북공동선언이 적대와 대결의 남북관계를 화해와 협력의

관계로 전환하는 데 이정표가 되었다면, 10·4남북정상선언은 그 바탕 위에 한반도 평화를 구조화하고 공동 번영을 실현하기 위한 구체적인 대안을 제시했다고 할 수 있다. 10·4남북정상선언은 제1항과 제2항에서 6·15남북공동선언의 적극 구현과 상호존중 및 신뢰를 통해 남북관계를 발전시켜 나가기로 합의하였다. 제3항과 제5항에서는 군사적 긴장완화를 위한 기본 원칙을 밝히고 서해평화협력특별지대 설치를 포함한 경제협력 방향에 합의함으로써 평화와 경제가 선순환되는 남북관계의 발전 방향을 구체적으로 밝혔다. 제4항에서는 정전체제의 종식과 한반도 평화체제의 구축을 위해 종전선언을 추진하기로 하였다. 이 합의는 남북회담 역사에서 남북한이 한반도 평화문제를 주체적으로 공동 협력을 통해 풀어보겠다고 밝힌 최초의 선언이기도 하다. 이 밖에도 공리공영과 유무통상의 입장에서 다양한 경제협력을 확대하고 사회문화 교류의 확대와 인도주의 협력사업의 적극 추진을 확인하였다(이종석, 2012, 158).

하지만 북한의 핵문제가 여전히 해결되지 않았고 북한체제의 변화가 미미한 가운데 합의 추진된 남북교류와 협력, 대북 지원 등은 국민적 합의와 지지를 이끌어내는 데 크게 미흡하였다(통일교육원, 2009b, 47). 노무현 정부 5년 동안 남북대화, 남북한 교류협력 및 대북 지원들이 외견상 풍성하였지만 북한의 남한 정부 흔들기, 북한에 의해 남북대화가 좌지우지되는 파행적 관행, 우리 측의 대북 퍼주기 의혹 등은 남북관계에 대한 불신과 더불어 남남갈등을 증폭시키는 요인으로 작용하였다. 이 밖에도 북한의 선의와 시혜에 기대는 듯한 대북 저자세와 눈치 보기, 북한 인권문제에 대한 침묵과 국제무대에서의 일관성 없는 행보가 지속적인 비판의 대상이 되었다(제성호,

2012, 99).

3) 이명박 정부의 통일·대북정책

실용정부를 표방하며 2008년 2월 출범한 이명박 정부는 이른바 '비핵·개방·3000' 구상을 근간으로 하는 상생과 공영의 대북정책을 추진하였다. 상생과 공영의 대북정책은 국민의 정부의 대북포용정책과 이를 계승한 참여정부의 평화번영정책 10년에 대한 비판적 검토를 바탕으로 하고 있다. 요컨대 대북 화해협력정책을 통해 인적 교류, 경제교류 및 협력, 물자 지원, 대화 등 외형적으로는 남북 교류협력이 확대 성장했음에도 불구하고 남북관계의 근본적인 문제점은 해소되지 않았다는 판단에서 출발하고 있다.

남북경협을 통해 북한의 대남 경제 의존이 증가했지만 호혜적 관점에서 남북한의 경제협력이 이루어지지 않았다. 남북대화는 북한의 의도에 따라 중단되고 재개되는 관행이 되풀이 되었다. 더욱이 북한은 대화에 응하거나 교류협력 및 인도적 지원을 수용하면서 부수적 대가를 요구하기도 하였다. 그리고 우리의 대북 인도적 지원에도 불구하고 북한의 만성적 식량난 등 경제위기는 지속되었다. 또한 남북 간의 부분적 긴장 완화에도 불구하고 북한의 핵개발과 장거리 미사일 발사 등 안보 위협이 사라지지 않았다. 그리고 두 차례의 서해교전에서 볼 수 있듯이 한반도의 군사적 긴장이 해소되지 않았다 (박종철, 2008, 32). 이처럼 비핵화나 군사적 긴장 완화 등 당면한 안보 문제의 해결에 있어서 국민들의 기대에 미치지 못하였다.

나아가 적지 않은 대북 지원과 협력에도 불구하고 냉전과 분단의 상처로 남아있는 이산가족, 국군포로 납북자 문제 등이 국민들이 납득할 만한 수준까지 진전을 이루지 못하였다. 뿐만 아니라 북한이 여전히 개방과 변화를 거부함으로써 보다 많은 대화, 보다 많은 교류, 보다 많은 협력이 북한의 변화를 견인할 수 있다는 햇볕정책의 기본 전제가 흔들리게 된 것이다. 이러한 상황에서 남북관계가 지속가능하고 실질적인 발전을 이루기 위해서는 정상적인 남북관계를 제도화함으로써 정치, 군사, 경제, 사회, 인도적 사안의 불균형을 시정하는 문제가 시급한 과제로 떠올랐던 것이다.

이에 따라 이명박 정부는 기존 정책의 성과와 한계를 바탕으로 남북관계를 한 차원 높은 실질적 협력관계로 발전시켜 나간다는 관점에서 2008년 7월 실용과 생산성에 기초한 상생공영의 남북관계 발전을 추구하는 '상생과 공영의 대북정책'을 제시하였다(통일교육원, 2009a, 64-65). 이명박 정부는 이를 통해 평화공동체, 경제공동체, 행복공동체를 형성함으로써 한반도 평화통일의 실질적 토대를 구축하는 것을 대북정책의 비전으로 제시한 것이다.

평화공동체는 한반도 비핵화를 이룩하고 남북 간 군사적 신뢰구축과 긴장 완화를 통해 새로운 평화 구조를 창출함으로써 형성되고, 경제공동체는 북한의 발전과 국제사회에의 참여를 돕고 남북 모두 이익이 되는 경제협력을 추구함으로써 구축되고, 행복공동체는 남북한의 인도적 문제를 해결하고 남북 주민의 삶의 질을 향상시켜 남북 7천만 모두의 행복을 추구하는 것으로 실현될 수 있다고 주장하였다. 그리고 이러한 3대 공동체를 실현하기 위해 다음과 같은 4가지 추진 원칙을 제시하였다: 첫째, 실용과 생산성의 원칙 아래 비용 대비 성과, 북한 주민의 삶의 질 향상, 북한 경제의 자생력 회복에 기여, 둘째, 원칙에 철저하되 유연한 접근 견지, 셋째, 국민합의의 존중, 넷째, 남북협력과 국제협력의 조화 등이 그것이다(허문영 외, 2010, 12-13).

이명박 정부는 상생과 공영의 정상적 남북관계 발전을 위해 북한 핵문제의 해결을 최우선적 정책 과제로 설정하는 한편 상호존중 및 호혜적인 남북관계 구축을 목표로 정책을 추진하였다. 이를 보다 구체적으로 제시하면 다음과 같다(통일부, 2013, 14-16): 첫째, 북한의 비핵화를 대북정책에서 최우선 순위로 두고 이를 해결하고자 하였다. 북한의 핵개발은 동북아와 한반도의 안정에 커다란 위협이며 비확산 노력에 대한 심각한 도전 행위이다. 따라서 이러한 정책적 선택은 북한의 핵 포기 없이는 남북 간의 진정한 신뢰형성과 협력을 기대하기 어렵다는 판단에 기초한 것으로 볼 수 있다.

이에 따라 이명박 정부는 북한의 핵폐기 결단을 촉진하는 환경을 조성하여 북한 핵문제를 해결하기 위한 실천 계획으로 비핵·개방·3000 정책을 제시하였다. 이것은 북한이 핵폐기 결단을 내린다면 한국이 국제사회와 함께 10년 내에 북한의 1인당 국민소득이 3,000달러 수준에 도달할 수 있도록 적극 지원한다는 구상이다. 그리고 북한의 핵폐기 진전 상황을 고려하여 국제사회와 적극 협력해서 북한의 경제재건 및 주민생활 개선을 위해 5대 분야(경제, 교육, 재정, 인프라, 생활 향상)에 걸친 포괄적 지원을 한다는 내용을 담고 있다. 이는 북한에 핵포기 시 얻게 될 혜택을 명확히 제시함으로써 북한의 핵폐기 결단을 이끌어 낸다는 전략적 의도를 반영한 것이다.

둘째, 상호존중 및 호혜적인 남북협력을 통해 건강하고 정상적인 남북관계를 구축하고자 하였다. 이는 무엇보다 북한의 도발과 위협을 용인할 수 없다는 확고한 원칙과 의지를 전제로 한 것이다. 남북 간 대화에 있어서도 대화를 위한 대화가 아닌 실질적으로 성과를 낼 수 있는 남북대화를 위해서 진정성 있고 책임 있는 자세가 필요하다는 점을 강조하였다. 아울러 정치, 경제, 사회, 문화 등 각 분야에서 일방적 지원을 통한 관계 발전은 지속가능성이 없다고 보고 상호이익이 되는 방향으로 남북 간 호혜적 협력을 추구하였으며, 교류협력과 대북 지원을 투명하고 공개적인 방법으로 추진하고자 하였다.

셋째, 인류 보편적 가치에 입각한 통일정책을 추진하였다. 자유민주주의와 인권, 시장경제가 이미 세계사 발전의 보편적 흐름으로 자리매김한 상황 속에서 북한 인권문제를 인류의 보편적 가치 그리고 같은 민족으로서의 도의적 책무라는 관점에서 접근하였다. 이산가족 문제, 국군포로 납북자 문제도 인도주의적 입장에서 근본적인 해결을 위해 노력하였다.

넷째, 실질적인 통일준비를 본격적으로 추진하였다. 이명박 대통령은 2010년 8월 15일 광복절 경축사를 통해 3대 공동체 통일구상, 통일세 등에 대한 우리 사회 각계의 폭넓은 공론화를 제안하였고, 이를 계기로 통일준비 사업이 본격적으로 추진되었다. 이에 따라 실질적 통일준비의 5가지 실천 과제(국민의 통일의지 제고, 통일재원 마련, 통일외교, 분단이재민 적극 포용, 제도적 준비)를 선정하여 추진하였다. 특히 통일재원 마련을 핵심 과제로 설정하고 통일준비에 대한 국민적 공감대를 확산하고 통일의지와 역량을 결집하고자 하였다.

하지만 상생과 공영의 남북관계 발전을 통해 한반도 평화를 증진시키고 평화적 통일기반을 구축하고자 했던 이명박 정부의 노력에도 불구하고 정상적 남북관계는 제도화되지 못했다. 이명박 정부 대북정책의 핵심이었던 비핵·개방·3000 구상은 북한의 선 핵포기를 전제 조건으로 제시함으로써 북한의 협력을 이끌어내는 데 실패하였다(백학순, 2013, 85-86). 비핵·개방·3000 정책 구상이 실패하면서 북핵문제 해결을 위한 협상은 물론 남북 간 대화의 실종을 초래하는 결과를 낳았다.

이는 결과적으로 북한과의 관계를 대결과 배제의 관점에서 접근함으로써 북한과의 화해와 공존을 통한 통일지향성을 결여하는 한계를 노정하였다. 남북관계의 정상적 발전을 위한 이명박 정부의 노력에도 불구하고 북한의 제2차 핵실험, 천안함 피격 사건, 연평도 포격 사건, 제3차 핵실험 등이 이어지면서 한반도 정세는 좀처럼 호전될 기미를 보이지 못한 채 더욱 어려운 국면에 빠지게 되었다. 이러한 상황에서 한반도 안보 위기를 극복하고 진정한 평화와 지속가능한 남북관계를 제도화시킬 수 있는 새로운 해법과 정책의 필요성이 더욱 커지게 되었다.

참고문헌

공보처(1997), 『변화와 개혁 : 김영삼 정부 국정 5년 자료집 : 1권-정치 외교 통일 국방』, 서울 : 공보처.

국토통일원 남북대화사무국(1988), 『남북대화백서』, 서울 : 국토통일원.

국토통일원(1988), 『민족자존과 통일번영을 위한 7. 7 특별선언-그 올바른 이해를 위하여』, 서울 : 국토통일원.

김경태(1991), 『남북통일정책, 민주통일론』, 서울 : 통일연수원.

김명기(1995), 『남북통일정책』, 서울 : 국제문제연구소.

김병오(2001), 『민족통일과 남북연합』, 서울 : 여강출판사.

김학준(1986), "제2공화국 시대의 통일논의", 양호민·이상우·김학준 공편, 『민족통일론의 전개』, 서울 : 형성사.

동북아평화연구회(1999), 『국민의 정부 대북포용정책』, 서울 : 밀레니엄북스.

민주평화통일자문회의사무처(2003), 『평화·번영의 동북아 시대 : 정책과제와 추진전략』, 서울 : 민주평화통일자문회의사무처.

박종철(2003), "평화번영정책의 이론적 기초 및 체계", 박종철 외, 『평화번영정책의 이론적 기초와 과제』, 서울 : 통일연구원.

박종철(2008), "대북포용정책과 상생공영정책의 비교 : 도전과 전략적 선택", 서재진 외, 『이명박 정부 대북정책 : 비전 및 추진방향』, 서울 : 통일연구원.

박종철 외(2012), 『2000년대 대북정책의 평가와 정책대안 : 동시병행 선순환 모델의 원칙과 과제』, 서울 : 통일연구원.

박형중 외(2012), 『통일대비를 위한 대북통일정책의 모색』, 서울 : 통일연구원.

백학순(2012), 『노태우정부와 김영삼 정부의 대북정책 비교』, 세종정책연구 2012-6, 성남 : 세종연구소

백학순(2013), 『이명박 정부의 대북정책 2008~2012』, 세종정책연구 2013-3,

성남 : 세종연구소.
송건호(1973), “한국정당의 통일정책”, 『한국통일의 이론적 기초』, 서울 : 고대연.
신영석(2008), 『역대 정권의 통일정책 변천사 : 한반도 통일논의 60년』, 서울 : 평화문제연구소.
신정현(1989), “북한의 연방제 통일방안의 전개와 목표”, 신정현 편, 『북한의 통일정책』, 서울 : 을유문화사.
양영식(1997), 『통일정책론』, 서울, 박영사.
이종석(2012), 『한반도 평화통일론』, 파주 : 한울아카데미.
이형(2005), 『장면정권과 민주당 : 제2공화국의 재평가』, 서울 : 삼일서적.
임혁백(1992), “남북통일정책의 비교분석”, 이용필 외, 『남북한 통합론 : 이론적 및 경험적 연구』, 고양 : 인간사랑.
정연선(1990), “한국의 통일정책과 방안”, 민병천 편, 『전환기의 통일문제』, 서울 : 대왕사.
정용석(1989), 『전환기의 통일논쟁』, 파주 : 나남.
제성호(2010), 『남북한관계론』, 서울 : 집문당.
조정원(1989), 『남북한 통합론』, 서울 : 희성출판사.
통일교육원(2009a), 『통일문제이해』, 서울 : 통일교육원.
통일교육원(2009b), 『2009 통일교육지침서』, 서울 : 통일부.
통일부 통일정책실(2013), 『참여정부의 평화번영정책』, 서울 : 통일부.
통일부(1998), 『통일백서 1998』, 서울 : 통일부.
통일부(2006), 『대한민국의 평화와 번영, 국민과 함께 지키겠습니다 : 북한 핵실험 이후 대북정책 설명자료』, 서울 : 통일부.
통일부(2008), 『통일백서 2008』, 서울 : 통일부.
통일부(2013), 『통일백서 2013』, 서울 : 통일부.
허문영 외(2010), 『이명박 정부 대북·통일정책의 세부 실천방안』, 서울 : 통일연구원.

황인태(1995), 『통일정책론』, 서울 : 국제평화연구소.
Schmitter, P.(1969), “Three Neo-Functional Hypotheses about International Integration”, *International Organization* Vol. 23, No. 1.

제5장 남북한의 신뢰형성

박근혜 정부의 대북정책 기조로 제시된 한반도 신뢰프로세스는 남북한 사이의 신뢰형성이 정상적인 남북관계는 물론 한반도의 통일 기반을 조성하기 위한 토대라는 인식에서 출발하고 있다. 무엇보다도 역대 정부에서 추진해 온 대화 교류 중심의 포용정책과 안보 원칙 중심의 대북정책이 각기 노정한 정책적 한계를 발전적으로 극복하려는 통합적 접근을 지향하고자 한다는 점에서 그 의의를 찾을 수 있다. 하지만 남북한 사이의 실질적인 신뢰기반을 형성하기 위해서는 신뢰의 주체를 새롭게 인식하는 발상의 전환이 요구된다. 요컨대 남북한 정부 차원의 신뢰구축을 위한 대북정책보다는 남북한 주민들 사이의 상호교류와 대화의 확대를 통한 신뢰형성이 선행되어야 할 것이다

1. 한반도 신뢰프로세스의 이해

우리의 대북정책은 분단 상태의 평화적 관리, 남북관계의 발전 나아가 통일기반 조성을 그 목적으로 하고 있다. 대북정책은 궁극적으로 한반도 통일을 위한 긍정적 환경을 조성한다는 점에서 남북통일로 나아가는 로드맵의 역할을 한다고 볼 수 있다. 하지만 분단 이후 우리의 대북정책은 우호적인 통일여건의 조성은 물론 안정적이고 예측 가능한 남북관계의 구축에도 한계를 노정해 왔다. 말하자면 북한의 변화를 유도하고 안정적인 남북관계를 형성하고자 했던 역대 정부의 정책적 실험들은 대부분 실패로 판명되었다(최진욱 외, 2013b, 29-30).

박근혜 정부의 대북정책은 이와 같은 일련의 정책 실패에 대한 반성에 기초하고 있다. 특히 국민의 정부와 참여정부 당시의 과도한 대북포용정책 그리고 이명박 정부 시기의 강경한 대북정책이 공히 북한의 실질적 변화를 이끌어 내는데 실패했다는 문제의식을 그 바탕으로 하고 있다. 이와 같은 인식에 기초한 박근혜 정부의 대북정책 기조는 한반도 신뢰프로세스로 집약할 수 있다. 한반도 신뢰프로세스는 대화 교류 중심의 포용정책과 안보 원칙 중심의 대북정책 모두 북한의 의미 있는 변화를 이끌어내지 못했다고 보고 이들 양측의 장점을 발전적으로 수용하는 통합적 접근을 시도하고 있다. 요컨대 튼튼한 안보를 바탕으로 남북 간 신뢰를 형성함으로써 남북관계를 정상화하고 한반도 평화를 정착시키며 나아가 통일기반을 구축하려는 정책이다.

박근혜 정부는 경제부흥, 국민행복, 문화융성과 함께 '평화통일 기반구축'을 4대 국정기조의 하나로 설정하고, 이를 위한 3대 전략으로 튼튼한 안보, 한반도 신뢰프로세스, 신뢰외교 등을 제시하였다(조민, 2013, 21). 이와 같은 정책 기조에 따라 한반도 신뢰프로세스는 균형 있는 접근, 진화하는 대북정책, 국제사회와의 협력을 추진 원칙으로 하고 이에 따른 추진 과제로 첫째, 신뢰형성을 통한 남북관계 정상화, 둘째, 한반도의 지속가능한 평화 추구, 셋째, 통일 인프라 강화, 넷째, 한반도 평화통일과 동북아 평화협력의 선순환 모색 등을 설정하였다〈그림 5-1〉.

박근혜 정부의 한반도 신뢰프로세스는 남북한 사이의 신뢰를 토대로 남북관계를 안정적으로 관리하고 발전시킴으로써 지속가능한 한반도 평화를 실현하는데 그 목적이 있다. 남북한 사이의 신뢰형성을 최우선적으로 추진하면서 신뢰형성과 남북관계 발전, 한반도 평화 정착, 통일기반 구축과의 선순환을 모색하고자 하는 것이다. 하지만 한반도 신뢰프로세스는 북한에 대한 강력한 억지력과 안보 강화를 전제로 한다는 점에서 단순한 유화정책과는 다르다고 할 수 있다. 한반도 신뢰프로세스는 다음과 같은 특징을 지니고 있다.

〈그림 5-1〉 한반도 신뢰프로세스(통일부, 2013, 10)

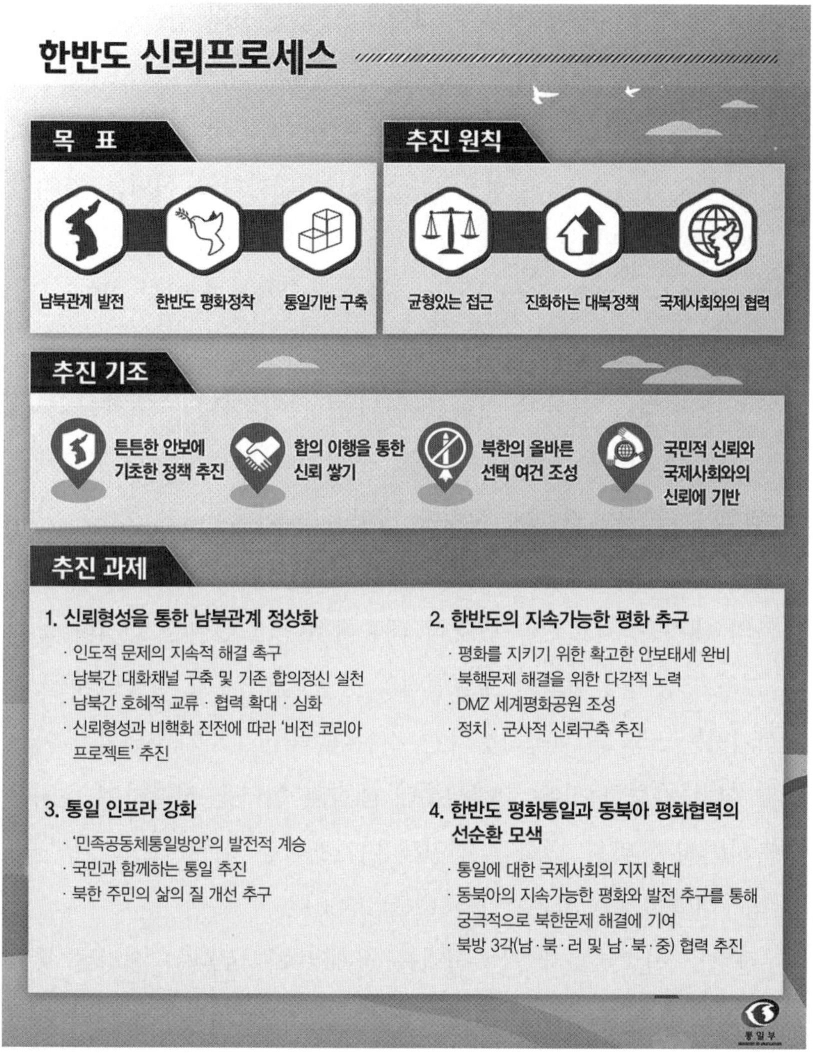

첫째, 한반도 신뢰프로세스는 신뢰와 균형을 바탕으로 남북관계의 정상화를 모색하고자 한다. 신뢰프로세스는 기존 대북정책의 장점은 수용하고 단점은 지양하고자 하는 통합적 접근이라고 할 수

있다. 노무현 정부가 화해와 협력에 기초해서 북한의 변화를 유도하고자 하였다면, 이명박 정부는 대결과 압박 중심의 접근을 취해 왔다. 이에 비해 한반도 신뢰프로세스는 화해와 협력 그리고 대결과 압박 사이의 균형적 접근을 지향하고 있다. 따라서 북한에 대한 억지력과 확고한 안보를 바탕으로 끊임없이 대화하고 신뢰를 높여가는 것이 바로 한반도 신뢰프로세스의 기본 입장이다. 이처럼 한반도 신뢰프로세스는 대화와 안보라는 두 축을 근간으로 하고 있다.

한반도 신뢰프로세스는 선신뢰, 후관계개선을 기조로 하고 있다. 남북한이 신뢰가 있어야 대화를 한다는 것이 아니라 대화를 통해 남북 간의 신뢰를 쌓아간다는 정책 구상이다. 한반도 신뢰프로세스는 원칙을 지키는 가운데 신뢰를 쌓아가는 정책이라고 할 수 있다. 강력한 억지력을 토대로 북한의 도발은 차단하고, 도발에 대해서는 응분의 대가를 치르도록 단호히 대응하겠다는 원칙을 견지하고 있다. 그리고 동시에 대화와 교류협력의 창을 열어 두고 남북관계를 발전시키려는 노력을 계속하겠다는 것이다. 북한의 선태도변화가 아닌 쉽고 실천 가능한 작은 것에서부터 대화와 협력을 시작하여 신뢰를 구축하면서 올바른 변화를 견인해 나가겠다는 점에서 신뢰와 변화의 병진전략이라고 할 수 있다(조봉현, 2013, 8).

한반도 신뢰프로세스는 신뢰를 전제로 하기보다는 신뢰를 쌓아가는 과정에 방점을 두고 있다. 한반도 신뢰프로세스에서 신뢰는 수단도 아니고 목적도 아니라고 할 수 있다. 신뢰를 쌓아 가는 과정에서 각각의 신뢰 수준에 맞는 남북 간의 관계를 형성하고 교류협력을 추진한다는 구상이다. 남북 간의 신뢰가 조금씩 쌓이면 더 나은 관계를 만들어 가고 교류협력을 확대해가면서 상호신뢰의 폭을 넓혀 나가자는 것이다.

이명박 정부의 대북정책은 원칙이라는 엄격한 잣대를 통해 북한의 선변화를 요구함으로써 북한의 반발을 초래하였다. 이에 비해 한반도 신뢰프로세스는 북한의 선변화만을 요구하는 것이 아니라 일관된 신뢰 개선 의지를 밝힘으로써 북한으로 하여금 예측 가능성, 지속성을 확보하고 있다는 점에서 차이가 있다(양무진, 2013, 20). 신뢰가 완전히 확보되지 않았다고 하더라도 신뢰를 쌓아 나가는 과정에서 그 단계에 맞는 관계를 형성해 가고 남북 간의 교류협력을 진행시켜 나가자는 것이다. 신뢰가 쌓이면 교류협력이 확대되고 교류협력을 통해 다시금 신뢰의 폭을 넓혀 나감으로써 양자가 상호 추동하는 과정이 바로 신뢰프로세스라고 할 수 있다.

둘째, 한반도 신뢰프로세스는 남북한 사이의 신뢰형성에 따른 단계적 구상을 밝히고 있다. 한반도 신뢰프로세스는 쉬운 것에서부터 신뢰를 쌓고 이를 점차 키워서 남북관계를 정상화하고 나아가 큰 통일을 이루자는 것이다(김영수, 2013, 6-7). 신뢰프로세스 구상은 영유아·임산부 등 취약 계층을 대상으로 하는 순수한 인도적 차원의 지원은 정치적 상황과 구분하여 추진하고자 한다. 그리고 점차 남북관계가 호전되고 정상화되면 사회문화·경제 분야의 교류협력을 적극 추진하고 궁극적으로 비전코리아 프로젝트를 펼쳐나간다는 단계별 구상이다. 남북 간의 신뢰가 구축되고 한반도 비핵화가 진전될 경우 비전코리아 프로젝트를 가동해 한반도 경제공동체 건설에 나선다는 입장이다. 그리고 이를 토대로 민족공동체 통일방안에 따른 평화통일을 달성한다는 것이다.

박근혜 정부의 대북정책은 남북관계에서의 신뢰형성을 우선시하고 있다. 한반도 신뢰프로세스는 남북한 사이에 신뢰가 쌓이고 북한의 비핵화가 진전되면 국제사회까지 참여하는 대규모 경제협력 프로젝트를 추진하겠다는 구상을 담고 있다. 한반도 신뢰프로세스는 그 과정에서 국제사회의 공감대 확보와 공조 네트워크 형성이 중요하다고 본다(김영수, 2013, 8). 이는 국제사회의 일관된 목소리 없이는 북한의 실질적 변화를 기대할 수 없다고 보기 때문이다. 한반도 신뢰프로세스는 남북 간의 신뢰형성은 물론 국민적 신뢰와 국제사회의 신뢰도 강조하고 있다.

한반도 신뢰프로세스는 박근혜 정부가 제시한 남북관계 정상화의 해법이다. 국민의 정부에서 추진했던 햇볕정책은 물론 지난 이명박 정부의 엄격한 상호주의 정책이 북한의 실질적 변화를 이끌어내지 못한 것은 남북한 사이의 신뢰 부족에 원인이 있다고 보고 있다. 따라서 한반도 신뢰프로세스는 남북 간의 상호 불신이 큰 상황에서 신뢰의 창출을 목표로 하는 새로운 남북관계 프레임이라고 할 수 있다. 이는 보수 세력과 진보 세력의 이념적 기반과 그에 따른 대북정책의 상대성을 발전적으로 극복하려는 지속가능한 대북정책 패러다임의 표출이다.

한반도 신뢰프로세스는 남북관계가 악화된 국면에서도 대화의 창을 열어 놓고 일관성을 유지하는 가운데 국제 공조를 통해 북한의 변화를 이끌어내고자 한다. 그리고 6·15남북공동선언 등 기존 합의를 존중하고 이에 기초해 실천 가능한 합의부터 이행할 것을 강조하고 있다는 점에서 과거의 대북정책과는 다르다는 입장이다. 예컨대 이명박 정부의 비핵·개방·3000이 사실상 북한의 변화를 전제로 한 것이었다면 박근혜 정부의 대북정책은 남북대화를 통해 신뢰를 구축해 가면서 신뢰의 진전에 따라 비전코리아 프로젝트를 추진한다는 점에서 차이를 보이고 있다(김수암, 2013, 55).

남북 간의 신뢰가 결여되어 있고 대화마저 차단된 상황에서 남북관계의 실마리를 풀어나가기 위해서는 우선 인도적 지원과 사회문화·경제 분야에서의 교류협력부터 시작하는 것이 현실적인 해법일 수 있다. 하지만 한반도 신뢰프로세스가 목표로 하는 남북관계의 정상화와 한반도 평화 정착을 위해서는 장기적으로 남북 간 군사와 안보 분야의 신뢰를 증진시키는 것이 필요하다. 여기서 문제는 남북 간의 갈등 및 대립 구도가 매우 뿌리 깊은 상황에서 군사적 긴장 완화와 확고한 정치적 신뢰기반을 구축하는 작업이 용이할 수 없다는 점이다. 남북한 사이의 정치적·군사적 신뢰구축 문제는 인도적 대북 지원이나 사회문화·경제 분야의 교류협력과는 달리 북한의 비핵화와 밀접하게 연계될 수밖에 없기 때문이다.

한반도 신뢰프로세스에 담긴 대북정책의 전향적인 인식 전환에도 불구하고 남북 간의 기본적 신뢰를 쌓기 위한 단초를 마련하기 쉽지 않은 것이 작금의 남북관계의 현실이다. 더욱이 기초적 단계의 신뢰조차 형성되어 있지 않고 대화마저 불확실한 상황에서 남북한 사이의 신뢰를 다지고 '큰 통일'로 가는 과정이 과연 어떻게 가능할 수 있는가에 대해서는 깊은 성찰이 요구된다. 이와 같은 문제의식은 국가 간의 신뢰가 과연 가능할 수 있는가 하는 보다 근본적인 의문을 제기할 수 있다. 그리고 이러한 의문에 답하는 것은 신뢰와 신뢰형성에 관한 이론적 논의를 넘어 한반도 신뢰프로세스의 정책적 의의와 한계를 짚어보는 유용한 단초가 될 수 있다.

2. 남북한 관계와 한반도 신뢰프로세스

1) 신뢰의 의미와 국가 간의 신뢰

신뢰는 박근혜 대통령이 일관되게 강조해 온 핵심 가치 가운데 하나이다. 신뢰는 한반도 신뢰프로세스 구상의 키워드이자 한반도 평화를 구성하는 핵심 요소로서의 의미를 지닌다. 다만 여기서 말하는 신뢰는 일상적이고 보편적인 의미의 신뢰가 아니라 한반도 안보의 특수성이 반영된 전략적이고 관계적인 차원의 신뢰라는 시각이다(박인휘, 2013, 43). 요컨대 남북한이 서로 이익을 추구할 수 있도록 남북관계의 제도적 발전에 빠져들게 만드는 신뢰(enforcing trust)로서의 의미를 지닌다는 것이다(박인휘, 2012, 2-5). 이러한 맥락에서 신뢰는 남북관계 발전과 한반도 평화 정착, 통일기반 구축을 가능케 하는 토대인 동시에 국민적 지지와 국제사회와의 협력 하에 대북정책을 힘 있게 추진할 수 있는 사회 자본(social capital)이자 인프라로 간주되고 있다. 그렇다면 과연 사회 자본으로서의 신뢰가 국가 간 관계, 특히 남북관계에서 형성될 수 있을까?

신뢰는 사회 자본 이론의 핵심 개념이다. 물론 신뢰가 사회 자본의 구성 요소인가 아니면 사회 자본의 구성 요소에 영향을 미치는 주요 변수인가에 대해서는 논란이 있을 수 있다. 그러나 신뢰가 사회 자본과 밀접한 관련이 있다는 사실은 분명하다. 그리고 대부분의 연구에서는 신뢰를 사회 자본의 구성 요소로 받아들이고 있다(박희봉, 2009, 75-76). 부르디외(P. Bourdieu)는 사회 자본을 구성원들이 상호 지속적인 네트워크를 유지함으로써 구성원 상호 간의 제도화된 관계를 인정하게 된 결과 각 구성원들이 집단적으로 소유하게 된 실제적 또는 잠재적 자원의 합으로 규정하고 있다(Bourdieu, 86). 이러한 관점에 따르면, 사회 자본으로서의 신뢰 또한 지속성과 관계성에 기초한 개인의 규범적 태도라고 볼 수 있다.

신뢰(trust)의 사전적 의미는 믿고 의지하는 것이다. 그리고 사회자본 이론에서 신뢰는 감시나 통제 없이 타인이 자신의 기대에 부응하는 행동을 취할 것이라는 자발성이며 불확실성에 대한 위험을 감수하려는 태도로 규정된다(Mayer et als., 1985). 이처럼 신뢰는 사람들 사이의 관계에서 파생되는 개인적 차원의 판단이나 기대, 태도를 의미한다. 하지만 신뢰는 다른 사람들뿐만 아니라 집단이나 조직을 그 대상으로 할 수도 있다. 따라서 신뢰의 주체는 개인이며 신뢰의 대상은 타인들 또는 집단 내지 조직으로 볼 수 있다. 흔히 다른 사람들에 대한 신뢰의 문제는 대인 신뢰 연구로 그리고 집단이나 조직에 대한 신뢰는 정부 신뢰 연구로 전문화되고 있다(이광희, 2009, 6). 요컨대 신뢰는 개인이 다른 사람들이나 특정 집단 내지 조직에 대해 가지는 믿음과 기대, 태도 등으로 규정된다.

신뢰 연구의 난점 가운데 하나는 신뢰를 어떻게 측정할 수 있는가 하는 문제이다. 하지만 신뢰 측정의 타당성에 관한 논란에도 불구하고 통상 신뢰는 개인 수준에서 느끼는 신뢰할만한(trustworthy) 정도와 위험 감수의 의지 정도로 표시된다(Doney et als., 1998). 즉 신뢰는 신뢰 대상에 대한 긍정적인 기대나 판단 그리고 신뢰에 따르는 위험을 감수하고자 하는 정도를 통해 측정할 수 있다. 기든스(A. Giddens)는 협동이 신뢰를 전제로 한다고 보고 사회에서 신뢰가 형성되는 출발점을 다음과 같이 세 가지로 제시하고 있다: 시공을 초월해 사회적 결속을 가져오는 혈연관계, 친근한 상황을 제공하는 지역사회 그리고 종교 및 전통 등이 그것이다(Giddens, 1990, 102).[1] 물론 이와 같은 혈연, 지연 중심의 수직적 인간관계에서 생겨날 수 있는 전근대적 신뢰가 성숙될 때 비로소 수평적 인간관계에 기초한 근대적 신뢰로 대체될 수 있을 것이다.

이상의 논의에서 볼 때, 사회 자본으로서의 신뢰에 대한 논의는 개인적 차원의 문제이며 따라서 집단 수준이나 국가 차원의 논의로 확대하기에는 무리가 있다.[2] 더욱이 적대적인 국가들 사이의 관계에

---

1 개인적 수준에서의 신뢰형성의 조건과 관련된 논의에서 얻을 수 있는 통찰 가운데 하나는 신뢰가 혈연, 지연과 같은 전근대적 특성의 공유에서 시작되어 합리성에 기초한 수평적 인간관계로 확장될 수 있다는 것이다. 이러한 관점에서 볼 때, 같은 민족으로서의 동질성을 기초로 남북 간 신뢰의 단초를 마련하는 것이 가능할 수 있다. 하지만 최근 논의되고 있는 이른바 '대한민국 민족주의'는 동시에 남북한 신뢰의 기반으로 기능할 수 있는 민족적 동질성의 영향력이 약화되고 있다는 사실을 보여주고 있다. 강원택은 이와 관련하여 혈연에 기초한 막연하고 애매한 한민족, 한국인이라는 관념에서 벗어나 보다 구체적이면서도 근대적 속성을 내포한 대한민국 중심의 민족주의가 형성되고 있다고 지적하고 있다. 보다 자세한 내용은 강원택(2006), p. 38 참조.

2 이러한 난점을 해소하기 위한 방안으로 한반도 신뢰프로세스에서는 신뢰의 의미를 일반적 의미의 신뢰가 아니라 상대방이 협력하지 않을 수 없게 만드는 전략적 신뢰(enforcing trust) 개념으로 파악하고 있는 것으로 보인다. 이에 관해서는 박인휘(2012), pp. 2-5 참조. 그럼에도 불구하고 신뢰를 개인 수준의 규범적 태도로서 파악해야 하는 것은 공리주의적 관점이나 의무론적 관점에 관계없이 공통적이라고 할 수 있다. 요컨대 신뢰의 의미는 그것이 상대방의 협력을 의도한 것이든 아니면 개인의 자발적인 믿음이나 기대에 기초한 것이든 개인적 차원의 태도

서는 규범적 가치로서의 신뢰의 의미가 퇴색될 수밖에 없다. 국제관계가 통상적으로 개별 국가의 안위와 이해관계를 둘러싸고 갈등과 대립이 불가피한 무정부 상태와도 같다고 보면,[3] 신뢰에 기초한 국가 간 관계는 이상주의적 전망에 가깝다고 할 수 있다. 따라서 국제관계의 현실 속에서 개별 국가 간의 신뢰를 기대하는 것은 지나치게 낙관적인 생각이다.

설령 국가 간 관계에서 전략적 의미의 신뢰가 형성될 수 있는 가능성을 인정한다 할지라도 그것이 남북관계의 특수성에 적용될 수 있는가는 또 다른 문제이다. 분단 이후 남북관계에서 표출된 대립과 갈등의 경험 그리고 불연속적이고 단절적인 상호작용 과정을 고려할 때 남북한의 신뢰형성 문제는 더욱 복잡하고 어려운 과제라고 할 수 있기 때문이다.

위에서 제시한 신뢰 측정의 지표를 남북관계에 대비시켜 적용해 본다면, 남북한 신뢰의 문제는 상대를 어느 정도 신뢰할 수 있는가 그리고 상대에 대한 긍정적인 기대를 기반으로 해서 신뢰에 따르는 위험을 얼마나 감수할 수 있는가 하는 것으로 구체화 될 수 있다. 따라서 남북한의 신뢰형성은 상대방에 대한 긍정적인 기대와 판단을 통해 서로를 신뢰할만한 대상으로 인식하고 나아가 상대방을 긍정적으로 보기 때문에 그에 따르는 위험을 기꺼이 감수하고자 하는

라는 점이다.

3 여기서 무정부 상태란 국제관계 영역에서는 주권국가들의 개별적인 집합보다 상위의 권위체가 존재하지 않는다는 것을 의미한다. 이에 관해서는 하영선 외 (2012), p. 113 참조.

의지와 태도를 지니는 것을 의미한다. 하지만 문제는 상대방에 대한 이와 같은 인식과 태도가 남북관계에서 가능할 수 있겠는가 하는 점이다.

2) 군사안보 분야의 신뢰구축

개인적 차원의 신뢰가 아닌 국가 간 신뢰에 대한 논의는 국제정치학에서 이른바 신뢰구축(confidence-building) 개념을 통해 진행되어 왔다. 1970년대 이후 국제정치 분야에서 논의되고 있는 신뢰구축 문제의 핵심은 무엇보다도 국가들 사이의 긴장 완화를 넘어 궁극적으로는 군사적 갈등의 해소와 군축을 상정하고 있다는 점이다. 이러한 관점에서 신뢰구축은 국가들 간의 상호 신뢰하는 마음과 신념을 증대시키기 위해 계획하고 합의를 본 협정 혹은 타협으로 정의되는 것이 일반적이다(Holst, 1983, 2). 여기서 신뢰구축은 적대국들이 그들 상호 간의 긴장을 줄이고 전쟁의 가능성을 회피하기 위하여 사용하는 하나의 수단 내지 방책으로 간주될 수 있다. 그런데 이는 한반도 신뢰프로세스의 핵심적 가치로서 강조되고 있는 신뢰의 의미나 남북한 사이의 신뢰형성이 함축하는 것보다 구체적이고 현실적인 시각이다.

보다 넓은 의미에서 신뢰구축은 양 국가 또는 다수 국가들 사이의 상호작용, 교류, 합의를 통해 이해와 신뢰를 촉진시키는 정치적, 경제적, 군사적, 기술적, 문화적 측면의 모든 행위를 포함하는 것으로 이해되기도 한다(Macintosh, 1985, 51-60). 그리고 국가들 간의 이해를 넓히고 신뢰를 증진시키기 위한 방안이나 조치들을 흔히 신뢰구축조치(CBMs, confidence-building measures)라고 말한다.[4] 하지만 국제관계에서 신뢰구축의 본질은 안보와 군사문제에 관한 국가 간 이해와 신뢰를 증진시키는 데 있다. 실제로 20세기 중반 이후 유럽 지역을 중심으로 전개된 신뢰구축에 관한 논의는 국가들 간의 포괄적 긴장 완화와 관계 개선이 결과적으로 국가들 간의 군비 경쟁을 완화시키고 군축으로 이어질 수 있다는 생각이 지배적이었다(Oye, 1985, 1-24). 요컨대 국가 간의 신뢰구축은 군비 경쟁을 유발시키는 요인들을 줄일 수 있다는 기대를 전제한 것이라는 점이다.

국제정치 이론에서 신뢰구축은 적대적·이기적 행위자들 사이의 협력의 발생이라는 차원에서 설명할 수 있다. 여기서 신뢰구축은 적대적 이기적 행위자들이 일정 기간 동안 상호관계를 지속적으로 유지함으로써 일종의 예측 가능한 규칙을 창출해 가는 과정으로 파악된다. 하지만 이처럼 무정부 상태에서 적대적·이기적 행위자들 사이의 협력이 가능한 것은 그들 사이의 접촉이 한 번으로 끝나는 것이 아니라 계속 반복될 것이라는 점이 전제될 때이다. 이를 잘 설명해

---

4 최근에는 신뢰구축조치와 구별해서 신뢰안보구축조치(CSBMs, confidence and security-building measures)라는 용어가 사용되기도 한다. 신뢰안보구축조치는 무력 충돌로 이어질 수 있는 불신을 없애기 위해 국가들이 채택하고 있는 군사적 규정들을 주로 가리킨다. 이는 정치적 또는 군사적 긴장 상태를 가져올 수도 있는 오해의 소지를 없애기 위해 군사정책을 명확히 하도록 국가가 취하는 조치이다. 이에 반해 신뢰구축조치는 반드시 안보문제에 국한되지 않는다는 점에서 신뢰안보구축조치보다 포괄적인 의미로 이해할 수 있다. 이처럼 양자를 엄격하게 구분할 경우, 신뢰구축조치는 국가들 간의 긴장을 완화하고 일련의 실질적 수단을 통해 상호신뢰를 구축하려는 노력이라고 정의할 수 있다. 보다 자세한 내용은 이상현(2005), p. 27; Mack & Keal(1988), p. 258 참조.

주는 모델 가운데 하나가 바로 팃포탯(Tit-for-Tat) 전략이다.

TFT 전략은 이기적 행위자들에게 배반이 단기적으로는 유리할지 모르지만 장기적으로는 손실을 가져온다는 사실을 예증함으로써 국제관계에서 협력의 가능성을 뒷받침하는 데 활용된다. 엑셀로드(R. Axelrod)에 따르면, TFT 전략의 성공은 다음과 같은 4가지 속성에서 기인한다: 첫째, 상대방이 협조하는 한 불필요한 갈등을 일으키지 않는다(즉, 먼저 배반하지 않는다.), 둘째, 상대방이 배반하면 곧바로 응징한다, 셋째, 응징한 다음에는 용서한다, 넷째, 그럼으로써 나의 행동 전략을 상대방에게 명확히 한다(Axelrod, 1984, 19-20).[30]

분단 이후 남북한은 신뢰구축을 위한 제도적 기반을 마련한 바 있는데, 남북기본합의서와 비핵화공동선언 등이 그 예에 해당된다(이상현, 2005, 31). 남북기본합의서 제2장에서 남과 북은 의견대립과 분쟁문제들을 대화와 협상을 통해 평화적으로 해결할 것을 천명한 바 있다. 나아가 남북군사공동위원회를 설치하여 "대규모 부대이동과 군사연습의 통보 및 통제문제, 비무장지대의 평화적 이용문제, 군 인사교류 및 정보교환 문제, 대량살상무기와 공격능력의 제거를 비롯한 단계적 군축의 실현문제, 검증문제 등 군사적 신뢰조성과 군축을 실현하기 위한 문제를 협의 추진한다(제12조)"고 규정하였다. 이는 기본적인 신뢰구축을 넘어 상당한 수준의 군사적 신뢰구축에 합의하였음을 의미한다.

---

5 적대적 이기적 행위자들 사이에서도 협력이 발생할 수 있다는 가능성에도 불구하고 남북관계는 협력이 발생할 수 있는 전제 조건들과는 거리가 있다고 판단된다. 따라서 한반도 신뢰프로세스를 통한 이른바 남북 간의 신뢰구축 전략의 현실

하지만 문제는 이러한 합의 사항들이 지켜지지 않았고, 합의 사항 불이행을 제재할 조치들이 기능할 수 없었다는 데 있다. 남북한의 군사적 신뢰구축에 대한 합의가 구두선에 불과했다는 점이다. 이와 같은 경험적 사례는 남북관계에서 신뢰구축을 통한 협력의 산출이 어렵다는 것을 보여주고 있다.[6] 위에서 본 바와 같이, TFT 전략의 성공, 즉 무정부 상태에서의 국가 간 협력이 가능하기 위해서는 상대 행위자의 배반에 대한 응징과 확고한 원칙의 견지가 필수적이다. 하지만 그동안의 남북관계는 확고한 대북정책에 기초한 일관된 원칙보다는 역대 정부의 이념적 성향에 의해 크게 영향을 받아왔다고 할 수 있다. 그 결과 남북관계의 전개 과정에서 북한의 도발 행위에 대한 분명하고 즉각적인 응징이 부족했고 우리의 대북정책을 확실히 인식시키는 데도 실패하였다.

남북한 간에는 최근까지도 한반도 긴장을 고조시키는 군사적 충돌이 종식되지 않고 있다. 특히 북한은 2010년 천안함 피격 사건과 연평도 포격 사건을 주도하였고, 2012년 12월 장거리 미사일 실험발사 그리고 2013년 2월 12일 제3차 핵실험을 강행하였다. 이처럼 분단 이후 최근까지 반복되고 있는 북한의 군사적 도발 행위와 핵위

적합성은 높지 않다고 할 수 있다.

6 송대성은 남북 간의 신뢰구축이 실패한 이유에 관해 다음과 같은 7가지 근본 문제를 제시하고 있다: 첫째, 상대방에 대한 괴멸의 흑심 보유, 둘째, 분단 이후 지속된 불신의 경험, 셋째, 북한체제의 예측 불허 및 남한사회의 다양성, 넷째, 북한의 사술과 강박, 다섯째, 대북정책 추진의 과욕과 초조함, 여섯째, 상대방에 대한 무지, 일곱째, 국제적인 장애 요소 등이다. 이에 대한 자세한 내용은 송대성(2001), pp. 27-67 참조.

협은 남북 간의 군사적 신뢰구축은 물론 기본적인 신뢰기반 조성에도 부정적인 영향을 미치고 있다. 무엇보다도 남북 간의 기본적인 신뢰구축과 협력의 산출을 위해서는 접촉의 지속성과 상호성이 전제되어야 한다. 하지만 한반도 분단 이후 남북관계는 협력과 상호이익을 목표로 하는 합리적인 상호작용과는 거리가 있다.

남북한의 신뢰구축이 가능하기 위해서는 기본적으로 상호 접촉이 단절되지 않고 지속되어야 하며 상호성(reciprocity)을 통해 규칙을 마련해야 한다. 하지만 분단 이후 남북관계의 전개 과정은 불안정과 불확실성 속에서 단속적인 상호작용을 보여 왔다는 점에서 남북 간 대화와 상호 이해가 실종된 신뢰의 결여로 특징지을 수 있다. 남북관계는 제도화된 평화 단계로 진입하지 못하고 있다는 평가가 타당할 것이다. 남북관계나 북미관계에서 촉발된 특정 사안에 따라 남북한 대화가 중단되고 갈등과 긴장이 고조되는 악순환이 지속되고 있는 것이 한반도의 현실이다.

한반도 신뢰프로세스의 핵심은 신뢰의 회복에 있다. 남북한의 신뢰구축은 굴절되고 왜곡된 남북관계를 정상화하고 한반도 통일을 준비하기 위한 중요한 전제라고 할 수 있다. 하지만 앞에서 지적했듯이, 한반도 신뢰프로세스는 개인적 차원의 규범적 태도인 신뢰를 국가 수준에서 요구하고 있다는 점에서 한계를 지닐 수 있다. 또한 남북관계를 무정부 상태의 현실주의적 관점에서 바라볼 경우, 남북한의 신뢰구축은 접촉의 지속성과 상호성을 바탕으로 규칙에 합의하고 이를 강제할 수 있어야 가능할 수 있다. 하지만 그동안의 남북관계는 명시적인 신뢰구축 노력에 합의했던 선례에도 불구하고 이를 강제할 수 있는 제도적 장치가 불비하고 무력했다는 한계를 노정하고 있다.

이러한 맥락에서 남북한의 신뢰구축과 관련하여 한 가지 고려해 볼 수 있는 것은 신뢰의 주체 그리고 신뢰의 대상과 범위를 새로운 시각에서 검토하는 것이다. 요컨대 남북한의 신뢰구축 문제를 남북한 정부 차원이 아닌 남북한 주민들 간의 관계에서 바라보는 것이 하나의 대안이 될 수 있다. 한반도 신뢰프로세스에서 강조하는 남북한의 '신뢰형성'은 국제관계에서 통상 논의되고 있는 '신뢰구축(confidence-building)' 문제와는 배경과 맥락을 달리하고 있는 것으로 보인다. 말하자면 국제관계에서의 신뢰구축이 적대국들 간의 군사적 갈등 해소와 군축을 상정하고 있다면 박근혜 정부의 한반도 신뢰프로세스는 장기적으로 군사와 안보 분야에서의 남북한 신뢰구축을 지향하고 있지만 동시에 일반적 수준에서의 신뢰형성을 그 출발점으로 강조하고 있다는 점에서 차이를 보이고 있다.

3. 한반도 신뢰프로세스의 평가

1) 한반도 신뢰프로세스의 정책적 유용성

한반도 분단 이후 남북관계는 긴장과 갈등 국면이 항시적으로 존재하는 가운데 대화와 협력의 시기들이 교차해 왔다고 평가할 수 있다. 특히 6·25전쟁의 경험 그리고 지속된 북한의 도발과 국지적인 무력 충돌은 남북한 신뢰구축에 부정적인 영향을 미쳐왔다. 역사적으로 볼 때 남북한의 불신 구조는 냉전 체제의 국제적 여건 속에서 이미 한반도 분단과 함께 시작되었다. 1948년 북한 정권의 수립 이후 김일성은 이승만 정권을 미제국주의자들의 괴뢰로 비난하는 등 극단적인 증오심과 적개심을 노골적으로 표출하였다. 남한의 이승만 정부 역시 북한을 구소련 제국주의의 괴뢰 정부로 간주함으로써 남북한의 갈등 국면이 예고되었다. 이처럼 남북한은 분단 초기 '거울 이미지(mirror image)'를 통해 상대에 대한 적대감을 증폭시켰고 그만큼 불신의 골도 깊었다.

북한의 무력 통일 기도로 발발한 6·25전쟁은 바로 이와 같은 상호 적대감을 확대하고 강화하는 결정적 계기가 되었다. 전쟁 이후에도 남북한은 상호 불신 속에서 극단적인 체제 대결과 경쟁관계를 유지해 왔다. 그 결과 남북한 상호 간의 적대의식이 강화되고 극도의 증오심이 내재화되었다. 그리고 남북한의 이질화가 심화되면서 분단 상태가 더욱 공고화되었다. 더욱 심각한 문제는 전 세계적으로 냉전이 종식되었음에도 불구하고 냉전 기간 내내 지속된 극단적 체제 대결로 말미암아 남북한 사이의 불신 구조가 해소되지 못하고 있다는 점이다.

6·25전쟁 이후 남북관계에서는 상호 양립성이 부정되었고 적대적 대결의식이 점차 심화되었다. 이러한 현상은 남북한 사이의 극심한 군비 경쟁 양상으로 이어져 안보 딜레마(security dilemma)를 초래하기도 하였다(최성철, 2002, 54). 국제정치 이론에 따르면, 무정부 상태인 국제정치 질서 속에서 개별 국가들의 일차적 목표는 자국의 안보를 확보하는 데 있다. 특히 개별 국가들은 자국의 안보를 위해 군사력을 극대화하는 경향이 있다. 그런데 자국의 안보를 강화하기 위해

군사력을 증대하는 것은 상대국의 안보 위기를 자극함으로써 군사력을 증강시키게 만든다. 이는 결과적으로 자국의 군사력을 다시금 증강시켜야 하는 딜레마를 초래한다는 것이다. 이러한 맥락에서 남북한의 군비 경쟁은 무정부 상태의 적대적 국가들 사이에서 볼 수 있는 것과 같은 군사적 갈등과 대립 양상을 보여 왔다.

남북한 사이의 군사적 갈등은 6·25전쟁과 같은 전면전뿐만 아니라 국지전, 제한전, 국경충돌, 무력시위 등을 포함해 고강도(high intensity)에서 저강도(low intensity)에 이르기까지 다양한 형태로 나타났다. 실제로 북한은 1953년 휴전 이후 2,660여 회에 이르는 대남 군사 도발을 강행하였다(이대우, 2013). 특히 북한의 군사적 도발 행태는 남한이나 주변국들과의 대화와 협상이 진행되는 과정에서 자신들의 목적을 달성하기 위한 수단으로 사용되었다는 점에서 남북한 간의 불신을 깊게 하는 원인이 되었다. 국제사회가 탈냉전기에 들어섰음에도 불구하고 근본적으로 남북한 사이의 적대감과 대립 구도는 해소되지 못하고 있다. 이는 한반도에서 아직도 냉전 구조가 해체되지 않고 있기 때문이다(박한규, 2002, 109-126). 즉, 한반도 분단과 함께 각인되고, 6·25전쟁으로 심화되었으며, 이후 체제 경쟁 및 대립을 통해 굳어진 상호 적대감과 불신으로 인하여 탈냉전의 세계적 추세에도 불구하고 남북관계에는 대립과 갈등 국면이 지속적으로 표출되고 있는 것이다.

물론 남북관계는 역대 정부의 대북정책 기조에 따라서 갈등과 대결 그리고 대화와 협력이 교차하는 복잡하고 동태적인 양상을 보여 왔다. 그럼에도 불구하고 남북관계, 특히 정부 수준의 남북관계는 상호의존과 협력을 위한 선의(good will)의 저장고라고 할 수 있는 기본적 신뢰와 지지가 결여되어 있다. 이러한 맥락에서 목하 남북관계는 국제관계를 바라보는 이상주의적 시각보다는 현실주의적 시각을 충실히 반영하는 것으로 보인다. 따라서 개인 수준의 규범적 가치인 신뢰에 기초해서 남북관계의 기본 방향을 재설정하려는 박근혜 정부의 한반도 신뢰프로세스는 이와 같은 남북관계의 역사적·구조적 갈등 상황에 주목하는 가운데 상호 신뢰기반을 모색하기 위한 방안을 다각도로 강구해야 할 것이다.

2) 남북한 신뢰기반의 인식 전환

한반도 신뢰프로세스는 남한과 북한 사이의 신뢰구축, 즉 국가 간 신뢰의 형성에 초점을 두고 있다. 적대적이고 이기적인 행위자들 사이에 나타날 수 있는 상호 협력의 가능성에도 불구하고 국가나 정부 차원의 신뢰구축 노력은 남북관계의 현실과는 괴리가 크다. 더욱이 현실적으로 남한과 북한이 정치적·군사적 신뢰증진을 통해 긴장완화의 단계에 진입할 수 있는 남북한 협정을 단기간 내에 산출하기 어렵다는 점에서도 한반도 신뢰프로세스의 정책적 실용성은 한계가 있다. 따라서 과거 남북관계의 진행 패턴과 작금의 남북한 교착 상태를 고려할 때, 박근혜 정부 대북정책의 핵심 기조인 한반도 신뢰프로세스가 성공하기 위해서는 북한의 실제적 변화를 유인할 수 있는 정책의 유연성을 제고해야 한다.

그것이 불가능하다면 한반도 신뢰프로세스는 일종의 '신뢰 촉발의 딜레마'에 봉착할 수 있다.[7] 남북관계의 리셋을 목표로 하는 한반도 신뢰프로세스는 남북 간 신뢰의 결여를 해소하기 위한 단초를 마련하는 것이 급선무로 보인다. 이 과정에서 남북한 신뢰를 쌓기 위한 출발은 쌍방의 대화 재개에 있다. 남북한 사이의 접촉과 대화는 한반도 신뢰프로세스를 추동하는 시발점이라고 할 수 있기 때문이다. 하지만 2012년 12월 북한의 장거리 미사일 발사와 2013년 2월에 재개된 핵실험 그리고 그 이후 개성공단을 둘러싼 남북한의 줄다리기 등 일련의 사태에서 비롯된 긴장과 대결 국면은 남북한 접촉 및 진정성 있는 대화의 부재 내지 결핍 상태를 반영하고 있다.

남북 간의 신뢰를 쌓기 위한 남북 간 접촉과 지속적인 대화의 실종 내지 결핍은 한반도 신뢰프로세스 자체의 적용이 불가능하다는 것을 의미한다. 이러한 상황을 타개하지 못할 경우 한반도 신뢰프로세스는 기존 정부의 정책적 입장과 크게 다르지 않을 것이다. 따라서 한반도 신뢰프로세스의 원활한 작동을 위해서는 신뢰 촉발의 계기를 마련하는 것이 선행되어야 한다. 하지만 한반도 신뢰프로세스는 신뢰의 대상이 존재하는 쌍방향 관계를 전제로 하고 있다. 신뢰의 형성 과정은 어느 일방의 희망적 사고에서 비롯되는 것이 아니라 남북한 쌍방의 서로에 대한 믿음을 통해 비로소 시작될 수 있다.

이러한 맥락에서 고려할 수 있는 것이 바로 남북한 신뢰의 주체에 대한 관점의 전환이다. 이는 남북한 당국 수준의 신뢰구축 문제보다는 남북한 주민 사이의 신뢰형성에 초점을 맞출 필요가 있다는

---

7 여기서 신뢰 촉발의 딜레마란 초기 단계 상호 간의 신뢰가 부재한 상태에서 신뢰를 쌓기 위한 동력이나 출발점은 결국 신뢰에서 비롯될 수밖에 없는 상황을 말한다.

것을 뜻한다. 요컨대 우리 정부는 국제 질서의 현실 속에서 남북관계를 정상화하고 한반도의 평화를 정착시키기 위해 강력한 억지력에 기초한 엄격한 상호주의 원칙을 고수하는 한편 남북한 주민 상호 간의 신뢰를 증진시킬 수 있는 촉매의 역할을 통해 통일기반 조성에 진력할 필요가 있다는 점이다. 그리고 이 과정에서 중요한 것 가운데 하나는 대북정책과 통일정책의 상호 연관성에 대한 충분한 이해라고 할 수 있다.

주지하듯이 통일정책이 대북정책에 대해서 일종의 지침을 제공한다면 대북정책은 최종 목표인 통일을 향해 가는 로드맵이라고 할 수 있다. 대북정책은 분단을 평화적으로 관리하고 화해협력을 추진함으로써 결과적으로 통일여건을 조성하는데 그 목적이 있다. 대북정책의 추진 결과가 통일 환경의 조성으로 이어지는 것이 바람직하다. 따라서 대북정책은 소극적인 분단관리를 넘어 중장기적인 통일비전과 미래상 그리고 통일전략을 반영한 것이어야 한다.

국가 대 국가의 수준에서 남북관계의 신뢰형성을 모색하는 것은 그것이 실천 가능한 작은 것이든 아니든 남북관계의 경험 내지 현실과 동떨어진 소망의 반영에 불과할 수 있다는 점을 인정할 필요가 있다. 하지만 남북한 주민 사이의 신뢰형성은 하위정치(low politics) 영역의 과제로서 보다 접근이 용이할 뿐만 아니라 새로운 남북관계와 통일준비를 위한 장기적 자산이 될 수 있다. 남북한 주민 간의 신뢰수준은 남북한의 진정한 통일을 위해 중요한 변수가 아닐 수 없기 때문이다. 요컨대 남북통일에서 중요한 과제 가운데 하나는 정치적 통합을 넘어 남북한 주민들 사이의 신뢰에 기초한 생활 세계의 통합이라고 할 수 있다. 그리고 이것은 한반도 신뢰프로세스가 궁극적으로 지향하고 있는 비전코리아 프로젝트의 완성을 위한 토대라는 점에서 그 의의를 찾을 수 있다.

한반도의 평화 정착과 통일준비를 위해서는 정부의 역할에 대한 진지한 고민과 함께 인식의 전환이 요구된다. 대북정책이 통일정책의 토대로 효과적으로 기능하기 위해서 필요한 것은 남북관계를 정상화시킬 수 있는 현실적이고 실행 가능한 방안들을 고안하고 적용하는 것이다. 개인적 차원의 규범적 태도로 볼 수 있는 신뢰를 정부간 관계에서 요구하는 것은 상징적인 차원의 대북한 선언을 넘어 대북정책으로서의 실용성과 구체성을 담보하기에는 한계가 있다. 중요한 것은 정부 차원에서 남북관계의 원칙을 분명히 하고 상호 간의 합의를 도출하기 위한 노력과는 별도로 남북한 주민 간의 신뢰기반을 확보하고 이를 확대할 수 있는 촉매로서의 역할을 정부 스스로가 자임하는 것이다. 이러한 인식의 전환은 대북정책과 통일정책의 선순환을 유도하고 나아가 남북통일 이후에 예상되는 사회적 갈등을 최소화하고 통일의 비전을 성취할 수 있는 시간과 자산을 축적하는데 도움이 될 수 있을 것이다.

4. 남북한 신뢰형성의 새로운 기반

1) 신뢰형성을 위한 대안

2000년 이후 우리 정부의 대북정책은 상호주의 원칙을 근간으로 하고 있다. 다만 상호주의의 구체적 적용에 있어서는 역대 정부에 따라 편차를 보여 왔다. 국민의 정부와 참여정부는 이른바 유연한 상호주의를 채택함으로써 남북한의 교류협력 활성화에 기여하였다. 하지만 북핵문제의 해결에 무력했고 북한의 근본적 변화를 이끌어 내지 못하는 한계를 보여 주었다. 반면 이명박 정부는 엄격한 상호주의 내지 조건부 상호주의를 견지하였다(박종철, 2012, 162). 이는 북한의 핵포기와 개혁 개방 등 협력을 위한 전제 조건을 명시함으로써 북한의 반발을 초래하였고 그만큼 남북관계를 퇴행시키고 경색 국면을 지속시키는 결과를 초래하였다.

박근혜 정부의 대북정책 기조 또한 상호주의 원칙을 분명히 하고 있다. 한반도 신뢰프로세스는 상호주의의 기반 위에 안보와 교류협력, 원칙 중심과 대화 중심의 균형과 조화를 통해 남북관계를 상식과 국제 규범에 맞게 정상화시키려 하고 있다. 하지만 대북정책의 추진 과정에서 중요한 것은 단지 상호주의 원칙을 확인하거나 재천명하는 것이 아니다. 남북관계의 기본 원칙에 대한 명시와 확인 못지않게 중요한 것은 상호주의 원칙에 입각한 세부 정책 대안들이 현실 속에서 작동할 수 있는 이니셔티브를 발휘하는 것이다. 이것은 상호주의의 원칙 하에 남북관계가 안정되고 정상화될 수 있는 구체적 환경을 조성하고 남북통일의 기반을 창출하기 위한 조건이다. 그리고 이와 같은 환경 조성과 통일기반 창출을 위한 출발이 바로 남북 간의 접촉과 대화라고 할 수 있다. 그것이 가능할 때 비로소 남북 간의 상호이해가 확대되고 나아가 신뢰기반이 강화될 수 있음은 주지의 사실이다.

따라서 남북한 접촉과 대화의 기회를 확보하는 것이 한반도 안보문제와 남북한 교류협력 문제를 분리해서 접근하고자 하는 한반도 신뢰프로세스가 원활하게 작동할 수 있는 전제 조건이라고 할 수 있다. 이러한 전제 조건이 충족되지 못할 경우 자칫 박근혜 정부의 한반도 신뢰프로세스 역시 이전 정부의 정책적 한계를 답습할 가능성을 배제하기 어렵다. 신뢰는 상호성을 전제로 하는 바, 북한의 호응이 없을 경우 신뢰구축의 돌파구를 찾기가 쉽지 않기 때문이다(엄상윤, 2013, 29). 따라서 북한이 진정성을 가지고 대화 국면에 나서거나 비핵화에 대한 별다른 성의를 보이지 않을 경우에는 이명박 정부의 선조건충족 후관계개선의 구도와 크게 차별화되기 어려운 것이 사실이다(김영윤, 2013, 4; 문순보, 2013, 2).

결과적으로 박근혜 정부의 대북정책 기조로 제시된 한반도 신뢰프로세스가 제대로 작동할 수 있는가 하는 문제는 북한이 선제적 조건을 충족시킬 수 있는가에 달려있다고 할 수 있다. 그런데 이를 강력하게 요구하는 것은 결과적으로 이명박 정부의 대북정책 기조와 맥을 같이하는 것일 수 있다. 박근혜 정부의 대북정책 기조인 한반도 신뢰프로세스의 성공을 위해서는 결국 기본적 신뢰를 쌓는 것이 필요한데, 이것은 역설적이게도 상대방인 북한의 태도에 의존할 수밖에 없는 것이다. 따라서 한반도 신뢰프로세스가 대북정책으로서의 실용성과 현실 적합성을 담보하기 위해서는 남북 간의 신뢰를 촉발할 수 있는 구체적인 정책 대안들을 정교하게 마련하는 것이 선결되어야 한다.[8]

---

8 최진욱은 대북정책의 효율성을 높이기 위한 방안으로 대북정책을 원칙의 분야, 전략적 분야, 인도적 분야 등으로 나누어 접근할 것을 제안하고 있다. 원칙의 분

이를 위해서는 실행 가능하고 효과적인 정책 운용에서의 변화가 요구되는 바, 그것은 무엇보다도 남북한 주민 간 신뢰형성을 위한 탈정치적, 탈이념적 접근 그리고 남북한 주민의 접촉 기회의 확대라는 두 가지 기본 원칙에서 시작해야 한다. 이러한 원칙을 기반으로 남북한 주민 간의 친화성을 높이고 상호 신뢰를 형성하기 위해서는 시민 사회단체 및 지자체 차원에서의 인도적 지원과 교류협력이 확대되어야 한다. 그리고 북한이탈주민의 국내 정착을 지원하고 그들과 공존할 수 있는 지혜를 발휘해야 한다. 이러한 노력은 남북한 정부 차원의 신뢰구축 여부와 관계없이 남북한 주민 사이의 상호 이해를 확대하고 나아가 신뢰의 기반을 모색 강화할 수 있는 효과적인 채널이 될 수 있다.

국제관계에서 적대적인 국가 간의 신뢰구축이 불가능한 것은 아니지만 그렇다고 그것이 쉽게 얻어질 수 있는 것 또한 아니다. 더욱이 남북관계의 현실을 고려할 때, 정치적·군사적 분야의 신뢰구축은 남북한 양측의 전향적 태도 변화가 수반되지 않는 한 오랜 기간을 요하는 지난한 과제로 보인다. 하지만 이와는 달리 남북한 주민 사이의 신뢰기반을 형성하기 위한 노력은 남북한 정부 간 신뢰형성이나 정치·군사 분야의 신뢰구축보다 상대적으로 현실성이 큰 접근 방안이라고 할 수 있다.

야는 북한 인권 문제, 북한 비핵화, 천안함과 연평도 사건에 대한 사과 등을 포함한다. 전략적 분야는 정치적 상황과 연계하여 신축성 있게 대응할 필요가 있는 분야를 말한다. 그리고 인도적 분야는 정치적 상황과 무관하게 지원해야 하는 분야를 말한다. 이에 관한 논의는 최진욱(2013), p. 31 참조.

남북통일은 남북한 주민들이 서로에 대한 이해를 바탕으로 공동의 미래를 함께 만들어 간다는 동반자 의식 속에서 구체적으로 실현될 수 있다. 상호 불신과 대결의식이 해소되지 않고서는 정치적 통합을 넘어 평화로운 미래를 보장할 수 없다. 남북한 주민들이 서로의 입장과 처지를 이해하고 함께 한반도의 미래 비전을 모색하기 위해서는 분단 이후 지속되고 강화된 오랜 적대감과 불신의 벽을 극복해야 한다. 이는 상호 친화력을 바탕으로 신뢰기반이 확대되고 강화될 때 가능하다. 남북한 주민 간의 신뢰형성을 위해서는 먼저 중앙정부가 주도하는 남북관계 패러다임에서 벗어나 시민 사회단체 및 지자체 등의 상대적인 자율성을 보장하고 확대할 필요가 있다. 그리고 이를 바탕으로 정치적, 군사적, 이념적 성향이 배제된 분야를 시작으로 남북관계를 새롭게 복원하고 남북한 주민 간의 접촉 기회를 확대해야 한다.

남북한의 경제교류 및 협력은 남북한 상호 이익을 증진시키고 나아가 오랜 불신을 해소함으로써 남북통일로 이끄는 실질적인 견인차 역할을 할 수 있다. 기능주의적 관점에서 교류협력의 확대는 남북관계를 호전시키는 기회의 창(window of opportunity)으로 작용함으로써 상이한 체제 간의 통합을 보다 용이하게 할 수 있다. 그리고 경제 분야에서의 교류협력 확대는 필연적으로 인적 교류를 수반한다는 점에서 남북한 주민 간의 신뢰형성에 기여할 수 있다. 다만 남북한의 교류협력 과정에서 중요한 것은 정부의 역할과 관여는 최소화하는 가운데 시민 사회단체 그리고 지자체의 자율적 역량을 강화하고 이에 의존하는 비중을 높여가는 것이다.

문화예술, 체육, 관광 등 다양한 사회문화 분야에서의 남북 교류협력 또한 남북한 주민들 간의 상호 이해의 폭을 넓히고 신뢰의 기반을 확충하는데 기여할 수 있을 것이다. 이는 양측의 이질화된 사회체제에 상호침투 효과(inter-penetrative effect)를 배가시켜 동질화의 수준을 높이는 결과를 가져오기 때문이다. 하지만 남북한의 사회문화 교류협력에서 남측의 일방적인 시혜 차원의 사업은 기대하는 효과를 저해할 수 있다는 사실에 유의할 필요가 있다(김학성, 2002, 37). 또한 그 과정에서 단기적 성과에 연연하기보다는 내실 있고 지속가능한 사업 추진이 가능할 수 있도록 중장기적인 정책 대안을 마련해야 한다.

인도적 차원의 대북 지원 또한 남북한 주민들의 접촉 기회를 확대하고 인류애를 바탕으로 상호신뢰를 쌓는데 기여할 수 있는 방안이다. 따라서 정부 차원의 대북 지원뿐만 아니라 동포애와 자율성에 입각하여 이루어지는 민간 차원에서의 대북 지원 활동을 최대한 허용하고 장려할 필요가 있다. 특히 민간 차원의 지원 활성화 및 창구 다원화 조치는 남북한 주민 간의 접촉 기회를 확대하고 교류협력의 다변화에 기여할 수 있다는 점에서 남북한 주민 간의 신뢰형성에 기여할 수 있다(김학성, 2002, 12-23).

다음으로 북한이탈주민과의 관계는 남북한 주민 간의 친화성을 높이고 상호신뢰를 형성할 수 있는 간접적 채널이 될 수 있다. 1990년대 중반 북한의 식량난이 심화되면서 북한이탈주민의 국내 입국이 증가하였다. 입국 경로도 다양해졌고 가족을 동반한 집단 탈북도 증가 추세를 보여 왔다. 2013년 5월 현재 국내에 입국한 북한이탈주민은 총 2만 5,000여 명에 달하고 있다. 이러한 상황에서 북한이탈주민에 대한 정착 지원 등 정부와 우리 국민들의 대응 태도는 향후 남북한 주민 간의 신뢰형성을 위한 중요한 기반이 될 것이다. 따라서 정부는 북한이탈주민이 성공적인 국내 정착을 통해 진정한 민주시민으로 우리 사회에 적응할 수 있도록 지원 체제를 보완하고 강화해야 한다. 특히 이들이 자립할 수 있는 기반을 조성하고 자활 능력을 갖추는데 주안점을 두고 단계적이고 체계적인 정착 지원을 지속적으로 확대해야 할 것이다.

정부의 정책과 병행하여 국민들은 북한이탈주민과의 접촉 기회를 마련하고 이를 확대함으로써 이들에 대한 공감적 이해를 강화할 필요가 있다. 사회심리학 분야의 연구 결과에 따르면, 외집단 이주자의 유입은 내집단 구성원들과의 경쟁 가능성이 현실화될 수 있다는 점에서 내집단 구성원들의 외부 위협(external threat)은 물론 인지된 위협(perceived threat)을 증대시키는 것이 일반적이다(Bobo, 1888). 이러한 현상은 북한이탈주민에 대한 우리 국민들의 인식 태도에서도 나타날 수 있다. 따라서 북한이탈주민을 경제적 이해관계를 둘러싼 잠재적 경쟁 상대보다는 우리 사회의 다양성을 확보하고 강화할 수 있는 다문화 사회의 새로운 자산으로 바라보는 시각의 전환이 요구된다. 이러한 인식을 토대로 북한이탈주민과 공존하는 삶의 지혜를 발휘할 수 있을 때 남북한 주민 사이의 신뢰증진이 가능할 뿐만 아니라 장기적으로는 정치적 통합을 넘어 남북한 주민이 하나 되는 생활 세계의 통합을 이루는 초석이 될 수 있을 것이다.

2) 한반도 신뢰프로세스의 과제

북한의 실체 그리고 남북통일을 둘러싼 우리 사회의 논쟁에 내재된 핵심 주제가운데 하나는 북한에 대한 신뢰의 문제라고 할 수 있다. 즉 북한을 신뢰할 수 있는 대상으로 보는 쪽에서는 그들과의 대화 또는 협상을 통해 남북한의 평화적 통일이 가능하다고 보고 북한과의 화해와 교류협력을 강조해 왔다. 반면에 북한을 신뢰할 수 없다고 보는 쪽에서는 북한과의 대화나 협상에 대해 의구심을 제기하면서 북한에 대한 강경한 입장과 원칙을 천명해 왔다. 따라서 북한에 대한 인식의 저변에는 북한에 대한 신뢰의 문제가 놓여있다. 그리고 이러한 인식의 차이는 과거 우리 정부의 대북정책 기조에 고스란히 반영되어 나타났다.

지금까지 우리 정부의 대북정책은 북한에 대한 뿌리 깊은 불신을 극복하고 남북한의 신뢰를 구축하기 위한 노력을 경주해 왔다. 하지만 여러 정부를 거치면서 대북정책의 일관성이 확보되지 못했고 여기에 더해 북한의 돌발적 행위가 빈발하면서 남북 간의 신뢰가 고갈되었고 정상적인 관계 또한 형성되지 못해 왔다. 이러한 상황에서 제시된 한반도 신뢰프로세스는 남북한 사이의 신뢰 없이는 정상적인 남북관계는 물론 통일을 위한 발전적인 논의가 어렵다는 인식을 반영하고 있다. 특히 박근혜 정부의 출범과 함께 기존의 정책적 혼선을 극복하고 확고한 대북정책의 원칙이 제시되면서 신뢰구축에 대한 기대가 국내외에서 고조되고 있는 것이 현실이다.

그럼에도 불구하고 목하 남북관계는 신뢰형성에 대한 기대감보다는 기초적 신뢰회복을 위한 전제 조건이 결여된 상황처럼 보인다. 더욱이 분단 이후 남북관계의 패턴은 정상적인 국가 사이의 상호작용보다는 불확실성 속에서 갈등과 대립이 심화되는 가운데 간헐적으로 대화와 협력이 교차하는 양상을 보였다. 이러한 상황에서 남북한 사이의 신뢰 부재를 해소하기 위한 단초는 상호 신뢰의 주체와 대상에 대한 인식을 전환하는 것이다. 요컨대 남북한의 신뢰기반을 모색하기 위한 보다 현실적 정책 대안은 정부 내지 국가 수준의 접근에서 벗어나 남북한 주민 상호 간의 신뢰형성에 방점을 두는 가운데 이를 뒷받침할 수 있는 전략적 유연성을 발휘하는 것이다.

한반도 신뢰프로세스의 핵심은 신뢰에 있다. 한반도 신뢰프로세스는 남북관계의 근본 문제가 신뢰의 결여에 있다는 시각에서 출발한다. 따라서 대북정책의 중요한 과제 가운데 하나는 남북한 사이에 가로놓인 불신의 벽을 넘는 것이다. 남북관계의 정상화는 신뢰에 기초해야 한다는 자명한 주장이 설득력을 갖는 것은 아마도 역대 정부의 대북정책이 상호신뢰의 결여와 북한의 태도 변화로 인해 좌절을 겪었다는 사실 그리고 이러한 실패의 경험을 반복해선 안 된다는 생각 때문일 것이다. 하지만 한반도 신뢰프로세스가 과거 정부의 대북정책과 차별화되기 위해서는 무엇보다 신뢰에 함축된 규범적·도덕적 호소력을 넘어 그것이 북한의 실질적 변화를 유인할 수 있는 정책으로서의 유용성을 발휘할 수 있어야 한다. 한반도 신뢰프로세스의 핵심 가치인 신뢰는 개인의 도덕적 규범적 태도를 의미하는 개인윤리 차원의 덕목이라는 점에서 국가 간의 관계에 기초한 국제정치의 현실에 적용하기에는 무리가 있기 때문이다.

분단 이후 우리의 대북정책이 남북한 신뢰구축에 실패한 이유 가운데 하나는 남한과 북한 정부를 신뢰의 주체이자 대상으로 간주해 왔다는 데서 찾을 수 있다. 하지만 신뢰는 개인적 차원의 규범적 태도로 볼 수 있는 바, 이를 국가 간의 관계에서 기대할 수는 있지만 요구할 수는 없을 것이다. 국가 간의 관계, 특히 지금까지의 남북관계를 규정짓는 것은 도덕적 행위자의 선의도 아니며 합리적 행위자의 이익 추구도 아니라고 할 수 있다. 그보다 북한의 자의적 판단, 도발적이고 예측 불가능한 행태로 인한 상호 불신과 대결의 악순환이 남북관계를 지배해 왔다. 그리고 여기에 더해 북한의 실질적인 변화를 이끌어내는데 실패한 역대 정부의 대북정책이 남북관계의 정상화를 더디게 한 배경이 되었다.

남북관계의 정상화를 위한 토대는 남북 간의 신뢰를 창출하는 것이다. 그리고 남북한 사이의 신뢰형성과 협력은 상호성을 바탕으로 접촉이 지속될 때 가능할 수 있다. 하지만 국가 간 협력은 개인 윤리 차원의 도덕성에 기초하기보다는 국가들 사이의 이익의 공유나 이해관계의 합치에서 비롯되는 것이라는 점을 상기할 필요가 있다. 따라서 우리의 대북정책이 개인 수준의 규범적 태도로 간주할 수 있는 신뢰를 남북관계에서 요구하거나 기대하는 것은 정책적 실용성의 관점에서는 공허한 주장일 수 있다. 물론 국가 간 협력의 가능성에 대한 실험이 불가능하거나 그와 같은 선례가 없는 것은 아니다. 하지만 이기적이고 적대적인 국가 간의 신뢰구축이 가능하기 위해서는 적어도 특정 국가의 배반에 대한 응징 그리고 확고한 원칙에 대한 천명과 확인이 필수라는 사실에 주목할 필요가 있다. 이것이 1970년대 이후 안보 및 군사 분야에서의 국가 간 신뢰구축 경험에서 얻을 수 있는 통찰 내지 교훈이다. 하지만 분단 이후 남북관계를 지배해 온 갈등과 대립의 관계 그리고 최근의 한반도 정세와 남북한의 긴장 상태는 기초적 신뢰를 넘어 정치적·군사적 분야에서의 신뢰구축 가능성이 희박하다는 사실을 보여주고 있다.

우리 시대의 소명 가운데 하나는 남북관계를 정상적인 궤도에

올려놓고 한반도 통일로 나아가는 초석을 다지는 일이다. 이를 위해서는 남북한 신뢰구축과 관련된 이론적·경험적 한계에도 불구하고 남북한의 신뢰를 쌓아 가기 위한 방안을 다각도로 모색하고 강구해야 한다. 그 대안 가운데 하나가 바로 남북한 신뢰의 주체에 대한 관점을 전환하는 것이다. 이는 남북한 신뢰구축을 남한과 북한 정부가 아닌 남북한 주민 사이의 문제로 바라보는 것이다. 그리고 이러한 인식의 전환을 기초로 우리 정부는 남북한 주민 사이의 신뢰형성 과정을 자극하고 더 나아가 신뢰기반이 안정되고 강화될 수 있게 만드는 촉매의 역할에 매진할 필요가 있다.

아울러 남북관계의 정상화를 위해서는 남북 간의 신뢰는 물론 우리 사회 내부의 신뢰기반을 확충하는 작업도 중요하다. 특히 대북정책의 원활한 추진을 위해서는 국민의 신뢰를 회복하는 것이 그 출발점이 되어야 한다. 국민들로부터 신뢰를 얻지 못하는 정부는 남북관계나 통일문제에 관해 진취적이거나 적극적인 정책을 일관되고 힘있게 추진하기 어렵기 때문이다. 따라서 새로운 정부는 남북관계의 정상화를 위한 대북정책의 원칙과 목표를 바로 세우고 나아가 남북한 주민들의 신뢰를 쌓을 수 있는 정책적 관심과 지원을 경주해야 한다. 아울러 당파적 이해관계를 뛰어 넘어 북한의 정책적 목표와 의도를 분명히 이해하며 나아가 우리 정부의 정책 방향과 수단들을 국민에게 충분히 알리고 국민의 폭넓은 지지와 신뢰를 얻는데 주력해야 할 것이다.

참고문헌

강원택(2006), “한국인의 국가정체성과 민족정체성 : 대한민국 민족주의”, 강원택 편, 『한국인의 국가정체성과 한국정치』, 서울 : 동아시아연구원.

국가안전보장회의(2004), 『평화번영과 국가안보』, 서울 : 국가안전보장회의 사무처.

김수암(2013), “박근혜 정부 대북 통일정책의 과제와 방향”, 제10차 남북관계 전문가 초청 대토론회 민주평화통일자문회의 자료(2013.4.19).

김영수(2013), “한반도 신뢰프로세스 성공적 추진을 위한 방안”, 2013 상반기 서울평화통일포럼 자료집, 민주평화통일자문회의 서울지역회의(2013.5.30).

김영윤(2013), “박근혜 정부의 대북정책 : 무엇을 기대할 것인가?” 『시선집중 GSnJ』, 제150호(2013.1.22).

김학성(2002), “대북포용정책 추진 2년의 평가”, 『대북포용정책의 중간평가와 향후과제』, 통일연구원 제35회 국내학술회의(2002.3.3).

문순보(2013), “박근혜 대통령의 대북정책 : 2013년 전반기 평가”, 『정세와 정책』, 통권 제207호, 성남 : 세종연구소.

박인휘(2012), “박근혜 후보의 외교안보정책 : 한반도 신뢰프로세스와 신뢰외교의 확산”, 『한반도 포커스』, 제12호.

박인휘(2013), “한반도 신뢰프로세스의 이론적 접근 및 국제화 방안”, 『통일정책연구』, 제22권 1호.

박종철 외(2012), 『2000년대 대북정책 평가와 정책대안 : 동시병행 선순환 모델의 원칙과 과제』, 서울 : 통일연구원.

박한규(2002), “남북 간 정치갈등에 대한 분석”, 문정인 외, 『남북한 정치갈등과 통일』, 서울 : 도서출판 오름.

박희봉(2009), 『사회자본 : 불신에서 신뢰로. 갈등에서 협력으로』, 서울 : 조명문화사.
송대성(2001), 『남북한 신뢰구축 : 정상회담 이후 근본 문제점 및 해결방안』, 성남 : 세종연구소.
양무진(2013), "박근혜 정부 한반도 신뢰프로세스와 남북관계 전망", 박근혜 정부의 한반도 신뢰프로세스와 남북경협 정책 토론회, 국회의원 조경태·국회의원 길정우 (사)민간남북경제교류협의회주최 토론회(2013.4.25).
엄상윤(2013), 『한반도 신뢰프로세스 구상 : 파생효과와 개선방향』, 정책보고서 2013-3(통권 제74호), 성남 : 세종연구소.
이광희(2009), 『신뢰와 거버넌스 일반국민 인식조사』, 서울 : 한국행정연구원.
이대우(2013), "증가하는 북한의 대남테러 가능성", 『정세와 정책』, 통권 제205호, 성남 : 세종연구소.
이상현(2005), "남북한 정치·군사적 신뢰구축을 위한 정책방향", 『군사논단』, 제41호.
조민(2013), "정치군사적 신뢰구축과 교류협력", 최진욱 외(2013a), 『박근혜정부의 대북정책 추진 방향』, 서울 : 통일연구원.
조봉현(2013), "한반도 신뢰프로세스와 남북경협 방향", 『KDI 북한경제리뷰』, 2013년 6월호.
최성철(2002), "남북 정부간 불신의 원인과 해소방안", 『신뢰연구』, 제12권 2호.
최진욱(2013), "신뢰를 근본으로 하는 박근혜 정부의 대북정책", 『통일시대』, Vol. 89(April/May).
최진욱 외(2013b), 『박근혜정부의 통일외교안보 비전과 추진과제』, 서울 : 통일연구원.
통일부(2013), 『한반도 신뢰프로세스』, 서울 : 통일부 정책협력과.
하영선 외 역(2012), 존 베일리스 외 편, 『세계정치론』, 서울 : 을유문화사.
Axelrod, R.(1984), *The Evolution of Cooperation,* New York : Basic Books.
Bobo, L.(1988), "Group Conflict. Prejudice. and the Paradox of Contempo-

rary Racial Attitudes", in P. A. Katz and D. A. Taylor(eds.), *Eliminating Racism. Profiles in Controversy*, New York : Plenum Press.

Bourdieu, P.(1986), "The Forms of Capital", in J. G. Richardson(ed.), *Handbook of Theory and Research for Sociology of Education*, New York : Greenwood.

Doney, P. M., J. P. Cannon and M. R. Mullen(1998), "Understanding the Influence of National Culture on the Development of Trust", *Academy of Management Review* Vol. 23, No. 3.

Giddens, A.(1990), *The Consequence of Modernity*, Stanford, CA. : Stanford University Press.

Holst, J.(1983), "Confidence-Building Measures : A Conceptual Framework", *Survival* Vol. 25, No. 1(January/February).

Macintosh, J.(1985), *Confidence and Security Building Measures in the Arms Control Process : A Canadian Perspective*, Ottawa : Department of External Affairs of Canada.

Mack, A. & Keal, P.(1988), *Security and Arms Control in the North Pacific*, Sydney : Allen & Unwin.

Mayer, R. C., J. H. Davis & D. Schoorman(1985), "An Integrative Model of Organizational Trust", *Academy of Management Review* Vol. 20.

Oye, Kenneth A.(1985), "Explaining Cooperation under Anarchy : Hypotheses and Strategies", *World Politics* Vol. 38, No. 1(October).

제2부 통합 그리고 한반도 통일

제6장 통합과 통합이론 : 유형과 내용

기본적으로 통합이론은 비교적 동질적인 국가들이 평화적인 방법에 의해 하나의 초국가적 공동체를 건설하는 과정에 주목하고 있다. 따라서 분단 이후 오랫동안 이념적·정치적으로 대립 관계를 유지해 온 남북한 상황에 통합이론을 직접 대입하기에는 무리가 있다. 하지만 남북통일이 하나의 사건에 의해 종결되는 것이 아니라 장기적 과정 속에서 다양한 부문 간의 통합을 통해 이루어지는 것이라고 본다면, 통합이론에 대한 이해는 남북한 각 부문 간의 통합 논의나 통합 과정에 대한 유용한 지침이 될 수 있다. 특히 정치적 통일 이후의 제반 통합 과정에서 고려해야 할 변수들을 확인하고 대비하는데 있어서 통합이론은 의미 있는 시사점을 제공할 수 있을 것이다.

1. 통합의 의미

통합이론은 제2차 세계대전 이후 유럽의 경험을 배경으로 발전하였다. 특히 유럽의 통합이론은 대체로 정치통합을 상정하는 가운데 초국가적 권위체가 왜 그리고 어떻게 발전되어 왔는가 그리고 어떻게 기술·경제 분야에서의 협력이 국가들 사이의 정치통합을 유발할 수 있는가 하는 문제를 규명하는데 초점을 맞추어 왔다. 말하자면 통합에 관한 이론적 논의는 유럽 지역에서 진행되어 온 국가 간 통합 현상을 설명하기 위한 것이다. 다만 유럽의 통합 논의는 기본적으로 공통의 역사와 문화, 지리적 밀집성, 구소련으로부터의 위협, 전쟁과 파괴라는 과거의 경험 등을 배경으로 경제 규모와 산업화 수준이 유사한 국가들 사이에서 나타나는 상호작용 과정을 분석의 대상으로 하고 있다는 점에서 이를 유럽 이외의 지역에 그대로 적용하기에는 무리가 있다고 할 수 있다(박종철 외, 2006, 14-15).

더욱이 남북한 통합은 분단된 두 개의 국가가 원래 하나의 국민국가 상태를 회복하는 것이라는 점에서 서로 다른 국민국가 간의 통합을 목표로 하는 유럽의 통합 논의와는 상황이 다르다. 또한 유럽통합이 자유민주주의와 시장자본주의를 기반으로 하는 동질적인 정치·경제체제 사이의 통합이라면, 남북한 통합은 매우 이질적인 체제 사이의 통합이라는 점에서 유럽의 지형과는 차이를 보이고 있다. 그럼에도 불구하고 남북한 통일이 정치, 경제, 사회문화 등 여러 하위 영역 사이의 점진적·평화적 통합을 바탕으로 궁극적으로 하나의 민족공동체를 형성해 가는 과정이라고 한다면, 유럽에서 진행된 통합 논의의 내용과 과정을 남북한 통합에 적용하는 것은 충분한 의미가 있다고 할 수 있다.

일반적으로 통합이란 구성 부분들이 더 큰 체제를 만드는 것을 뜻한다. 분리되어 있는 개별적 단위나 구성 부분들이 하나의 일관성 있고 더 큰 체제를 만드는 것이 통합이다. 이러한 통합 개념이 지역통합 이론의 맥락에서 규정되고 광범위하게 사용되기 시작한 것은 도이치(K. Deutsch)의 안보공동체 개념에서 비롯되었다. 여기서 성공적 통합은 국가들이 분쟁을 해결하기 위하여 폭력적 수단을 사용할 가능성을 근본적으로 감소시키는 것을 의미한다. 도이치는 이러한 안보공동체를 융합된 안보공동체(amalgamated security-community)와 다원적 안보공동체(pluralistic security-community)로 구분하고 있다. 전자는 분리된 각각의 구성 요소나 단위들이 제도적 융합을 통해 보다 큰 체제로 공식적으로 합병된 것이고, 후자는 구성 요소인 정부들이 별도의 법적 정체성을 보유함으로써 제도적으로 융합되거나 지배적 권위를 창설하지 않고 통합이 이루어진 상태를 말한다(Rosamond, 2000, 43).

안보공동체에 대한 논의를 토대로 도이치는 통합을 사람들 사이의 공동체의식(sense of community)과 함께 오랜 기간 동안 그들 사이의 평화적인 변화를 기대할 수 있게 하는 강력하고도 폭넓은 제도와 관계의 성취로 정의하였다(Deutsch et al., 1957, 5-6). 도이치에 의하면, 통합된 체제는 구성 요소들 간의 상호 의존성이 높고 구성 요소들이 개별적으로는 가질 수 없는 독특한 체제 특성(system properties)을 지닌다. 따라서 통합은 상호 의존성을 통해 새로운 더 큰 체제 특성을 만드는 구성 요소 내지 단위들 사이의 제도적·기능적·기술적 관계의 형성과 그 과정을 의미한다(Deutsch, 1968).

나이(Joseph S. Nye)에 따르면, 통합이란 여러 부분들을 하나의 전체로 만들거나 상호 의존성을 갖게 만드는 것이다(Nye, 1968, 858; 김도태, 1992, 38). 그는 이러한 통합 유형을 경제통합, 사회통합, 정치통합으로 나누어 설명하고 있다. 그리고 정치통합은 기관통합-경제동맹-태도통합-안전공동체로 발전한다고 보았다. 린드버그(L. Lindberg)에 따르면, 통합은 국가의 외교정책과 주요 국내정책을 독자적으로 추진하는 의지와 능력을 유보하는 대신에 공동의 정책 수립과 정책 결정 체제를 새로운 중앙 기구로 위임하도록 하는 과정 혹은 다양한 분야에서 정치적 행위자들이 그들의 기대와 정치적 활동을 새로운 중심으로 이전하도록 설득당하는 과정이다(Lindberg, 1963). 그리고 홋지스(M. Hodgers)는 통합을 별개의 정치체제로부터 새로운 정치체제가 형성되는 것으로 정의하였고(Hodgers, 1972, 14), 월러스(W. Wallace)는 이전의 자발적 단위들 사이에서 강하고 다양한 상호작용 양태가 조성되고 유지되는 것으로 보고 있다(Wallace, 1990, 9).

푸찰라(D. Puchala)는 통합을 행위자들이 이익을 조화시키고, 서로의 견해 차이를 타협하며, 상호 교류로부터 상호 이익을 지속해서

획득할 수 있는 국제체제를 형성하는 과정으로 정의하고 있다. 그는 통합 현상을 기구(기능과 권한), 정치제도 및 국가 사회적 측면에서 파악하는 가운데 궁극적으로 통합을 당사국 간의 구조, 스타일 및 분위기 등의 변화를 포함하는 제도 변형의 과정으로 보고 있다. 그에 의하면 두 단위 간의 통합은 사회 동화와 정치 발전 과정을 거치면서 전개된다. 이러한 두 과정이 상호 강화되면서 기구가 증가하고 정치집단 간의 공통의 이해관계가 확대됨으로써 초국가적 정치 기구가 발전되어 새로운 중심의 권력이 확장된다고 보고 있다(Puchala, 1972).

이처럼 국제정치에서 통합에 대한 정의는 일반적으로 국가 간의 통합을 의미한다. 이러한 맥락에서 하스(E. Hass)는 상이한 국가적 환경에 있는 정치적 행위자들의 충성심, 기대 그리고 정치적 행동들이 이전의 민족국가를 능가하는 관할권을 보유하거나 요구하는 새로운 제도의 중심으로 향하도록 설득되는 과정이라고 정의한다(Hass, 1958, 16). 그리고 그와 같은 통합의 최종 결과는 각 국가들의 상위에 존재하는 새로운 공동체라고 보고 있다. 요컨대 국제정치에서 통합이란 두 개 이상의 국가가 상호 교류와 상호 이익 혹은 공동의 이해관계를 획득하기 위하여 기존에 국민국가가 독점하고 있던 물적 토대뿐만 아니라 국민들의 기대와 정체성 및 충성심 등을 새로운 중심(예를 들어 초국가 기구나 국가연합 혹은 연방제 국가)으로 이전하는 과정이라고 정의할 수 있다.

2. 통합이론의 이해

1) 기능주의와 연방주의

유럽통합 과정에서 많이 논의되고 적용되어 온 통합이론은 역대 우리 정부의 통일방안에 대한 이론적 근거가 되어 왔다. 분단 초기를 제외하면 남북한 양측은 각각 자기 체제의 역량과 실상에 대한 비교 평가와 확신의 정도에 따라 상대적으로 우세하다고 인식하고 있는 쪽이 기능주의 통일론을 그리고 상대적으로 열세인 쪽이 연방주의 통일론이나 통일유보론을 주장하는 경향을 보여 왔다(박기덕, 1995, 354). 하지만 통합이론은 분류의 시각이나 방식에 따라 그 갈래가 매우 다양하다. 여기서는 그 가운데 남북한 통일방안과 통합 논의에서 많이 주목받아온 기능주의, 신기능주의, 연방주의에 대해 살펴보고자 한다.

기능주의(functionalism) 통합이론은 국가 간의 생산적인 동반자 관계를 형성함으로써 전쟁 없는 국제사회를 달성하려는 이상에서 출발하고 있다. 즉 통합의 궁극적 목표를 전쟁을 불가능하게 만드는 국가들 사이의 조직망에 두고 있다. 그리고 인간은 서로 이익이 되는 분야에 대해서는 상호 교류하고 협력할 수 있으며, 비교적 협력이 용이한 비정치적 분야의 분기(ramification) 과정을 통해 정치 분야까지의 협력이 가능하다고 주장한다. 요컨대 기능주의 이론은 비정치 분야의 교류협력을 통하여 점진적으로 정치 부문의 통합에 이를 수 있다고 보고 있다.

대표적인 기능주의 통합이론의 설계자인 미트라니(David Mitrany)는 오늘날 세계가 직면하고 있는 사회적·경제적 문제들은 영토가 아니라 기능에 기반을 둔 기구에 의해 해결될 수 있다고 주장한다. 그리고 기능적 협력은 비정치적이고 기술적인 문제에서부터 시작할 수 있다고 본다. 미트라니에 따르면, 하나의 기능적 분야에서 얻어진 협력의 경험은 또 다른 영역으로 전환될 수 있다. 말하자면 사회적·경제적 협력 관계가 정치적 차원의 협력 관계로 이어질 수 있다는 것이다. 따라서 경제·기술과 같은 비정치 분야에서의 기능적 협력이 발전되면 그것이 사회 보장이나 교통 통신 그리고 우편 금융 분야 등의 협력에 대한 필요를 증대시킨다. 그리고 이러한 분야의 협력은 정치 분야의 협력을 조장하여 궁극적으로 세계 평화에 기여할 수 있다고 보고 있다(Mitrany, 1966). 그 과정에서 오늘날 세계가 직면하고 있는 수많은 문제들은 국가적 차원에서는 해소될 수 없고 궁극적으로 국제적 협력을 필요로 한다고 주장한다.

기능주의 통합이론에 따르면, 국가들은 공통의 이익을 추구하기 위해 기능적으로 협력함으로써 세계적인 상호의존을 심화시키는 경향이 있고 그로 인해 국제 협력과 통합의 증대를 조장하게 된다. 그리고 그 과정에서 기능적 협력을 수행할 수 있는 국제기구가 요구된다. 기능적 문제들을 다루는 동안 국제 공동체의 행위자는 비정치적 맥락에서 성공적으로 협력할 수 있는 기회를 얻게 된다. 따라서 기능주의에서의 통합 주체는 국가나 정부가 아닌 기능적·경제적 통합 과정을 수행하게 될 비정치적 행위자들이다. 이들이 비정치적 영역에서 협력과 조화를 모색하면서 보다 복잡하고 광범위한 기능적 연계가 수립될 경우 그것이 정치적 영역의 통합으로 연계된다는 것이다.

기능주의는 통합을 하나의 과정이나 조건으로 인식한다. 이러한 태도는 통합 상대들 사이에 교류협력을 통한 신뢰의 구축이 없을 경우 통합되는 공동체 구성원들의 기대와 충성을 새로운 통합 공동체로 전환하는 것이 불가능하다는 것을 의미한다. 이러한 맥락에서 현재 북한과 같이 극도로 폐쇄적인 사회의 구성원들이 그들과 전혀 다른 체제의 구성원들과 타협해서 창출한 새로운 체제로 그들의 기대와 충성심을 쉽게 이전하리라고 기대하는 것은 지나친 속단이라고 할 수 있다. 이 점은 남한 지역 국민들의 경우에도 마찬가지이다. 더욱이 교류협력이 충분한 이해에 기반을 두지 않고 전략적인 고려에서만 이루어진다면 상호 적대감을 증대시킬 우려가 있는 것도 사실이다.

기능주의 통합이론은 전통적인 국가 중심적 사고를 탈피함으로써 안보와 협력 사이의 딜레마를 피할 수 있는 가능성을 보여 주었다. 하지만 그 과정에서 국가와 정부, 정치 엘리트의 역할을 무시하는 결과를 가져 왔다. 또한 기술적·경제적 영역으로부터 정치성을 분리하기가 쉽지 않을 뿐만 아니라 비정치적 분야에서의 자동적인 분기가 보장되지 않는다는 점에서 한계를 보여 왔다. 요컨대 국가들 사이의 교류협력이 반드시 그리고 자동적으로 정치적 통합으로 확산되지는 않는다는 점이 기능주의에 대한 주된 비판 가운데 하나라고 할 수 있다.

신기능주의(neofunctionalism) 통합이론은 기능주의가 지닌 위와 같은 한계를 극복하기 위해 제시되었다. 신기능주의 이론은 정치공동체가 형성되는 과정을 자동적인 것으로 보지 않는다. 여기서는 기능주의 이론에서 간과했던 정치적 변수에 관심을 두며, 정치공동체의 형성 과정에서 정치의 역할을 중시한다(Plano & Riggs, 1967, 23). 즉, 통합 과정에는 때로 정치적 추진(political push)이 필요하다는 입장이다(박영호·박종철, 1993, 23).

신기능주의는 사회적·경제적·기술적 조건들을 세계적 차원에서의 통합의 중요한 요인으로 간주한다는 점에서 기능주의와 생각을 같이한다. 그러나 통합을 진행시키기 위해서는 의도적인 제도적 장치가 필요하다는 점을 강조한다는 점에서 차이를 보이고 있다(박영호·박종철, 1993, 23). 요컨대 기능주의가 사회적·경제적·기술적 조건들을 통합의 중요한 요인으로 간주하고 있는데 반하여 신기능주의는 정치적·군사적 조건도 아울러 고려하고 있다는 점이다.

기능주의의 경제·기능 결정론을 거부하는 신기능주의는 그러한 경제·기능의 협력 과정이 정치와 분리될 수 없다고 주장한다. 통합은 경제적·기능적 협력을 통해 자동적으로 이루어지는 것이 아니라 이익 단체, 정당, 정부, 국제기구의 정치 엘리트들이 그들의 이익을 위해 상호협력을 주도하는 것으로부터 시작된다고 보고 있다. 즉, 통합은 자동적인 기능적 요구에 의한 기구의 창설로 연결되는 것이 아니라 정치 엘리트의 정치적 결단을 통해 의도적으로 발생한다고 주장한다.

신기능주의를 대표하는 하스(Ernst B. Haas)는 미트라니가 분기(ramification)라고 명명한 협력의 확대 과정을 파급효과(spill-over effect)라는 용어로 대체하였다. 신기능주의에서 통합이 진행되는 구체적 과정을 가장 잘 설명해 주는 개념이 바로 파급효과이다. 이것은 한 부문에서 시작된 통합이 다른 부문으로 전파되는 과정을 설명하고 있는데, 그 핵심은 부문 간의 상호 의존성에 있다. 국가 경제들 간의 상호 의존성 때문에 통합 운동이 일어나듯이 부문 간의 상호 의존성 때문에 한 부문의 통합이 다른 부문의 통합을 초래한다는 논리이다. 왜냐하면 한 부문의 통합에만 한정할 경우 거기서 얻을 수 있는 이득을 모두 누릴 수 없기 때문이다.

신기능주의는 한 분야에서의 기능적 협력이 다른 분야로 파급되어 점진적 통합이 추진된다고 보는 점에서 여전히 기능주의와 맥락을 같이한다. 기본적으로 파급효과를 인정하고 있다. 그러나 신기능주의는 비정치 분야의 협력이 자동적으로 정치 분야로 확대된다는 기능주의의 주장에는 의문을 제기한다. 통합의 동인에 관해 신기능주의자들은 상호 의존론과 같은 경제적 결정론을 바탕으로 논의를 전개하고 있지만 통합 과정에 있어서는 오히려 정치적인 과정을 강조하고 있는 것이다.

이처럼 신기능주의 통합이론은 기능주의적인 점진적 교류협력과 정치적 통합을 연결시키는 '파급효과의 정치화(politicization)'로 기능적·정치적 통합을 이룰 수 있다고 주장한다. 통합에 관한 규범적 주장은 가급적 피하는 가운데 비정치적 영역이 정치적 영역으로 확산될 수 있게 만드는 관료의 역할과 조직 이데올로기의 영향 등을 고려한 파급효과의 정치화, 즉 정치·행정·엘리트의 창조적 역할을 중시해야 한다는 것이 신기능주의 통합이론의 주된 특징이다.

나아가 신기능주의는 정부간(intergovernmental) 기구로는 국가 범위를 넘어서는 문제를 해결할 수 없으며 이를 위해서는 초국가적(supranational) 기구의 창설과 이를 통한 타협과 협상 과정 등 의도적이고 적극적인 활동이 필요하다고 보고 있다(Hass, 1961, 366-392). 하스에 의하면, 통합이란 여러 국가에 속해 있는 정치적 행위자들이 그들의 충성심, 기대 및 정치적 행동을 명백히 구분되는 몇 개의 국가적 장(settings)에서 새로운 중심으로 이동하도록 설득당하는 과정이다(Hass, 1958, 16; 1964, 29). 요컨대 통합이란 여러 국가에 속해 있는 정치 행위자들이 기존의 개별 국가를 초월하는 새로운 권력 중심을 향해 충성과 기대와 정치 활동을 이전시키는 현상이다. 여기서 새로운 권력 중심이란 유럽공동체나 유럽연합과 같은 초국가적 기구를 말한다.

그럼에도 불구하고 신기능주의 통합이론은 목적론적 편견과 단순한 단선적 시각 때문에 비판받고 있다. 첫째, 신기능주의는 통합과정에 정치를 주요 행위자로 복원시켰음에도 불구하고 기능주의와 마찬가지로 당위적 설명에서 벗어나지 못하고 있다는 점이다. 유럽이 결국은 초국가적 연방 또는 연합으로 갈 것이라고 단정하고 있지만, 이는 현상을 설명하기 보다는 당위성을 주장하는 것이라는 지적이다. 기능주의가 처한 규범적 접근에서 벗어나려는 신기능주의 역시 실제로 목적론적 편견이라는 함정에 빠졌다고 할 수 있다. 둘째, 신기능주의는 파급효과와 같은 유용한 분석 도구를 개발했음에도 불구하고 이러한 현상들이 장애물이나 반작용에 부딪치지 않고 지속될 것이라는 순진한 낙관주의로 인해 역사의 반발이라는 결정적 문제에 봉착하게 되었다는 점이다(조홍식, 1998, 37-38).

연방주의(federalism) 통합이론은 비정치적 영역의 통합을 중시한 기능주의나 신기능주의 통합이론과는 달리 정부 또는 정치 엘리트에 의해 주도되는 급격한 정치·제도적 통합을 강조한다. 여기서는 통합을 국가의 주권, 권력 배분 및 정치 엘리트의 행위와 직접적으로 연관된 정치적 현상으로 보고 있다. 즉, 국가 간의 공식적 헌법이나 협정을 통해 초국가적 권위체(supernational authority)를 창설함으로써 통합을 달성한다는 것이다(Etzioni, 1965, 67-96). 연방주의 이론에 따르면, 초국가적 중앙 정부는 단순한 국가 간 결합이 아니다. 그것은 새로운 공동체를 형성하기 위한 헌법이나 연방 정부와 지방 정부 간의 권력 배분에 영향력을 행사함으로써 평화와 안정을 보장할 수 있는 초국가적 권위체이다.

연방주의 통합이론은 경제적·사회적·기술적 영역에서부터 점진적으로 통합을 이루기보다는 급격한 정치적 타결을 중시하며, 정치 지도자의 권력 집중 능력과 대중의 합의 없이 통합 결단을 내릴 수 있는 의지를 상소한다. 요컨내 능동적이고 의식적인 정책 결정을 통해 실질적인 정치적·경제적 연합체를 형성하는 데 보다 많은 관심을 기울이고 있다(박영호·박종철, 1993, 22). 이처럼 연방주의 통합이론은 최종 결실인 초국가 공동체의 건설을 강조하면서 통합을 촉진할 수 있는 정치적 해결과 정치제도를 중시하는 입장이다(조정원, 1989, 143; 148).

에치오니(Amitai Etzioni)는 저개발 국가 간의 통합이 선진 산업 국가들 간의 통합보다 더욱 용이하며, 엘리트의 수가 적을수록 연방의 설립 가능성이 높아진다고 주장하면서 연방주의의 엘리트주의 성향을 강조하고 있다. 즉, 개별 국가들이 주권을 포기하고 새로운 공동체를 형성하기 위해서는 현상 유지를 원하는 사회 기득권층의 반발을 억제할 필요가 있는데, 이는 민주주의 국가에서보다 권위주의적 국가에서 더 쉽게 이루어질 수 있다는 것이다. 즉, 연방주의는 기본적으로 정치 엘리트의 권력 집중 능력과 이들에 의한 급진적인 통합의지를 중시하고 있다.

연방주의 통합이론에서 통합은 통합 이전 단계, 통합 추진 과정, 통합 확대 과정, 종결 상태의 4단계로 구분된다. 통합 이전 단계는 인접 국가들의 문화적 동질성, 경제적 상호성, 지역적 근접성을 기반으로 통합이 촉진되는 단계이다. 통합 추진 과정은 경제적 이익, 일체감을 기반으로 정치 엘리트에 의해 통합이 주도되는 단계이다. 통합 확대 과정은 한 분야의 통합이 다른 부문으로 파급되면서 국가 간의 인적·물적 교류가 확대되는 단계이다. 종결 상태는 하나의 연방이 지속적으로 발전하는 가운데 각 세부 부문으로 통합이 확대되는 과정이다(Etzioni, 1965).

이처럼 연방주의 통합이론은 통합의 주체들이 주권을 포기하고 제3자인 연방이라는 초국가적 권위체를 형성함으로써 통합이 성취된다고 본다. 연방은 폭력 수단에 대한 효과적인 통제와 자원의 배분 결정에 관한 권한을 위임받음으로써 통합을 강제할 수 있다. 연방주의는 자치권을 포기하는 정치적 협약 과정을 중시한다(Riker, 1975). 정치적 해결을 중시하는 입장이다. 이처럼 연방주의 통합이론은 거시적인 규제의 틀이 갖추어지지 않은 기능적 협조가 균형 있는 상호 협력과 이익을 담보할 수 없기 때문에 연방 형성이라는 상부구조의 통합을 먼저 이루어 이를 기능적인 통합으로 역확산시켜야 진정한 통합을 이룰 수 있다는 시각이다.

하지만 연방주의는 어떻게 초국가적 권위체를 형성하느냐 하는 근본적 문제에 봉착할 수 있다. 왜냐하면 자발적으로 폭력 수단을 초국가적 권위체에 위임하는 것은 대단히 어려운 선택이기 때문이다. 요컨대 연방주의는 초국적 권위체의 형성이라는 목표를 세워놓고 있지만, 거기에 도달하는 과정이나 절차에 관해 명확한 해결책을 제시하지 못하고 있다.

또한 선통합 후갈등해결이라는 일종의 전체론적(holistic) 접근을 취함에 따라 통합에 도달하기 위한 축적적(incremental) 과정을 무시하기 쉽다는 한계가 있다. 그 결과 경제적·사회적·기술적 영역의 역동성을 무시하는 경향이 있다. 그리고 설령 통합에 도달했다 하더라도 그것이 자동적으로 장기화된 갈등 구조를 해소시켜 주는 것은 아니라는 점에서 갈등 구조의 해소가 통합에 선행되거나 적어도 통합 과정에 포함되어야 한다는 비판에 무기력할 수 있다.

이상의 논의를 토대로 기능주의, 신기능주의, 연방주의 통합이론의 주요 내용과 특징을 정리하면 나음의 〈표 6-1〉과 같다.

〈표 6-1〉 기능주의, 신기능주의, 연방주의(김규륜, 2012, 62)

	기능주의	신기능주의	연방주의
주창자	미트라니(D. Mitrany)	하스(E. Haas)	에치오니(A. Etzioni)
통합주체	비정치적 행위자	정치 엘리트	정치 엘리트, 정부
기본가정	정치성 분리, 비정치적 분야의 통합 강조, 분기(ramification)	정치 주도의 파급효과, 정치와 비정치 분리 불가능	국민국가의 불안정한 투쟁상황, 제도·이념으로부터의 통합 추진
통합과정	경제적·기술적 영역의 통합과 정치적 영역으로의 분기	정치 엘리트에 의한 통합 주도	정부에 의한 통합 추진과 통합 영역 확대, 급격한 정치적 타결
문제점	국가와 엘리트의 역할 경시, 정치성 분리 불가능	정치적 통합으로의 전환 어려움	비정치적 영역의 역동성 무시

2) 자유주의와 현실주의 – 점진적 통합과 단계적 통합론

한편 통합이론은 유럽통합의 진행 방식을 바라보는 시각에 따라 점진적 통합론과 단계적 통합론으로 구분하기도 한다. 일반적으로 점진적 통합론을 대표하는 것이 자유주의 진영의 신기능주의라고 한다면 단계적 통합론은 이에 반발한 현실주의 진영에서 제기되었다.

국제정치학에서 전통적인 이상주의와 현실주의 사이의 대립은 국가 행위의 당위성에 대한 논쟁에서 시작되었다. 이상주의는 국가가 민주주의나 평화와 같은 가치의 실현을 위해 행동해야 한다는 것이고, 현실주의는 국가의 이익이 외교 전략에서 최우선으로 고려되어야 한다는 입장이다. 이러한 국가 행위의 당위성에 관한 입장의 차이는 시간이 지나면서 자유주의와 현실주의의 대립으로 전환되었다. 그리고 이것이 지역통합 분야에서는 신기능주의와 정부간 협상론 내지 자유주의적 정부간 협상론 사이의 차이로 나타나고 있다(진시원, 2004, 33; 조홍식, 1998, 22-23).

점진적 통합론은 통합의 힘이 한 부문에서 다른 부문으로 점점 광범위하게 전파되고 같은 부문에서도 점점 밀접하게 심화되어 가는 과정을 가정하고 있다. 반면에 단계적 통합론은 결정적인 시기에 통합을 촉진시키는 정치적 결단이 내려지며 통합의 심화와 발전은 층계와 같이 단계별로 진행된다고 보고 있다. 그리고 융합론적 시각은 점진적 통합론과 단계적 통합론을 절충한 것이다. 이러한 융합론의 시각은 왜 유럽통합이 발전과 침체의 과정을 반복하면서 진행되고 있는지를 체계적으로 설명하고 있다.

신기능주의의 시각에서 바라본 유럽통합 과정은 단선적인 성장의 지속이다. 신기능주의자들은 유럽통합이 한 부문에서 시작되어 다른 부문으로 확대되면서 파급효과가 일어나고 이러한 연쇄 파급효과가 점진적으로 확산된다고 주장한다(Hass, 1964). 이러한 점진적 통합론의 특징은 통합 과정이 중단되거나 퇴보하는 일 없이 계속 발전해 나간다고 보는 데 있다. 또한 점진적 통합론은 어떠한 역사적 계기를 통해 갑자기 통합이 진전되는 것이 아니라 꾸준한 과정 속에서 경험이 축적됨으로써 조금씩 일정한 속도로 발전해 나간다고 설명한다.

반면에 단계적 통합론의 입장에 서 있는 정부간 협상론은 호프만(S. Hoffmann)이 1960년대 신기능주의를 대표하는 하스를 비판하면서 본격적으로 제기되었다. 호프만은 "신기능주의가 정확하다면 정치는 죽어야 하고 인간의 정부는 사물의 관리소로 변해야 할 텐데 우리는 현재 그 단계에 있지 않다. 외교 정치적 기능이 사라진 것처럼 행동할 수 있는 국가는 자신의 안보 책임을 완전히 남에게 떠맡긴 국가들 뿐"이라고 주장하였다(Hoffmann, 1964, 1276). 이는 신기능주의의 경제적 결정론에 대한 비판이다. 대신에 호프만은 안보라는 핵심 개념을 토대로 개별 국가들이 추구하는 국가 이익을 강조하고 있다. 호프만에 따르면, 국제관계와 마찬가지로 유럽체제에서 모든 결정을 내리는 것은 시장의 힘도 아니고 시민사회 세력도 아니다. 단지 각 국가를 독점적으로 대표하는 정부들이 모여 결정을 내리는 것이고, 각국의 정부는 유럽체제라는 구조에 의해 결정된 국익을 기능적으로 대변하고 있다는 것이다.

한편 국가선호도 형성론 역시 정부간 협상론과 마찬가지로 국가 이익을 대표하는 정부들이 협상을 통해 유럽통합을 이끌어 나간다고 보고 있다. 다만 국가 이익이 규정되는 방식을 어떻게 보는가에서 차이가 있다. 정부간 협상론은 국가가 국제관계나 유럽체제에서 차지하는 위상에 따라 국익이 규정된다고 설명하고 있는 반면에 국가선호도 형성론자들은 국내정치에 의해 국익이 규정된다고 보고 있다. 즉 국가선호도 형성론은 정부가 국제 협상에 나서기 전에 국가선호를 형성하는 과정에서 사회의 다양한 압력 집단들이 긍정적이거나 부정적인 영향을 미친다는 점에 주목한다. 이 점이 바로 정부의 독자적 판단 또는 구조에 의해 국가 이익이 규정된다고 보는 전통적인 정부간 협상론과 다른 점이다. 이러한 국가선호도 형성론과 정부간 협상론을 통합한 것이 바로 자유주의적 정부간 협상론의 시각이다(Moravcsik, 1991).

정부간 협상론은 국가들 간의 협상이 진행되는 과정에서 최소공통분모(lowest-common-denominator)의 원칙이 적용된다고 본다. 그것은 프랑스, 독일, 영국과 같은 강대국들이 자국의 권력을 바탕으로 협상을 주도해 나가면, 이들 간의 최소 공통분모가 협상의 결과로 나타난다는 것이다(Hosli, 1993, 629-643). 반면 자유주의적 정부간 협상론은 유럽통합의 동인을 개별 국가들이 추구하는 국가 이익에서 찾고 있지만 이러한 국가 이익이 국내정치적 기제를 통해 규정되고 도출되는 것으로 본다는 점에서 정부간 협상론과 차이가 있다.

정부간 협상론은 국가를 단일성과 일관성이 강한 단위로 파악한다는 점에서 비현실적이다. 그리고 국가 이익은 정부간 협상론자들이 생각하듯이 주어지는 것이 아니라 사회적 과정 속에서 만들어지는 것이다. 이러한 비판의 연장선에서 제기된 것이 국내정치에 의해 국가선호가 형성되는 과정을 포함한 자유주의적 정부간 협상론이다.

하지만 자유주의적 정부간 협상론도 정부간 협상론과 마찬가지로 정부가 국가의 이익을 독점적으로 대표하고 있다는 전제에서 출발한다. 국가선호의 형성이라는 국내정치 과정에서의 자유주의적 동인을 인정하고 있지만, 유럽 차원에서 사회 세력들이 동원되고 초국가적 이익 집단이나 압력 집단이 형성될 수 있는 가능성은 배제하고 있다. 또한 정치결정론의 관점에서 정치와 국가를 동일시하는 편협한 시각에서 벗어나지 못함으로써 정치가 유럽 차원의 장에서도 이루어질 수 있다는 사실을 간과하고 있다. 이미 반세기 동안 활동해 온 초국가 기구들의 역할을 과소평가하고 있는 것이다(조홍식, 1998, 27-28).

현실주의자들은 유럽통합이 신기능주의자들이 주장하는 것처럼 점진적이고 단선적인 방법으로 진행되는 것이 아니라고 본다. 그보다는 특정한 시기에 획기적으로 발전하다가도 오랫동안 정체되거나 퇴보할 수 있고, 다시 발전을 위한 조건이 형성되면 통합이 진전되는 단계적 과정을 거친다고 주장한다. 이러한 시각에서 현실주의는 통합이라는 용어 자체에 대해서 상당한 거부감을 보인다. 대신에 통합보다는 협력이라는 개념을 즐겨 사용한다. 현실주의에서 볼 때, 협력은 국가 간의 협력(interstate cooperation)이고 유럽공동체나 유럽연합의 탄생은 이러한 국가 간 협력이 제도화되어 높은 단계에 도달했다는 것을 의미하는 것이다(Keohane & Hoffmann, 1-40).

유럽통합이 단계적 과정을 거쳐 진행된다고 보는 현실주의는 지금까지 그랬듯이 앞으로도 정부가 국제체제에서 자국을 대표하는 기능을 유지하면서 영향력과 정치적 권력을 계속 유지할 것이라고 보고 있다. 정부가 유럽통합의 방향과 속도, 범위와 내용을 결정하고 있으며 이러한 정부의 권력은 통합의 진전에도 불구하고 계속 유지되고 있다는 주장이다. 요컨대 통합의 기본적인 근원은 개별 정부가 추진하는 국가 이익에 달려있다는 것이다(Moravcsik, 1991).

현실주의의 이러한 단계적 통합론은 유럽통합 운동이 진전되면서 그것이 돌이킬 수 없는 상태로 발전한다는 입장을 반박한다. 그 대신 통합은 언제든 다시 해체(deintegration)의 길로 전환될 가능성이 있다고 주장한다. 국가 중심의 시각을 취하는 단계적 통합론은 통합을 주도해 가는 동력이 통합 과정에 참여하는 개별 국가들의 의지에서 나오는 것과 마찬가지로 통합을 반대 방향으로 되돌리려는 움직임도 이들 국가의 의지에서 비롯될 수 있다고 보기 때문이다.

하지만 점진적 통합론이나 단계적 통합론 모두 반세기에 달하는 유럽통합 과정을 설명할 수 있는 만족할 만한 이론적 도구라고 보기는 어렵다. 신기능주의로 대표되는 점진적 통합론은 유럽통합 운동이 초국가적 연방을 향해 지속적으로 발전한다고 설명하고 있다. 하지만 이미 1970년대에 이러한 관점은 사실과 다른 것으로 드러났다. 그 후 1980년대 중반부터 다시 심화되기 시작한 유럽통합 과정은 또 다른 이론적 논쟁을 초래했는데, 이 과정에서 강력하게 제기된 것이 바로 현실주의의 정부간 협상론이다. 정부간 협상론은 유럽단일의정서나 마스트리히트 조약을 체결하는 과정에서 회원국 정부의 입장이 결정적이었다는 사실을 강조한다. 하지만 이러한 주장 역시 연구 대상을 회원국 정상회담이나 각국 정부 대표의 이익을 대변하는 각료이사회에 한정시켜 나타난 왜곡된 결과라는 사실이 확인되면서 한계가 드러났다.

이러한 맥락에서 유럽의 통합 과정을 보다 적실성 있게 설명할 수 있는 대안 가운데 하나로 등장한 것이 바로 베셀스(W. Wessels)가 제기한 융합론(fusion theory)이다. 베셀스는 유럽통합이 현실주의자들이 주장하는 것처럼 단순히 수평적으로 이루어진 '주권의 모음(pooling of sovereignty)'이 아니라 국가 차원에 있는 공적 자원들을 '합병(merger)'하는 과정이라고 주장한다. 또한 융합론은 유럽의 통합 운동이 신기능주의자들의 생각처럼 단선적으로 진행되는 것이 아니라 발전과 퇴보를 거듭하면서 장기적으로 심화되어 가는 것으로 보고 있다(Wessels, 1997, 274). 이와 같은 융합론의 시각은 유럽의 통합 과정을 설명하는 데 있어서 신기능주의의 단선적 시각 그리고 국가 이익에만 함몰된 현실주의의 근시안에서 벗어나기 위한 이론적 시도라고 평가할 수 있다(조홍식, 1998, 43).

참고문헌

김규륜 외(2012), 『통일비용·편익의 분석모형 구축』, 서울 : 통일연구원.

김도태(1992), "남북한 통합에 대한 신기능주의적 이해", 『국방논총』, 제20호 (겨울호).

박광기(1998), "한국의 통일정책 : '통일'인가, '통합'인가?", 조찬래·미켈스 편, 『남북한 통합론』, 서울 : 대왕사.

박기덕(1995), "남북한 정치적 통합모델의 모색 : 이론적 논의", 『남북한 체제비교와 통합모델의 모색』, 성남 : 세종연구소.

박영호·박종철(1993), 『남북한 정치공동체 형성방안 연구』, 연구보고서 93-29, 서울 : 민족통일연구원.

박종철 외(2006), 『동북아 경제·안보협력의 연계 : 4대 분야 협력체 형성 중심』, 서울 : 통일연구원.

이상우(1993), "남북한 정치통합 : 전망과 과제", 『국제문제』, 제24권 제3호.

이용필 편(1996), 『남북한통합의 복합적 체계모델』, 서울 : 도서출판 신유.

이종석(1998), "남북한 정치통합 연구의 현황과 과제", 『대외정책과 국민통합 : 한국 중국 러시아』, 성남 : 세종연구소.

제성호(2010), 『남북한관계론』, 서울 : 집문당.

조정원(1989), 『남북한통합론』, 서울 : 희성출판사.

조홍식(1998), 『유럽통합의 이론』, 성남 : 세종연구소.

진시원(2004), "남북한 통합 : 개념·이론·시나리오", 홍익표·진시원, 『남북한 통합의 새로운 이해』, 서울 : 도서출판 오름.

Deutsch, K. et al.(1957), *Political Community and the North Atlantic Area : International Organization in the Light of Historical Experience*, Princeton, N. J. : Princeton University Press.

Deutsch, K.(1968), *The Analysis of International Relations*, Englewood Cliffs :

Prentice–Hall.

Etzioni, A.(1965), *Political Unification : A Comparative Study of Leaders and Forces*, New York : Holt Rinehart and Winston.

Hass, E.(1958), *The Uniting of Europe; Political, Social, and Economic Forces, 1950–1957*, Stanford, CA. : Stanford University Press.

Hass, E.(1961), "International Integration : The European and the Universal Process", *International Organization* Vol. 15, No. 3(Summer).

Hass, E.(1964), *Beyond the Nation–State : Functionalism and International Organization*, Stanford, CA. : Stanford University Press.

Hodgers, M.(1972), "Introduction", in M. Hodgers(ed.), *European Integration*, Harmondsworth : Penguin.

Hoffmann, S.(1964), "Europe's Identity Crisis : Between the Past and America", *Daedelus* Vol. 39.

Hosli, M(1993), "The Admission of thc European Free Trade Association States to the European Community", *International Organization* Vol. 47.

Keohane, R. & S. Hoffmann(1991), "Institutional Change in Europe in 1980s", in R. Keohane & S. Hoffmann(eds.), *The New European Community : Decision–Making and Institutional Change*, Boulder : Westview.

Lindberg, L.(1963), *The Political Dynamics of European Economic Integration*, Stanford, CA. : Stanford University Press.

Mitrany, D.(1966), *A Working Peace System*, Chicago : Quadrangle Books.

Moravcsik, A.(1991), "Negotiating the Single European Act : National Interest and Conventional Statecraft in the European Community", *International Organization* Vol. 45.

Moravcsik, A.(1993), "Preferences and Power in the European Community :

A Liberal Intergovernmentalist Approach", *Journal of Common Market Studies,* Vol. 31, No. 4(Dec.).

Nye, J.(1968), "Comparative Regional Integration : Concept and Measurement," *International Organization* Vol. 22.

Nye, J.(1971), *Peace in Parts : Integration and Conflict in Regional Organization*, Boston : Little, Brown.

Plano, J. C. & R. E. Riggs(1967), *Forging World Order : The Politics of International Organizations*, New York : Macmillian.

Puchala, D.(1972), "Of Blind Men, Elephants and International Integration", *Journal of Common Market Studies* Vol. 10, No. 3(March).

Riker, W. H.(1975), "Federalism", in F. Greenstein & N. W. Polsby(eds.), *Governmental Institutions and Processes*, Reading, MA. : Addison Wesley.

Rosamond, B.(2000), *Theories of European Integration*, Hampshire : Palgrave.

Wallace, W.(1990), "Introduction : The Dynamics of European Integration", in W. Wallace(ed.), *The Dynamics of European Integration*, London : Pinter for the RIIA.

Wessles, W.(1997), "An Ever Closer Fusion? A Dynamic Macropolitical View on Integration Process", *Journal of Common Market Studies* Vol. 35, No. 2(June).

제7장 남북한 통합과 통일

우리 사회에서 남북한의 통일문제는 학문적 차원을 넘어 민족 전체가 공유하는 담론이 되어 왔다. 하지만 남북한 통일의 명확한 의미에 관해서는 서로 다른 생각과 의견이 공존하고 있다. 이것은 한반도의 분단 상태에 대한 개인적 인식의 차이는 물론 통일 개념의 내포와 외연에 대한 기준이 다르기 때문이다. 그렇다면 과연 우리에게 통일이란 무엇인가? 이러한 질문에 답하기 위해서는 먼저 통일과 통합 개념의 의미와 차이에 대해 살펴 볼 필요가 있다. 더 나아가 한반도 분단의 배경과 그 의미에 대한 전체적 조망과 이해뿐만 아니라 남북한 사이의 복합적이고 중층적인 통합 과정에 대한 면밀한 검토가 필요하다.

1. 분단의 의미와 통일

남북한 통일은 간단히 말해 분단 상태의 극복을 의미한다. 통일은 남북한이 적대적이고 상이한 정치·경제·사회문화 체제를 지닌 두 개의 국가 속에서 살고 있는 현재의 상태를 극복하고 하나의 민족국가 속에서 하나의 민족공동체를 형성하면서 살아가는 상태를 창출하는 일이다(김세균, 1993, 20). 하지만 그것은 단순히 분단 이전 상태로 되돌아가는 것과는 다르다. 진정한 의미의 통일은 분단 이전 상태로의 회귀가 아니라 서로 다른 역사의 길을 걷고 있는 남북한이 새로운 조건과 상황에서 다시 하나가 되는 창조 작업이어야 한다(이상우, 1993, 53).

통일은 결코 과거에 존재했던 공동체의 단순한 회복이 아니라 새로운 단일 민족국가와 민족공동체를 건설하는 일이다. 통일은 분열되었던 민족국가의 복원 그 이상의 의미를 지닌다. 우리 민족에게 주어진 궁극적인 과제는 하나의 민족공동체를 이루는 일이며, 그것의 핵심은 단순한 혈연, 언어, 역사의 공통성을 넘어 어떻게 민족 모두가 공유할 수 있는 내적 삶의 구조를 만들어가야 할 것인가에 있다. 바로 이러한 사실 때문에 우리에게 통일국가는 복원보다는 창조의 측면이 강하다고 할 수 있다(이종석, 1998, 211-241).

따라서 남북한 통일은 한반도가 지리적으로 하나가 되는 것만을 의미하지는 않는다. 그러한 통일은 단순한 지역통합에 불과하기 때문이다. 통일은 정치적으로 대립되었던 제도를 하나로 만들고, 경제적으로 상이한 체제를 하나로 거듭나게 하며, 이질화된 문화를 하나로 다시 탄생시키는 것이다. 그리고 이 모든 것의 결과로 남북한의 주민들이 정서적으로 심리적으로 같은 국민이라고 느끼게 되는 것이 바로 통일이다. 이렇듯 통일은 모든 방면에서 남북한의 주민이 하나의 삶의 틀과 삶의 양식을 공유하는 것을 의미한다.

남북한 통일은 이처럼 다양한 측면에서 논의될 수 있다. 먼저, 지리적 측면에서의 통일은 국토의 통일을 의미한다. 국토의 통일은 통일국가 건설의 물리적 기반이 된다. 우리 민족은 수천 년 동안 한반도라는 지리적 공간 속에서 하나의 생활권을 이루며 살아 왔다. 따라서 국토의 통일은 남북한 구성원 모두가 한반도 내의 어느 곳이든 자유롭게 왕래하고 거주할 수 있다는 것을 뜻한다. 둘째, 정치적 측면에서 통일은 정치체제의 단일화를 뜻한다. 우리 민족은 장구한 역사를 통하여 단일한 정치체제 속에서 생활해 왔다. 따라서 남북한이 하나의 단일한 정치체제를 만드는 것은 분단 극복을 위한 핵심 요소이다. 셋째, 경제적 측면에서 통일은 경제권의 통합을 의미한다. 남한과 북한은 분단과 함께 자유민주주의 시장경제와 사회주의 계획경제 체제로 나뉘어졌고 경제 생활권 또한 남북으로 단절되었다. 따라서 경제적 차원의 통일은 이와 같은 상이한 경제체제가 하나의 체제 하에서 작동하게 되는 것을 의미한다. 넷째, 사회적 측면에서의 통일은 민족적 동질성을 회복하는 것이다. 우리 민족은 동일한 언어와 문화, 생활방식을 공유하며 살아 왔다. 하지만 분단이 장기화되면서 남북한 사이의 이질화가 심화되고 한민족으로서의 동질감이 점차 약화되고 있다. 서로 다른 남북한 주민들의 내면적 의식과 가치관, 생활방식을 하나로 동화시키는 내적 통합을 이루는 것이 바로 사회적 차원의 통일이다.

남북한 통일은 단순한 국토의 재통일을 넘어 서로 다른 두 체제를 하나로 통합하고 새로운 민족공동체를 건설하는 것이다. 그것은 남북한 주민이 하나의 민족국가 속에서 하나의 민족공동체를 형성하면서 살아가는 상태를 만드는 것이다. 하지만 통일은 과거로의 회귀가 아니라 미래를 향해 새로운 역사를 창조하는 것이어야 한다. 그리고 그 출발은 한반도의 분단 현실을 극복하는 것이다. 남북한의 분단 상태가 현상의 유지라면 남북통일은 현상의 타파라고 할 수 있다. 그렇다면 분단은 구체적으로 무엇을 의미하는가? 양성철은 남북 분단의 의미를 다음과 같이 규정하고 있다.

첫째, 한반도에 현존하고 있는 두 개의 국가(state)라는 차원에서 보면 분단은 국가 분단(divided state) 또는 한반도에 두 개의 국가 상태가 지속되고 있다는 것을 의미한다.[1] 한반도 분단은 남한과 북한

---

1 현상적으로 한반도 분단은 하나의 민족이 두 개의 독립된 국가로 나뉘어졌다는 것을 의미한다. 하지만 남북관계는 국제관계에서 일반적으로 볼 수 있는 독립된 국가들 사이의 관계와는 다른 독특한 특성을 지닌다. 1991년에 채택된 남북기본합의서에서는 남북한 쌍방 사이의 관계가 나라와 나라 사이의 관계가 아닌 통일

이라는 두 개의 서로 다른 체제의 성립을 말한다. 즉 1945년 제2차 세계대전 이후 우리 민족은 근대화된 독립국가 건설에 실패하였고, 그 결과 1948년을 기점으로 남쪽에는 자본주의 체제 그리고 북쪽에는 사회주의 체제가 각각 성립되었다. 하지만 분단은 단순히 한 민족이 두 개의 국가로 나뉘어졌다는 것 이상의 의미가 있다. 역사적 관점에서 본다면, 분단은 단일국가를 이루어 왔던 우리 민족이 근대화 과정에서 제국주의 세력의 침략으로 근대국가 건설에 실패했다는 것을 의미한다(이우영, 2002, 202-203). 이러한 관점에서 볼 때, 통일이란 한반도에 현존하고 있는 두 개의 국가가 어떠한 형식이나 형태로든 하나의 국가 단위가 되는 작업 내지 과정을 의미한다. 물론 우리가 추구하는 통일은 대한민국 헌법에 명시된 것처럼 자유민주적 기본 질서에 기초한 평화적인 통일이다.

둘째로 분단은 국토 분단(territorial division)을 뜻한다. 한반도라는 한민족의 삶의 터전이 외세에 의해서 분할된 것이 분단이다(Yang, 1981, 126-9). 따라서 분단의 극복은 두 동강난 한반도를 다시 하나의 삶의 터전으로 만들고 넓히는 작업 내지 과정이다. 세계화의 추세 속에서 전통적인 국경의 의미가 많이 변화하고 있다. 하지만 영토가 국가의 기본 구성 요소의 하나로서 의미를 지니는 한, 법적·정치적으로 분할된 삶의 터전을 하나로 만들고 넓히는 일은 중요한 과제이다.

셋째, 분단은 민족 분열을 뜻한다. 분단된 남북한에는 1천만의

을 지향하는 과정에서 잠정적으로 형성되는 특수관계라고 명시하고 있다.

이산가족이 산재해 있고, 해외에 있는 동포들까지 포함하면 민족 분열의 비극은 훨씬 심각하다. 더욱이 우리 민족은 세계 어느 나라 민족보다도 고도의 인종적, 역사적, 문화적 동질성을 보유해 왔기 때문에 민족 분열의 아픔은 더 크다고 할 수 있다. 따라서 민족이라는 차원에서 보면 분단 극복은 남한과 북한 그리고 해외에 있는 동포들이 아무런 제재와 장애 없이 자유로이 한반도 어느 곳이나 드나들 수 있고, 어느 누구나 만날 수 있고, 언제 어디서나 정착할 수 있으며, 무슨 활동이라도 할 수 있는 민족 재결합의 실현이라고 할 수 있다.

넷째, 분단은 남북한 사이의 체제 대결을 의미한다. 한반도는 남북 분단 이후 그 어느 지역보다도 첨예한 이념, 정치, 경제, 군사, 사회적 차원의 체제 경쟁과 갈등이 지속되어 왔다. 따라서 분단의 극복은 남북한 사이의 체제 대결을 해소하는 일이다. 하지만 이것은 결코 간단한 문제가 아니다. 동서독의 통합 과정에서 확인한 바와 같이, 상호 대립적인 이념과 가치 구조를 하나로 통합하는 일은 하루아침에 성취할 수 없는 어려운 과제라고 할 수 있다.[2]

이렇듯 한반도의 분단은 남한과 북한이 두 개의 국가로 나뉘어져 있고, 국토가 양분되어 있으며, 하나의 민족이 장벽을 사이에 둔

2 이러한 맥락에서 양성철은 바로 결단으로서의 통일과 정치·경제·사회문화 활동이라는 구체적 과정으로서의 통합을 개념적으로 명확히 구분해야 한다고 주장한다. 나아가 독일 통일에서 볼 수 있듯이 남북한의 경우에도 이른바 통일 전 통합과정(pre-unity integration process)과 통일 후 통합과정(post-unity integration process)을 구분하는 것이 필요하다고 지적하고 있다.

채, 상호 대립적인 삶의 틀(이념, 정치체제, 경제 구조, 사회생활 양식 등)에 따라 살고 있는 현실과 상황 그리고 환경을 의미한다. 따라서 남북한 통일은 바로 위와 같은 한반도 분단의 현실과 상황 그리고 환경을 극복하는 것이다(양성철, 1992, 17).

주지하듯이 남북 분단은 1948년 남한과 북한이 각각 독자 정부를 수립하면서 한반도에 분단체제가 성립되었다는 점에서 하나의 역사적 사건이라고 할 수 있다. 그러나 분단 이후 남북관계는 적대적 대결 국면과 화해협력의 시기가 교차하는 가운데 끊임없이 요동쳐 왔다. 말하자면 6·25전쟁을 전후한 분단 상황과 2000년 6월 남북정상회담 전후의 남북한 관계가 서로 다르다는 점이다.

따라서 한반도 분단은 그것이 단순히 특정 시기의 역사적 사건이 아니라 지속적으로 변화되고 있는 역사적 과정이라는 데 더 큰 의미가 있다. 이것은 정치적이고 제도적인 차원에서 분단이 극복되기까지 그리고 통일 이후의 여러 가지 부작용을 해소하여 진정한 의미의 민족공동체가 회복되기까지 한반도의 분단 상황이 시시각각으로 변화할 수 있다는 것을 뜻한다. 따라서 현 단계의 분단 상황은 이전 단계의 분단 상황에서 영향을 받고 있으며 앞으로의 분단 극복 과정과 연결되어 있다는 점을 이해할 필요가 있다.

한반도 분단은 남북한이 두 개의 서로 다른 체제로 분리되어 있다는 점에서 남북한 두 체제 사이의 관계문제라고 할 수 있다. 따라서 일반적으로 분단문제라고 하면 그것은 곧 남북관계의 문제로 인식되고 있다. 하지만 분단은 단순히 남북한 두 체제 간의 문제만이 아니다. 왜냐하면 남한이나 북한 모두 분단 상황에 적합한 내부 체제를 구축해 왔기 때문이다. 이러한 차원에서 분단체제는 남북한 두 체제 간의 문제일 뿐만 아니라 남북한 각각의 체제 내부의 문제이기도 하다.

이렇듯 한반도의 분단체제는 중층적 구조를 지니고 있다. 분단 문제가 남북관계에서 비롯된 것임에도 불구하고 분단이 지속되는 가운데 양 체제는 각각 분단에 적합한 내적 구조를 형성하고 발전시켜 온 것이다. 그리고 이러한 내적 분단 구조는 이념적·제도적 차원에서부터 사회 구성원의 심리적 차원에까지 직간접적인 영향을 미치고 있다. 따라서 분단은 국제정치의 문제일 뿐만 아니라 국내정치의 문제이며 이념과 제도의 문제일 뿐만 아니라 사회심리적 문제이기도 하다.

분단이 이렇듯 중층적이고 유동적인 성격을 갖는다면 분단 상황은 다양한 요인에 의해 영향을 받을 수밖에 없다. 예를 들어 상대방에 대해 적대적이거나 대립적인 정책이 강조되면 남북관계는 경색되고 갈등 상황이 심화될 수 있다. 반면에 어느 한 쪽에서 화해와 협력을 지향한다면 남북관계의 갈등 구조는 상대적으로 약화될 수 있다는 점이다. 또한 남북한 사이의 상호작용과 각각의 내적 구조가 크게 변하지 않는다 하더라도 한반도를 둘러싼 국제적 갈등이 고조된다면 남북관계는 그 영향으로부터 자유로울 수 없다.

2. 통일과 통합의 관계

통일(unification)과 통합(integration)의 개념 규정 그리고 양자 사이의 구분에 대해서는 학자들 간의 합의된 의견이 없다. 일부에서는 통일을 통합의 궁극적인 완성 상태나 결과물로 본다. 그리고 통합은 통일을 위한 제반 여건을 달성하기 위한 조건과 과정이라고 본다. 이때 통합이란 보통 이질적인 요소들이 존재함에도 불구하고 이를 극복하고 유기적인 결합이 이루어지는 것을 뜻한다(제성호, 2010, 74). 이렇게 본다면 남북한 통합은 남북한이 합해지는 과정 중심의 개념인 반면에 통일은 남한과 북한이 법적·정치적으로 하나로 합쳐지는 결과물일 뿐만 아니라 정치, 경제, 사회문화, 군사, 외교안보 등 제반 부분에 있어서의 통합이 완성된 상태를 지칭한다고 할 수 있다.

하지만 다른 쪽에서는 통합을 통일보다 훨씬 광범위한 개념으로 이해하기도 한다. 예컨대 에치오니(A. Etzioni)는 특정 조건이 성취된 상태를 통합(integration)이라고 지칭하고, 통합을 위한 노력을 통일(unification)이라고 규정하고 있다(Etzioni, 1965). 즉 통일은 통합을 이루는 행위와 과정이라는 것이다. 그리고 정치통일과 정치통합을 구분하여 정치통일을 과정으로 설명하고 정치통합은 조건이 성취된 상태로 파악하고 있다. 이러한 관점에서는 법적·정치적 차원에서 남북한 간의 통일이 실현되었다고 하더라도 사회문화적 차원의 남북한 통합은 통일 이후에도 지속적이고 장기적으로 이루어지는 과정으로 이해한다.

이렇듯 남북관계에서 통합과 통일의 의미를 엄격하게 구분하는 것은 간단한 문제가 아니다. 그렇다면 통일과 통합 개념은 어떻게 정의할 수 있는가? 두 개념을 구분할 필요가 있는가? 둘 사이의 관계는 무엇인가? 실제로 우리 사회의 통일논의 속에는 통일과 통합의 개념 규정이나 둘 사이의 관계에 관해 다양한 시각차가 존재하고 있다.

먼저, 통일과 통합의 개념을 엄격히 구별해서 사용하자는 입장이다. 이러한 입장에서는 통합과 통일이라는 용어를 구별 없이 사용하는 것에 대해 문제를 제기한다. 통합은 사전적으로 '관계 지어 하나로 모으는 것'이며, 통일은 '나누어진 것들을 합쳐서 하나로 만드는 것'이라고 규정한다. 따라서 이들은 분단 상태에 있는 우리에게 적합한 개념은 통합이 아니라 통일이라고 본다. 즉 과거에 하나의 민족, 하나의 국가를 이루었다가 분단이 되었지만 다시 하나로 되어야 한다는 의미에서 통일 개념이 적합하다는 것이다(김혁, 1997, 66-67).

이들은 통일과 통합이라는 두 현상 간에는 근본적으로 다른 역학이 존재한다고 주장한다. 예컨대 통합은 국가를 기본적 분석 단위로 하는 반면에 통일은 민족을 분석 단위로 한다는 것이다. 그리고 통합에는 다양한 하위 체제 또는 기능의 결합 현상이 존재할 수 있지만 통일은 오직 국가만이 그 대상이나 객체가 될 수 있다고 주장한다. 또 통합의 주도 세력은 소수의 엘리트인데 반하여 통일은 다수의 국민이나 대중이 이니셔티브를 가지고 있다고 본다(김혁, 1997, 68-70).

그리고 여기서는 통일이 정치적이고 영토적인 통일을 의미한다고 보고 있다. 따라서 남북한의 사회통일, 경제통일, 문화통일, 군사통일이라는 용어는 다소 어색하게 들린다는 것이다. 그렇기 때문에 정치적·영토적 통일과는 달리 국가의 하위 영역 사이에서 진행되는 다양한 통합 노력과 그 과정을 구분해서 파악할 필요가 있다고 지적한다. 이와 같은 시각에서 김영명은 통일이란 주로 국토통일과 정치적인 통일을 지칭하며, 통합은 정도의 문제이고 통일은 가부간의 문제라고 설명한다. 따라서 사회통합, 경제통합, 문화통합 등은 완전한 상태를 상정하기 어렵고 단지 덜 통합되었느냐 더 통합되었느냐의 문제라고 주장한다(김영명, 1999).

이들은 또한 남북한 통합이 지닌 개념의 확장성에 주목할 필요가 있다고 주장한다. 남북통일은 한반도 수준에서의 남한과 북한의 통일만을 의미하는 것으로 한정되는 반면에 남북한 통합이라는 개념은 한반도뿐만 아니라 동북아시아 내지 동아시아 지역통합과 연계될 수 있는 유용한 개념이라는 것이다. 따라서 남북통일이 동북아시아 또는 동아시아 지역주의 혹은 지역통합의 흐름과 연계되어 추진되고 탐구될 필요성이 부각되고 있는 상황에서 통일과 통합을 구분하여 사용하는 것이 바람직하다고 주장한다.

두 번째 통합과 통일의 관계에 대한 또 하나의 시각은 통합을 통일보다 광의로 해석하고 통합을 통일 이후의 과정으로 보는 입장이다. 여기서 통합은 통일보다 넓은 의미로 쓰이며, 어떠한 공동 목표를 추구하기 위하여 통합 주체들이 공동의 자원을 투입시켜 새로운 형태의 관계를 형성하는 과정으로 이해된다. 그리고 공동의 목표를 추구하기 위해 독립된 결정권을 포기하는 것이 전제되어 있다.

따라서 통합은 두 개 이상의 단위나 구성 요소들이 하나의 새로운 상태로 이전해 가는 것으로서 이는 상호 이익을 증진하기 위한 집단적 행위라는 점에서 무력에 의한 병합이나 외부 세력에 의해 강제로 편입되는 경우와는 달리 자발적 행위로 이해되는 것이 일반적이다. 이에 반하여 통일은 이와 같은 통합을 성취시키는 행위나 과정으로 이해된다(박광기, 1998, 36).

이러한 관점은 남북한의 통일과 관련해서 대체적으로 통일과 통합을 동일한 의미로 사용하거나 아니면 통합을 통일 이후에 진행되는 과정으로 보고 있다(오기성, 1997, 132). 즉 통합을 통일에 이르는 과정에서 거쳐야 할 하나의 단계로 파악하기 보다는 남북한의 분단 상태가 종식된 후, 즉 통일된 사회 내에서 남북한 주민이 함께 더불어 살아가는 삶의 방식을 정착시켜 가는 과정으로 보고 있다.

세 번째 시각은 통일과 통합의 개념 구분이 필요하지만 두 개념은 상호관계를 통해서 적절하게 규명될 수 있다고 보는 입장이다. 여기서 통합이란 여러 부분들을 하나의 전체로 만들거나 상호 의존성을 갖게 만드는 것이고, 통일은 이와 같은 통합의 최고 상태를 말한다. 따라서 통합은 통일 아래의 결합 상태이며 전체적인 차원이나 부분적인 차원 모두에 적용될 수 있는 개념이다. 다시 말해서 가장 완성된 통합 형태가 통일이며, 분야별 통합은 부분적 통일을 의미하는 것으로 본다(이종석, 1998, 215). 이렇게 본다면 통합은 통일을 성취해 가는 과정에서 나타나는 결합 상태라고 할 수 있다.

이러한 시각에 따르면, 남북관계에서 남북이라는 서로 다른 두 개의 공동체가 각 부문에서 일원적인 관계로 결합하는 것이 통합이다. 반면에 통일은 제반 부문에서의 통합이 이루어져 분리된 두 주권 체제가 하나의 국가를 이루는 것이라고 규정할 수 있다. 여기서 통일은 지리적 분단의 극복, 즉 단순한 지역통합 그 이상을 의미한다. 요컨대 통일은 정치적으로 대립되었던 제도를 하나로 만들고, 경제적으로 상이한 체제를 하나로 만들며, 이질화된 문화를 하나로 묶음으로써 남북한의 주민이 정서적으로 심리적으로 같은 국민이라고 느끼는 상태를 말한다.

통일과 통합의 개념 구분은 필요하다. 그러나 그것을 엄격하게 구분하는 것보다 중요한 것은 우리의 통일논의에서 양자 사이의 관계를 제대로 정립시켜 적절하게 사용하는 것이다. 요컨대 통일은 근본적으로 정치적 주권 공동체의 형성을 전제로 한다는 점에서 정치적 주권의 융합이 전제된 종합적인 결합 상태로 규정하고, 통합은 그와 관계없이 분야별 혹은 부분적으로 이루어진 결합 상태로 보는 것이 하나의 유용한 방안일 수 있다. 이럴 경우 통합은 각각의 하위 체제나 영역에서 남북한 두 개의 공동체가 일원적인 관계로 결합하는 것이며 통일은 이러한 여러 부문에서 통합이 이루어져 분열된 두 주권체가 궁극적으로 하나의 국가를 구성하는 것으로 규정할 수 있다. 다만 여기서 통일은 여러 부문이나 영역에서의 완벽한 통합이 이루어진 경우만을 의미하지는 않는다. 남북한 사이의 정치적 주권이 어느 정도 융합 상태에 이른 경우, 그것을 통일이라고 칭할 수 있기 때문이다. 요컨대 정치통합을 통일의 최소한으로 볼 수 있다는 것이다.

이상의 논의를 종합해 보면, 통합과 통일의 관계를 기초로 남북한 통일을 다음과 같이 4단계로 나누어 볼 수 있다(진시원, 2004, 17; 박광기, 2002, 275): 즉 비정치적 부분의 통합 단계, 법적(제도적)·정치적 통일 단계(혹은 좁은 의미의 통일 단계), 심화된 통합 단계, 진정한 의미의 통일 단계로 구분하는 것이다. 다만 여기서 통합과 통일의 관계는 절대적인 선후의 문제가 아니라 서로 긴밀하게 연계되어 있는 변증법적 관계로 볼 수 있다. 비정치적 분야에서의 통합이 확산되어 정치적 분야의 통합으로 이어지는 경우 이것이 법적(제도적)·정치적 통일 단계 혹은 좁은 의미의 통일 단계이다. 그리고 법적(제도적)·정치적 통일 이후 발생할 수 있는 남한과 북한 사이의 경제적 격차나 사회문화적 갈등이 해결되고 민족적 동질성이 회복된 상태가 진정한 의미의 통일 단계이다. 이를 자세히 살펴보면 다음과 같다(진시원, 2004, 17-19).

(Ⅰ) 비정치적 부분의 통합 단계: 남북 간 경제, 사회문화 분야 등 비정치적 영역에서의 기능주의적 통합 움직임이 우선적으로 활성화되어 남북한 간의 이질감이 상대적으로 줄어들고 교류와 협력 및 신뢰가 강화되는 단계이다. 물론 비정치적이고 비군사적인 분야에서 촉발된 기능주의적 통합이 어느 정도 성숙하게 되면 비기능적 영역, 즉 정치, 법체제, 외교안보 및 군사 영역에서도 부분적인 남북한 통합이 진행될 수 있다.

(Ⅱ) 법적(제도적)·정치적 통일단계/좁은 의미의 통일단계: (Ⅰ)단계에서 활성화되고 강화된 남북한 간의 기능적 통합이 상당한 수준 이상으로 심화되고, 나아가 비기능적 분야에서의 남북한 통합이 어느 정도 발전하면서 남북한은 영토적 통일과 법적·정치적 통일을 집중적으로 추진하고 실현하는 단계에 이르게 된다. 그 결과 남북한은 법적·영토적으로 그리고 국제적으로 하나의 통일국가를 이루게 된다.

(Ⅲ) 심화된 통합 단계: 이 단계의 남북한은 법적·정치적으로는 통일을 이루고 있으나 오랜 분단 과정에서 비롯된 남한과 북한 사이의 경제 및 사회문화 분야에서의 이질화는 완전히 해소되지 않은 채 잔존하게 된다. 따라서 이질화의 극복과 남북한의 일원적 동화 과정이 필요하다. 또한 이 시기에는 (Ⅱ)단계 즉, 좁은 의미의 남북통일이 새롭게 야기할 수 있는 여러 가지 문제들(예를 들어 남북 간의 경제적 격차, 문화적 차이, 통일 이후 북한 주민의 소외감 증대 등)을 극복하기 위

한 정책적 노력들이 필요하다. (Ⅲ)단계는 (Ⅱ)단계에서 이룩한 법적(제도적)·정치적 통일 이후에도 잔존하고 있거나 새로 발생할 수 있는 남북한 사이의 경제 및 사회문화 영역에서의 갈등 내지 이질화 현상을 최소화하고 극복하는 과정이라고 할 수 있다.

(Ⅳ) 진정한 의미의 통일 단계: (Ⅳ)단계는 (Ⅲ)단계의 완성 단계로서 진정한 의미의 그리고 완벽한 의미의 남북한 통합과 통일이 실현되는 단계이다. 즉 (Ⅳ)단계에서 남북한은 법적·정치적 의미에서의 통일(즉 좁은 의미의 통일)뿐만 아니라 사회문화 및 경제적인 측면에서도 이질화가 극복되고 동질성을 회복한 통일 상태를 실현하게 된다. (Ⅳ)단계의 완성은 남북한의 통일 방식이나 과정과는 관계없이 상당히 장기적인 시간을 필요로 한다. 예컨대 남북한이 흡수통일 형식을 통해 통일이 되어도 (Ⅳ)단계의 현실화는 장기적인 시간이 필요하다. 이와는 달리 남북한이 점진적이고 평화적인 통합 과정을 거쳐 (Ⅳ)단계에 도달하는 데에도 장기적인 시간이 소요될 수 있다.

3. 남북한 통합의 유형

일반적으로 통합은 유사한 질서를 가진 몇 개의 사회 집단이 한 국가의 틀 내에서 갈등할 때 이를 통합하는 '국가내 통합' 그리고 두 개 이상의 국가를 하나로 묶는 '국가간 통합'으로 나눌 수 있다. 국가내 통합은 지역, 계층, 세대, 이념 등의 차이에 의해 이질적으로 분열된 사회를 하나로 통합하는 것을 말한다. 국가내 통합의 대표적 사례는 남북전쟁 직후 미국의 통합을 들 수 있다. 반면에 유럽 지역에서의 통합은 상이한 국민국가들 간의 통합이라는 점에서 국가간 통합의 전형이라고 할 수 있다.

한편 국가간 통합은 다시 통합 당사국들의 경제·사회체제의 동질성 여부에 따라 동질 체제 간의 통합과 이질 체제 간의 통합으로 분류할 수 있다. 그리고 통합 방식에 따라 이들을 다시 평화적 통합과 폭력적 통합으로 분류할 수 있다. 이러한 분류에 따르면, 1989년 독일 통일과 1990년 제1차 예멘 통일이 이질 체제 간의 평화적 통합에 해당되며, 베트남 통일과 1994년 제2차 예멘 통일은 이질 체제 간의 폭력적 통합에 해당된다(박기덕, 1995, 351-352).

하지만 남북한 통합은 엄밀한 의미에서 국가간 통합과도 성격이 다르고 국가내 통합과도 다른 특징을 보이고 있다. 남북한 통합은 원래 하나의 국가를 이루고 있다가 둘로 나뉘어진 것을 다시 하나의 국가로 통합하는 것이라는 점에서 서로 다른 국가들 사이의 통합을 의미하는 국가간 통합과 차이가 있다. 국제관계에서 남북한 통합과 같은 유형에는 베트남, 예멘, 독일 등의 사례가 있다. 동시에 남북한 통합은 남한과 북한이라는 두 개의 국가가 상호 이익을 추구하기 위하여 정치, 경제, 사회문화, 군사안보 분야 등에서 서로 협력과 공조를 이루어 내고, 이를 통해 하나의 통일된 국가를 형성해 가는 과정이라는 점에서 국가내 통합과도 다르다고 할 수 있다.

남북한 통일은 특정 시점에 발생하는 역사적 사건이 아니라 정치, 경제, 사회문화 등 남북한의 여러 하위 체제 내지 영역 사이의 부분적 통합의 결과라고 할 수 있다. 따라서 남북한 통합 논의의 핵심은 남한과 북한의 다양한 하위 체제 내지 부문 사이의 통합이다.

즉 남북한 각각의 정치, 경제, 군사안보, 사회문화 영역 사이의 통합 문제가 궁극적인 통일 상태를 위한 선결 과제이자 우리의 일차적 관심사라고 할 수 있다. 여기서 남북한의 하위 체제나 영역별 통합은 궁극적인 통일 상태를 지향하는 과정에서의 부분적 결합 상태를 가리킨다. 이처럼 남한과 북한의 다양한 하위 체제 내지 부문 간의 통합이 궁극적 통일을 성취하는 과정에서의 부분적 결합 상태라고 할 때, 정치, 경제, 사회문화 등의 분야별 통합은 부분적 통일을 의미하며 이것이 완성된 통합 형태가 바로 남북한 통일이라고 할 수 있다. 따라서 남북한 통합은 이들 하위 체제 내지 영역 사이의 통합으로 구분해 볼 수 있다.

1) 남북한의 정치통합

정치통합은 이질적인 정치 단위들이 하나의 새로운 정치 단위로 통합되는 과정이면서 동시에 최종적인 결과로서의 상태를 지칭한다. 즉 정치통합은 단일한 정치적 주권체의 형성 및 정치제도의 통합이다. 이러한 맥락에서 남북한 정치통합은 남북한의 정치적 주권이 결합된 단일의 정치공동체를 형성하는 것을 목표로 한다. 정치공동체는 구성원들이 정치적 권위와 가치의 배분에 대해 합의하고 상호 교환 및 의존 관계를 형성한 공동생활 단위를 가리킨다. 따라서 남북한 정치공동체는 남북한의 구성원들이 동질성을 바탕으로 정치제제의 이념과 구성 원리, 가치의 배분 과정에 대해 합의함으로써 성취될 수 있다. 이렇듯 남북한 정치통합은 하나의 영토를 지닌 법적·제도적·정치적 주권체를 형성하는 과정이자 결과물이라고 할 수 있다.

정치통합은 대체로 한 집단이 하나의 정치체제를 가지는 것으로 규정된다. 말하자면 정치통합은 하나의 기본 이념과 하나의 제도로 구성되는 하나의 정치체제가 집단 구성원 모두를 규제하는 상태이다. 이를 제도적인 차원에서 보면 하나의 헌법 체계를 가지게 되는 상태를 말한다(이상우, 1993, 54). 요컨대 정치통합은 주권의 융합 내지 결합 상태를 의미한다.

이러한 정치통합은 "이 통합이 없는 통일은 있을 수 없다"는 점에서 다른 분야의 통합과 뚜렷하게 구별되는 특징을 지닌다. 즉 우리가 완벽한 통일을 지칭하지 않더라도 최소한 남북한의 통일을 말하려면 이 정치통합이 기본 전제가 되는 것이다. 바로 이러한 점 때문에 일부에서는 정치통합 자체를 통일과 동일시하기도 한다(이종석, 1998, 215). 하지만 정치통합은 통일의 달성 여부를 보여주는 핵심적인 지표이기는 하나 통일의 완성 그 자체는 아니라고 할 수 있다. 따라서 통일의 완성을 실현 혹은 미실현의 이분법적 시각으로 파악하는 것은 어려운 일이다. 그 보다는 오히려 통일이 어느 정도 달성되었다는 식의 연속 변량적 관점에서 파악하는 것이 더 합리적이라고 할 수 있다(이상우, 1993, 54). 통일을 이렇듯 연속 변량적 관점에서 파악할 경우 정치통합은 남북한이 통일되었다고 표현할 수 있는 최소한의 지표로 간주될 수 있다.

한편 드 브리(Johan K. De Vree)는 정치통합을 두 개 이상의 국가에 관련된 정치과정의 제도화라고 규정하고 있다(De Vree, 1972, 45). 하지만 정치통합에서 중요한 것은 합의를 통한 제도화보다 그것이 실질적으로 의미 있게 기능하는 데 있다고 주장한다. 요컨대 정치통합은 제도화를 넘어 궁극적으로 정치공동체 구성원들의 안전과 복지에 기여할 수 있을 때 의미가 있다는 것이다. 이와 유사한 맥락에서 하스(E. Hass)는 실제로 통합 당사국 정부나 정치 엘리트들의 경우 이타적이고 당위적인 명분보다는 보호하고 촉진해야 할 상호 이익이라는 실용적 필요에 의해서 정치공동체를 형성한다고 보았다(Hass, 1958, 13). 그리고 도이치(Karl W. Deutsch)는 정치공동체의 형성 과정에서 가장 기본적인 조건을 가치의 호환성에서 찾고 있다(Deutsch, 1957, Ch. 1).

남북한은 분단 이후 오랜 동안의 이념적 대립과 그에 따른 전반적인 생활양식의 이질화로 인해 가치의 호환이 거의 불가능한 상태라고 할 수 있다. 따라서 단지 같은 민족으로서의 민족적 정체성을 토대로 남북한 체제 사이의 이질성을 극복하고 하나의 정치공동체를 형성한다는 것이 쉬운 일은 아니다. 이러한 상황을 고려할 때, 남북한의 정치통합은 정치적 주권의 결합을 통한 단일의 정치체제를 창출하는 데서 더 나아가 정치공동체 구성원들의 실질적인 이익을 보장해 줄 필요가 있다.

따라서 남북한 정치통합은 구성원들의 복지 수준을 증진시킬 수 있는 정치공동체의 창출을 지향해야 한다. 남북한의 정치통합은 상이한 남북한 체제 사이의 이념적 갈등을 해소하는 대신에 통합된 정치체제 내에서 새로운 정치적 이해관계의 차이를 야기할 수 있다. 그와 같은 상황에서 복지 수준의 향상은 공동체 구성원들의 이해관계의 차이를 해소하는 기반이 될 수 있다. 실제로 나이(J. Nye)는 통합 과정에 영향을 미치는 인식론적 조건들을 다음과 같이 지적하고 있다: 첫째, 통합의 이익이 보다 균등하게 배분될 것이라는 인식, 둘째, 국제사회에서의 위상 변화와 같은 대외 상황에 대한 인식, 셋째,

특히 통합 초기에 통합의 대가가 낮거나 없다는 인식 등이다(Nye, 1971, 74).

이러한 맥락에서 남북한 정치통합은 새로운 정치공동체 속에서 구성원들이 통합의 이익을 공유할 수 있다는 기대감을 반영해야 한다. 특히 통일 초기에는 통일로 가는 전환의 비용을 회피하려는 무임승차의 유인이 발생할 수 있다. 따라서 정치통합 과정은 이를 효과적으로 제어하는 제도적 장치를 마련해야 한다. 남북한 양 체제에 속한 구성원들이 모두 통일이라는 공공재를 향유할 수 있는 장치(예컨대 확실한 재분배 장치와 사회보장 등)가 제도적으로 보장되어야 한다는 점이다. 분단비용이 복지에 전용될 것이라는 기대를 넘어 분단 상태에서의 복지 수준을 초과하는 복지의 순증가를 확신할 수 있어야 한다. 이는 구체적으로 체제 전환의 비용으로 인한 고통이 단기에 극복되어야 하며, 구성원들이 겪는 고통과 불편이 새로운 정치체제에 대한 도전과 위협으로 표출되기 이전에 복지 수준이 향상될 것이라는 점을 확신해야 한다는 것을 의미한다. 물론 이는 새로운 정치공동체가 생산과 분배라는 측면에서 기존의 체제보다 우월한 경우에만 가능할 수 있을 것이다(박기덕, 1995, 377-378).

2) 남북한의 경제통합

미르달(Gunnar Myrdal)은 경제통합을 기회 균등이라는 서구적 가치를 실현하기 위한 과정으로 보았다(Myrdal, 1956, 11). 기회 균등의 이상이 실현된다는 것은 현실적으로 직업과 일상생활에서 개인의 자유로운 선택을 제약하는 장애물이 제거된다는 것을 의미한다. 따라서 경제통합은 경제 활동의 모든 이익이 특정 사회나 관습의 차이에 상관없이 모든 사람에게 열려 있고 생산적 서비스에 대한 보수가 동일하게 지급되는 것을 뜻한다. 미르달은 이러한 사회적 이상을 실현하기 위한 과정은 매우 추상적인 성격을 띠기 때문에 그것은 경제적 분석을 넘어서는 문제라고 강조한다. 따라서 미르달은 경제통합이 경제문제일 뿐만 아니라 정치학, 사회학 그리고 사회심리학의 문제라고 보고 있다(임강택, 2006, 35).

반면 근대경제학에서는 경제통합을 경제 전반에 관련된 거래 구조의 변화 현상으로 파악한다. 이 시각을 대표하는 학자 가운데 하나가 발라사(B. Balassa)이다. 발라사는 경제통합을 과정이자 상태로 정의한다. 동태적 개념인 과정으로서의 통합은 국가들 간의 차별을 제거하는 것이며, 정태적 개념인 상태로서의 통합은 차별을 야기하는 다양한 형태가 없다는 것을 뜻한다(Balassa, 1961, 1). 요컨대 경제통합은 지리적으로 인접한 두 개 이상의 국가가 하나의 시장을 형성하여 통합된 경제적 영역을 창출한 후 그 영역 내에서 상품 및 생산요소의 이동을 저해하는 각종 장벽을 제거하는 과정이자 결과물이라고 할 수 있다.

발라사는 경제 단위 간의 차별 제거 정도와 진행 과정에 따라 경제통합을 다음과 같은 5가지 단계로 구분하였다: 자유무역지대, 관세동맹, 공동시장, 화폐 및 경제동맹, 완전한 경제통합이 그것이다. 발라사의 이러한 경제통합 단계 구분은 경제통합 이론과 관련하여 가장 널리 통용되고 있다.

1단계는 자유무역지대(Free Trade Area) 단계이다. 협정국 상호 간의 상품 이동에 대한 제한 조치를 철폐함으로써 상품의 자유로운 이동을 보장하지만, 역외 비가맹국에 대해서는 각국이 독자적인 관세정책과 무역 제한 조치를 취하는 단계이다.

2단계는 관세동맹(Customs Union)단계이다. 역외 공동관세를 부과하는 형태로 협정국 상호 간에는 상품의 역내 자유 이동이 보장되지만 역외 비가맹국에 대해서는 공통의 관세정책을 취하는 단계이다.

3단계는 공동시장(Common Market) 단계이다. 협정국 상호 간에는 재화뿐만 아니라 노동·자본·서비스와 같은 생산 요소의 역내 자유 이동이 보장되며 역외 비가맹국에 대해서는 공통의 수입관세를 부과하는 단계이다.

4단계는 화폐 및 경제동맹(Monetary & Economic Union) 단계이다. 역내 상품 및 생산 요소의 자유 이동과 역외 공동관세 정책 이외에도 협정국 간 경제정책의 조정과 협력이 이루어져 공동 경제정책이 수행되는 상태이다.

5단계는 완전한 통합(Complete Union) 단계이다. 여기서는 협정국 간의 사회·경제적 정책이 초국가적 기구에 의해 통합되고 관리되며, 재정 및 통화정책의 경제 주권이 초국가 기구로 완전히 이행되는 단계라고 할 수 있다. 따라서 완전 경제통합 단계에서는 사실상 정치 및 외교안보 분야의 통합도 이루어진다고 할 수 있다.

그런데 남북한 경제공동체 형성에는 이질적 경제체제 문제, 통합 주체의 주권문제, 경제 수준과 경제 규모의 차이 등의 문제가 놓여 있기 때문에 이와 같은 통합이론이 그대로 적용되는 데는 한계가 있다. 더욱이 남북한 경제통합 과정은 북한의 체제전환 과정과 밀접하게 연계될 수밖에 없고 국제적 차원에서의 접근도 중요하기 때문에 발라사의 고전적 통합론이 남북한 경제통합에 그대로 적용되기는 어렵다(양문수, 2005, 273).

이러한 상황에서 남북한의 경제통합과 관련해서 다음과 같은 4가지 조건을 고려할 필요가 있다(손병해, 2002, 31-33; 임강택, 2006, 99-102). 첫째는 정책 목표의 수렴성이다. 이것은 하나의 공동체를 형성하기 위해서는 개별 국가들의 정치·경제적 목표가 상호 수렴할 수 있어야 한다는 것이다. 남북한의 경우 정책 목표가 자연스럽게 수렴할 가능성은 희박하다. 따라서 남북한이 경제통합을 추진하기 위해서는 일차적으로 남북한의 경제정책 목표의 양립성을 높이는데 초점을 맞출 필요가 있다.

둘째는 경제 구조의 유사성과 잠재적 보완성이다. 이는 경제통합의 목적이 시장 확대를 통한 자국 경제의 경쟁력 강화냐 아니면 상호 보완성을 활용한 경제적 효율성 제고냐에 따라 경제통합을 위한 조건이 달라질 수 있다는 것이다. 남북한의 경우에 경제 구조의 유사성은 매우 희박하다. 이것은 경제 발전 단계와 부존자원의 차이보다는 경제 구조의 심각한 이질성에 그 원인이 있다고 할 수 있다. 반면에 경제적 차원의 잠재적 보완성에 있어서는 긍정적이다. 특히 남한 기업들의 자본과 기술력 그리고 북한 지역의 풍부한 인력과 광물 자원은 남북한 경제공동체가 보완 효과를 발휘할 수 있는 가능성을 잘 보여주고 있다. 따라서 먼저 남북 간 경제 구조의 상호 보완성을 최대한 활용해 나가면서 장기적으로 경제 구조의 유사성을 확대해 나가는 접근이 필요하다.

셋째는 기대 이익의 존재이다. 국가 차원에서 경제통합을 추구하는 것은 정치·경제·사회적 이익을 예상하거나 기대하기 때문이다.

경제통합은 시장 확대로 인한 규모의 경제 실현, 경쟁을 통한 기술 혁신 및 산업 구조 개선 촉진 그리고 대외 신인도 제고 등의 효과를 기대할 수 있다. 남북한의 경우에는 기대 이익에 있어서 차이가 있을 수 있다. 북한의 경우 남한의 자본과 기술 유입을 통한 경제의 활력을 모색할 수 있는 반면 남한은 북한의 풍부한 노동력과 토지를 활용함으로써 기업의 경쟁력 강화를 기대할 수 있을 것이다. 남북한 양측은 또한 한반도에서의 안보 불안감을 해소함으로써 대외 신인도를 높일 수 있을 것이다.

넷째는 사회문화적 동질성과 지리적 근접성이다. 경제통합 과정에는 종교, 언어, 생활양식, 가치관 등 사회문화적 차원의 공통점과 동질성이 중요한 변수가 될 수 있다. 사회문화적 이질성이 클수록 국가 간의 상호 교류와 협력에 어려움이 발생할 가능성이 크기 때문이다. 공통의 언어는 의사소통을 원활하게 함으로써 거래 비용을 줄일 수 있다는 점에서 유리하다. 지리적 근접성 역시 경제적 거래 비용을 줄이고 문화의 공유를 용이하게 해 준다는 점에서 경제통합의 중요한 평가 기준이 되고 있다.

남북한의 경우 언어 소통에 문제가 없고 지리적으로도 근접해 있다는 점은 장점이다. 하지만 60여 년이 넘는 분단 상태와 체제 대립으로 인해 사회문화적 이질성이 심화되었다고 할 수 있다. 따라서 경제통합과 함께 사회문화적 통합을 심화시키기 위한 노력이 병행되어야 한다. 경제통합 과정은 경제 협력의 증진을 통해 통합된 단일 경제권을 형성하는 것과 함께 통합의 과도기에 나타날 수 있는 사회적 혼란과 고통을 최소화하여 남북한 사이의 이질화를 점진적으로 극복하는 것을 기본 원칙으로 해야 한다(양운철, 1995, 388).

한반도에 경제공동체를 구현하기 위해서는 일차적으로 공동체에 참여할 남북한 구성원들 사이에 공동체가 추구하는 가치와 목표에 대한 인식의 공유가 전제되어야 한다. 요컨대 한반도 경제공동체가 어떠한 것이 되어야 하는가에 대한 논의가 우선되어야 한다는 점이다. 경제통합은 하나의 과정이자 수단이라고 할 수 있다. 수단의 의미에서 볼 때, 경제통합은 공동체 구성원들 사이의 협력을 강화함으로써 전반적인 복지 수준을 효율적으로 향상시키는데 기여할 수 있어야 한다.

또한 경제통합은 완전한 통일국가를 이루기 전까지 보다 발전된 상태를 지향해 나가는 끝이 없는 과정이라고 할 수 있다. 따라서 남북한 경제통합을 위해서는 무엇보다 남북한 두 체제와 구성원들이 공감하고 공유할 수 있는 비전이 제시되어야 한다. 아마도 그것은 시장 친화적인 경제체제를 추구하면서 지역통합과 국제사회와의 협력을 지향하는 열린 경제공동체 건설이 될 수 있다. 요컨대 대외적으로 개방되어 있으면서 시장에 친화적인 경제공동체 건설이 경제통합의 비전이 될 수 있을 것이다(임강택, 2006, 176-177).

3) 남북한의 사회문화적 통합

앞에서 보았듯이 남북한의 통일은 여러 부문의 통합 과정을 포괄하는 매우 복합적인 과정이다. 그것은 남북한의 상이한 정치, 경제, 사회체제 사이의 통합뿐만 아니라 남북한 주민들 사이의 의식과 가치관의 통합 등을 포함하고 있다. 이러한 측면에서 통일은 남북한 체제 사이의 통합과 생활 세계의 통합 모두를 포함한다. 즉 제도나 이념에 중점을 두는 체제 중심의 통합과 구성원들의 의식과 가치관, 사회와 문화를 포함하는 생활 세계의 통합을 모두 포함하는 것이다.

통일에 대한 체제 중심의 접근은 이념과 정치체제, 경제체제, 교육체제, 통일정책 등과 같은 남북한의 구조와 제도, 정책 등에 초점을 두고 접근하는 경향을 말한다. 이러한 접근은 이념과 체제가 추구하는 바와 인간의 의식 구조가 거의 일치한다는 전제 하에 체제 밖의 관찰자의 입장에서 인과론적 설명을 추구한다. 반면에 사회문화 중심의 접근은 제도나 정책, 이념과 체제보다는 그 속에서 살고 있는 사람들의 일상적인 삶에 초점을 두고 이를 이해하고자 한다. 즉 인간의 의식 구조와 일상적인 삶에 대한 체제와 이념의 기계론적 설명보다는 양자 간의 긴극에 주목하고 체제 안의 행위자의 입장에서의 이해를 중시한다. 따라서 이러한 접근은 특정 사회의 행위자와 그들의 삶, 예컨대 가족 관계, 의식 구조, 의식주 생활, 학교생활, 관습 등의 일상생활과 가치관에 관심을 갖는다(오기성, 2004, 147).

통일에 관한 사회문화 중심의 접근은 생활 세계의 통합을 강조한다. 법적·정치적 통합을 체제(system)통합이라고 한다면, 사회문화적 통합은 생활 세계(life-world)의 통합이다(한만길 외, 1999, 14). 구체적으로 체제통합은 남북한의 하위 체제나 부분 체계로서의 정치체제, 경제체제, 법체제 등의 통합을 말한다. 반면 통일 과정에서 남북한의 사회통합을 추구한다는 것은 남북한 사이에 이미 존재하거나 통일 과정에서 발생할 수 있는 이질화, 분리, 차별, 불평등 상태를 국가나 사회의 적극적 노력을 통해 극복하는 것을 뜻한다. 동시에 사회통합은 통일에 이르는 과정에서 거쳐야 할 하나의 단계일 뿐만 아니라 남북한의 분단 상태가 종식된 후, 즉 법적(제도적)·정치적 통일이 이루어진 사회 내에서 남북한 주민이 더불어 살아가는 삶의 방식을 정착시켜가는 과정을 뜻하는 것이기도 하다.

동서독이 통일 이후 경험한 여러 가지 후유증 그리고 남북 예멘의 합의에 의한 1차 통일 이후에 나타난 부작용은 한반도의 통일과 관련하여 철저하고 다각적인 준비가 필요하다는 것을 시사하고 있다(김국신 외, 1994). 통일 독일이 정치 및 경제체제의 통합 과정에서도 어려움을 겪었지만 특히 사회통합 부문에서 더욱 심각한 갈등과 분열을 노정했다는 점에서 사회문화적 통합은 중요한 과제라고 할 수 있다. 요컨대 법적·정치적 통합뿐만 아니라 상이한 이념과 체제 속에서 살아 온 사람들의 의식과 가치관의 이질성을 극복하는 일이 중요한 과제라는 점을 잘 보여주고 있다.

사회문화적 통합은 사회 구성원들 사이의 가치와 태도의 차이에 따른 갈등의 해결을 제도화하고 문화적 동질성의 영역을 확장함으로써 공동체 구성원들이 물질적·관념적 정체성을 공유하도록 하는 일련의 과정이자 결과라고 할 수 있다. 따라서 이러한 사회문화적 통합은 사회의 분화, 이질화, 분리, 차별, 불평등 상태를 전제로 한 사회화 과정이기도 하다. 권력 구조나 경제관계의 변화를 통해 이루어지는 체제통합에 비해 사회문화적 통합은 주로 가치에 대한 동의나 사회화를 통해 달성되기 때문이다.

사회화를 통해 사회 구성원들의 행동 규범이 형성된다는 점에서 사회화는 사회문화적 통합 과정에서 중요한 역할을 수행한다. 하지만 이는 오랜 시간과 세대를 거치면서 이루어지는 것이기 때문에 이질적인 사회를 단기간 내에 통합하기에는 한계가 있다. 이러한 관점에서 볼 때, 반세기 이상 지속된 분단의 현실과 그에 따른 가치체계의 이질화는 남북한의 사회문화적 통합 과정에 부정적으로 작용할 가능성이 크다.

사회문화적 통합이 중요한 이유는 다음과 같다. 첫째, 법적·제도적 차원의 형식적인 남북한 통합은 남북한 주민들 간의 이질화된 정체성과 문화의 통합을 자동적으로 보장해 주지 못한다는 점이다. 사회문화적 통합은 신념, 가치, 언어, 관습, 태도 등의 이질성을 극복하는 것이다. 남북한은 같은 민족으로서의 동질성에도 불구하고 오랜 분단 상태 속에서 가치관과 태도 등 이질성의 범주와 영역이 점차 확대되어 왔다. 그만큼 남북한 간의 사회문화적 통합이 중요하다고 할 수 있다.

둘째, 사회문화적 통합은 남북한 통일을 실현하기 위한 기반이라는 점이다. 자유민주주의와 자본주의 체제 속에서 개인주의적 성향이 강하고 물질적 풍요에 익숙한 남한 주민들의 가치관은 유기적인 사회통제와 집단의식이 강한 북한사회의 문화와는 공존하기 어려운 측면이 많고 갈등의 소지도 크다고 할 수 있다. 또한 민족 자주의식이 강한 북한의 사회문화와 서구화되고 세계화된 가치체계에 친숙한 남한의 사회문화는 갈등의 정도가 심각할 수 있다. 더욱이 사회문화적 차원의 이질성이 극복되지 못하면 남북한 간의 정치 및 경제통합에도 부정적 영향을 미칠 수밖에 없다는 점에서 사회문화적 통합은 남북한 통합의 완성과 궁극적 통일을 위한 기반이라고 할 수 있다.

물론 사회문화적 영역과 정치·경제체제를 이론적으로 범주화하는 것이 가능하다고 해도 이들을 현실적으로 분리해서 파악하는 것은 쉬운 일이 아니다. 인간의 구체적 삶의 모습이나 생활 세계는 거시적 사회 구조나 제도와 유리된 추상적인 것일 수 없기 때문이다. 말하자면 북한 주민의 생활 세계 그리고 그들의 구체적인 삶의 모습은 북한의 정치 및 경제체제의 특징과 밀접하게 관련된 것일 수밖에 없다는 점이다. 따라서 특정한 정치·경제체제의 구성원들의 삶의 모습을 들여다 보고 이를 이해하기 위해서는 거시적 구조의 영향과 함께 이들 사이의 상호작용에 대해서도 충분히 고려할 필요가 있다. 요컨대 남북한 통일을 위해서는 사회문화적 통합의 중요성 못지않게 정치통합과 경제통합이 지닌 의미와 유용성을 간과할 수는 없다는 점이다.

실질적인 남북한 통합의 진전을 위해서는 남북한 사이의 정치적 접근을 가급적 지양하고, 비정치적 분야에서의 교류와 협력을 모색하며, 사회 집단 차원의 교류와 상호 이익을 추구하는 다원적 접근이 중요하다. 그러나 정치적 통합이 배제된 상태에서의 통일은 있을 수 없다는 점을 고려한다면(이종석, 1998), 남북한 정치체제 사이의 정치통합의 기반을 마련하고 확대하는 것이 경제나 사회문화 등 다른 제반 영역에서의 통합의 심화, 즉 우리가 바라는 궁극적 통일에 필수 불가결한 요소임을 부인할 수는 없을 것이다.

따라서 궁극적 통일로 향하는 과정에서 우리가 기억해야 할 것은 구체적인 생활 문화에 대한 이해와 사회문화적 통합이 남북한 사이의 이념과 체제의 통합, 법적·제도적 통합과 별도로 분리되어 분석될 수는 없다는 점이다. 말하자면 남북한 체제를 각각 구성하고 있는 다양한 하위 체제 내지 영역들 사이의 역동적 상호작용과 복합적 관계에 기초한 통합 과정을 총체적으로 고려해야 한다는 것이다.

4. 남남갈등과 국가내 통합

우리가 소망하고 추구하는 통일은 남북한 민족공동체의 형성, 즉 법적·제도적 통일을 넘어서는 진정한 의미의 통일이다. 그러나 진정한 의미의 통일은 민족 구성원 모두가 일체감을 공유하며 공속의식을 지니는 것이라고 할 때 체제와 이념을 달리해 온 남한과 북한이 정치적 통합의 수준을 넘어 진정한 의미의 통일 상태로 나아가기 위해서는 많은 시간을 요할 수밖에 없다. 그러나 문제는 여기서 그치지 않는다. 우리가 의미하는 바의 통일국가의 이미지는 남북한 간의 다양한 영역에서의 완진한 통합 이전에 남한 사회에서 표출되고 있는 이른바 남남갈등의 문제를 해결하지 않고서는 불완전할 수밖에 없기 때문이다.

이와 같은 남남갈등의 해소 내지 극복은 앞에서 살펴 본 국가내 통합의 한 예로 볼 수 있다. 국가내 통합은 정치, 경제, 사회, 문화 등의 차원에서 이념과 계층, 세대를 달리하는 상이한 행위자들 간의 통합을 의미한다. 따라서 지역감정, 계층감정, 세대차이, 이념차이 등에 의해 이질적으로 분열된 우리 사회를 하나의 통합된 공동체로 묶어내는 것은 국가내 통합에 해당한다고 할 수 있다. 요컨대 남한 사회 내의 사회통합은 남남갈등으로 지칭되는 지역감정, 세대격차, 빈부격차, 이념갈등 등으로 조장되는 사회 분열을 극복하여 융합되고 통합된 공동체를 건설하는 것이라는 점에서 국가내 통합으로 간주할 수 있다는 점이다.

남북한의 통일문제는 남북한 사이의 반목과 대결 그리고 갈등 구조의 해소뿐만 아니라 우리 사회에 자리하고 있는 남남갈등의 극복까지도 포함하는 것이라고 할 수 있다. 이는 남북통일의 문제가 남북한 사이의 문제라는 단순한 구도와 이해를 넘어서는 매우 복합적이고 중층적인 인식에 기초한 것이다. 이것이 시사하는 바는 남북한의 통일문제가 남한과 북한 사이의 상호작용에만 국한된 것이 아니라 남한 사회 내부의 다양한 집단과 계층, 지역과 세대, 즉 남한 사회의 다양한 구성 요소들 사이의 역동적 상호작용까지를 포함하는 매우 복합적 과정이라는 점이다.

흔히 남남갈등이란 말은 남과 남의 갈등, 즉 남한 사회의 내부 갈등을 의미한다. 따라서 계층갈등, 지역갈등, 빈부갈등, 세대갈등 등을 포함한 남한 사회 내의 모든 갈등을 포괄하는 개념이다. 그러나 우리가 최근 사용하고 있는 남남갈등이라는 용어는 이와 같은 넓은 의미보다는 남북관계에 관련된 제한된 의미를 지니고 있다고 볼 수 있다(손호철, 2004, 13-14). 즉 남남갈등은 남북갈등에 대칭되는 의미로 주조된 용어로서 남한 사회의 내부 갈등 일반이 아니라 남북관계와 통일문제를 둘러싼 남한 사회의 내부 갈등을 지칭하는 개념으로 사용되고 있다.

달리 보면 오늘날 한국 사회가 경험하고 있는 이념적 갈등의 총체를 광의의 남남갈등이라고 할 때 남북관계와 통일문제를 둘러싼 관점과 시각의 차이 그리고 이에 따른 사회적 마찰이 협의의 남남갈등이다. 물론 갈등 자체를 포함해서 남남갈등에 대한 인식과 평가 또한 얼마든지 다를 수 있다. 예컨대 갈등의 진원이 남북관계에 대한 방법론적 측면(이른바 속도 조절의 문제)이 될 수도 있고 아니면 그보다 더욱 근본적인 것에서 비롯될 수도 있다. 그러나 궁극적으로 볼 때 우리 사회에 잠재된 남남갈등 문제는 북한 및 통일문제와 관련된 이념적 지향과 차이가 가장 핵심적 요인이다(장원석, 2004).

특기할 것은 대북정책을 둘러싼 우리 사회의 내부 갈등이 남북한 사이의 화해와 협력이 강조되던 시기에도 여전히 지속되었다는 점이다. 그 이유 가운데 하나는 우리 사회 일부에서 동북아와 한반도에서의 냉전 구도의 종식을 아직도 세계사의 조류로 인정하지 않고 있고 여전히 북한을 적대적인 상대로만 인식하고 있다는 점에서 찾을 수 있다. 또한 장기간에 걸친 한반도의 냉전 구도 속에서 분단체제가 고착된 것도 주된 이유 가운데 하나라고 할 수 있다. 분단이 남북한 사이의 분열과 대치뿐만 아니라 우리 사회 내부에 불신과 대결 구도를 지속적으로 재생산해 왔다는 점이다. 요컨대 남북한 사이의 분단과 대결 구도가 우리 사회 내부에 투영됨으로써 공존과 상생의 정치문화가 아닌 대립과 상극의 정치문화를 낳았고 이것이 다양한 영역과 층위에서 남북관계나 통일문제에 관한 관점과 시각의 차이로 표출되고 있는 것이다.

남북관계나 통일문제를 둘러싼 우리 사회 내부의 이념적 갈등은 남북관계의 전개 과정과 밀접하게 관련되어 있다. 따라서 우리 사회 내부의 다양한 갈등 양태들이 해소되지 않는다면 대북정책의 일관성과 지속성을 유지하는 가운데 남한과 북한 주민 사이의 신뢰 형성이 어렵다는 점에서 남남갈등의 문제는 남북한 통일문제의 또 다른 측면이라고 할 수 있다. 왜냐하면 남북관계 및 통일문제에 대한 우리 사회의 국민적 합의는 북한 주민들로 하여금 남북한 통합과 통일에 대한 의지를 강화시키는 유인 조건이 될 수 있고 남북한의 실질적 접근을 촉진시키는 배경 요인이 될 수 있기 때문이다.

진정한 남북통일을 위해서는 남한 사회 내부의 정치 발전과 경제성장 뿐만 아니라 지역갈등, 빈부갈등, 세대갈등, 계층갈등 등 제반 갈등 구조의 해결이 필요하다. 이를 통해 개인 및 집단 차원에서 상호 간의 이질감을 해소하고 사회 전체의 조화를 이루어야 한다. 지역 간의 균형 발전을 통하여 지역갈등 구도를 극복하고, 소득 불평등 구조의 개선을 통하여 계층 간의 위화감과 갈등을 해소함으로써 국민적 통합과 대화합을 도출하는 노력이 병행될 때 남북통일의 실질적 기반이 조성될 수 있을 것이다.

우리가 지향하는 남북통일은 이처럼 남북 사이의 이념적 갈등과 대결 구도의 극복뿐만 아니라 남한과 북한체제 각각의 내적 통합을 전제로 한다. 남북한이 단순한 법적·제도적 통합, 즉 정치적 통일의 차원을 넘어 하나의 민족으로서 공동체를 이루고 공속의식을 느끼는 가운데 함께 더불어 살아가는 진정한 의미의 통일은 사회적 갈등이 합리적이고 조화롭게 해결될 수 있는 상태를 의미한다. 따라서 진정한 의미의 남북통일과 민족공동체의 형성은 남남갈등과 남북갈등 등 남북한 사회의 제반 갈등 구조가 해소되는 상태를 의미한다고 볼 수 있다.

남남갈등의 핵심이 남북관계와 통일문제를 둘러싼 남한 사회 내부의 관점과 시각 차이에 있다면, 남남갈등의 문제는 남북관계 나아가 남북한의 통일문제와 밀접하게 관련될 수밖에 없다. 따라서 남남갈등의 문제가 남북관계에 어떠한 영향을 끼치고 있으며, 남남갈등이 남북한 통합과 통일 과정에서 어떠한 영향을 미칠 수 있고, 남남갈등의 해결을 위해 우리가 어떠한 노력을 기울여야 하는가 하는 문제에 대한 비판적 성찰이 요구된다. 남북관계와 통일문제에 대한 체계적 이해와 접근을 위해서는 남북한 사이의 대립과 차이, 갈등의 문제 못지않게 남남갈등의 문제에 대한 적극적인 관심과 대처가 수반되어야 하기 때문이다. 이처럼 남북한 통일의 외연을 남한과 북한 사이의 이질감과 갈등뿐만 아니라 남남갈등의 해소까지를 포함하는 것으로 확대할 때 비로소 우리가 소망하고 지향하는 진정한 통일의 의미에 보다 충실할 수 있을 것이다.

참고문헌

김국신 외(1994), 『분단극복의 경험과 한반도 통일 1, 2』, 파주 : 한울.

김도태(1992), "남북한 통합에 대한 신기능주의적 이해", 『국방논총』, 제20호(겨울호).

김세균(1993), "통일과정의 정당성과 남북한의 체제개혁", 『통일한국의 새로운 이념과 질서 모색』, 서울 : 한국정치학회.

김영명(1999), "민족통합을 보는 정치학적 관점", 『민족통합과 민족통일 총서 1』, 춘천 : 한림대학교 민족통합연구소.

김혁(1997), "한반도 통일을 위한 대안적 이론체계의 모색 : 인식론과 방법론을 중심으로", 한국경제사회연구원, 『통일경제』, 3월호.

박광기(1998), "한국의 통일정책 : '통일'인가, '통합'인가?", 조찬래·미켈스 편, 『남북한 통합론』, 서울 : 대왕사.

박광기(2002), "통일문제에 대한 이론적 접근 : 통일인가 통합인가?", 권혁범 외, 『한반도와 통일문제』, 서울 : 대왕사.

박기덕(1995), "남북한 정치적 통합모델의 모색 : 이론적 논의", 『남북한 체제비교와 통합모델의 모색』, 성남 : 세종연구소.

박종철 외(2006), 『동북아 경제·안보협력의 연계 : 4대 분야 협력체 형성 중심』, 서울 : 통일연구원.

손병해(2002), 『경제통합의 이해』, 서울 : 법문사.

손호철(2004), "남남갈등의 기원과 전개과정", 『남남갈등 진단과 해소방안』, 경남대 극동문제연구소 학술세미나 자료집.

양문수(2005), "남북한 경제통합의 인프라 확장방안", 『남북한 통합과 통일인프라 확장방안』, 서울 : 통일연구원.

양성철(1992), "통일은 왜 하자는 것인가 : 남북한체제 통합과정의 접근전략", 『사회과학과 정책연구』, 제13집 제3호.

양운철(1995), "남북한 경제통합의 모색", 『남북한 체제비교와 통합모델의 모색』, 성남 : 세종연구소.
오기성(1997), "북한 문화의 구조분석을 통해 본 남북한 문화 통합", 이온죽 외, 『남북한 통합론』, 서울 : 삶과 꿈.
오기성(2004), "도덕과 통일교육에 있어 사회문화적 접근", 『국민윤리연구』, 제57호.
이상우(1993), "남북한 정치통합 : 전망과 과제", 『국제문제』, 제24권 제3호.
이용필 편(1996), 『남북한통합의 복합적 체계모델』, 서울 : 도서출판 신유.
이우영(2002), "통일문제를 둘러싼 이념논쟁 비판", 권혁범 외, 『한반도와 통일문제』, 서울 : 대왕사.
이종석(1998), "남북한 정치통합 연구의 현황과 과제", 『대외정책과 국민통합 : 한국 중국 러시아』, 성남 : 세종연구소.
임강택(2006), 『한반도 경제통합 모형의 이론적 모색』, 서울 : 통일연구원.
임현진·정영철(2005), 『 21세기 통일한국을 향한 모색 : 분단과 통일의 변증법』, 서울 : 서울대학교 출판부.
장원석(2004), "제주도민의 북한 및 통일관련 의식조사 서설", 『민주평화통일과 제주도』, 제주평화통일포럼 토론회 자료집.
제성호(2010), 『남북한관계론』, 서울 : 집문당.
진시원(2004), "남북한 통합 : 개념·이론·시나리오", 홍익표·진시원, 『남북한 통합의 새로운 이해』, 서울 : 도서출판 오름.
한만길 외(1999), 『학교 통일교육 활성화 방안연구』, 서울 : 한국교육개발원.
Balassa, B.(1961), *The Theory of Economic Integration*, London : George Allen & Unwin.
Balassa, B.(1987), "Economic Integration", in John Eatwell, et al.(ed.), *The New Palgrave : A Dictionary of Economics*, The Macmillian Press Ltd..
De Vree, Johan, K.(1972), *Political Integration : The Formation of Theory and Its Problems*, The Hague－Paris : Mouton.

Deutsch, K. et al.(1957), *Political Community and the North Atlantic Area : International Organization in the Light of Historical Experience*, Princeton, N. J. : Princeton University Press.

Deutsch, K.(1968), *The Analysis of International Relations*, Englewood Cliffs : Prentice-Hall.

Easton, D.(1965), *A Systems Analysis of Political Life*, New York : Wiley.

Etzioni, A.(1965), *Political Unification : A Comparative Study of Leaders and Forces*, New York : Holt Rinehart and Winston.

Hass, E.(1958), *The Uniting of Europe; Political, Social, and Economic Forces, 1950-1957*, Stanford, CA. : Stanford University Press.

Hass, E.(1964), *Beyond the Nation-State : Functionalism and International Organization*, Stanford, CA. : Stanford University Press.

Lindberg, L.(1963), *The Political Dynamics of European Economic Integration*, Stanford, CA. : Stanford University Press.

Myrdal, G.(1956), *An International Economy : Problems and Prospects*, New York : Harper & Brothers Publishers.

Nye, J.(1968), "Comparative Regional Integration : Concept and Measurement," *International Organization* Vol. 22.

Nye, J.(1971), *Peace in Parts : Integration and Conflict in Regional Organization*, Boston : Little, Brown.

Puchala, D.(1972), "Of Blind Men, Elephants and International Integration", *Journal of Common Market Studies* Vol. 10, No. 3(March).

Yang, S. C.(1981), *Korea and Two regimes : Kim Il Sung and Park Chung Hee*, Cambridge, Mass. : Schenkman Pub. Co..

제8장 통일비용과 통일편익

베를린 장벽이 무너지는 장면은 남북한의 통일도 멀지 않았다는 기대와 함께 통일문제에 대한 국민적 관심이 증폭되는 계기가 되었다. 하지만 이와 같은 긍정적 영향과는 다른 측면에서 통일 독일이 경험한 통일 후유증은 우리로 하여금 남북통일과 관련된 현실적 문제를 고민해야 하는 과제를 던져주었다. 남북통일은 필요한가, 필요하다면 그 이유는 무엇인가 그리고 통일이 되면 나와 우리 사회에 과연 어떠한 부담과 이익이 뒤따를 것인가 하는 문제 등이 바로 그것이다. 특히 통일의 필요성에 대한 인식과는 다른 차원에서 통일 과정이 수반할 수 있는 경제적 비용과 부담은 우리 국민이 통일문제를 바라보는 데 있어서 매우 중요한 변수가 되고 있다.

1. 남북통일과 통일비용

한반도의 통일을 바라보는 시각은 다양할 수 있다. 하지만 통일 문제에 대한 관심이 줄어들고 있고 통일의 당위성 내지 필요성에 대한 인식이 약화되고 있는 현상은 바람직하지 않다. 이와 같은 추세가 확산되고 있는 배경 가운데 하나는 통일에 따르는 사회적, 개인적 부담에 대한 인식에 있다. 이러한 맥락에서 독일 통일의 경험은 우리 사회에 상호 모순적인 영향을 미쳤다고 할 수 있다. 독일 통일은 한편으로 한반도 통일에 대한 기대감을 갖게 만든 동시에 통일이 수반하는 여러 가지 부작용과 개인적 차원의 부담에 관해 생각할 수 있는 기회를 제공해 주었다.

이처럼 독일 통일은 남북한 통일문제를 당위적 관점보다는 경제적 입장에서 바라보게 하는 중요한 전기가 되었다. 사회주의 진영 가운데 가장 잘 살았던 동독과 막강한 경제력을 지닌 서독 사이의 통일이었음에도 불구하고 통독 이후 서독이 경험한 경제적 측면의 충격과 후유증은 남북통일이 가져올 경제적 부담에 대한 우려를 더욱 증폭시켰다. 통일은 막대한 비용을 수반한다는 사실을 깨닫게 된 것이다. 통일비용에 대한 관심과 연구는 여기에서 비롯되었다고 할 수 있다.

독일 통일의 경험을 토대로 향후 한반도 통일이 실현될 경우 발생할 수 있는 경제적 파장을 예측해 보려는 학문적 관심에서 출발한 통일비용 연구는 원래의 의도와는 달리 통일에 따른 경제적 부담을 더욱 부각시키는 계기가 되었다(권혁범 외, 2002, 142). 특히 통일에 대한 대부분의 연구 논의가 통일비용과 통일편익을 동시에 분석하기보다는 통일비용의 추정에 치중함으로써 통일에 대한 국민들의 부정적 인식을 확산시키는 결과를 초래하였다.

물론 통일비용에 대한 논의가 가져온 긍정적 효과 가운데 하나는 통일이 아무런 대가없이 이루어지는 것이 아니라 비용을 수반한다는 사실을 인식하게 했다는 점이다. 그 결과 우리 국민들의 통일에 대한 인식과 접근 태도가 당위적이고 감상적인 차원에서 현실적인 것으로 변화되었다고 할 수 있다. 통일비용에 대한 논의가 통일을 기피하거나 멀리하는 심리를 가지게 한 측면도 있으나 통일에 따르는 부담이 있을 수 있음을 인식하고 사전에 이에 대한 준비가 필요하다는 사실을 환기시키는 계기를 제공했다는 점은 긍정적으로 평가된다.

하지만 지난 수 십 년간 우리 사회의 통일비용 논의는 이론적 측면과 방향성의 측면에서 문제점을 보여 왔다. 먼저, 이론적 측면에서는 순비용(net cost)으로 정의되어야 할 통일비용이 총비용(total cost)으로 정의됨으로써 실제 비용을 크게 부풀리는 결과를 낳았다. 이는 통일에 대한 국민들의 막연한 두려움 내지 부정적 인식을 증폭시키는 결과를 가져왔다. 다음으로 방향성의 측면에서는 통일비용 논의가 규모 추정에 집중되면서 본래의 목적에서 벗어나게 되었다. 오히려 통일비용 논의의 본질은 단순히 추정 비용을 제시하는 것보다는 통일비용을 무리 없이 부담하거나 이를 줄이기 위해 어떠한 정책과 노력을 기울여 나갈 것인가에 대한 사회적 논의와 공감대를 형성하는 데 있다고 할 수 있다.

2. 통일비용의 의미와 내용

통일비용은 간단히 통일한국이 통일로 인해 부담해야 하는 비용으로 정의할 수 있다. 이것은 남북한이 하나의 통일국가로서 정치·경제·사회문화 체제의 안정을 이루면서 정상적으로 운영되기 위해 추가적으로 부담해야 하는 비용을 의미한다(홍순직·최성근, 2010, 2). 하지만 이와 같은 통일비용은 이론적 차원과 현실적 차원에서 각기 다른 의미로 받아들여지고 있다. 이론적 차원에서 통일비용은 남한과 북한 그리고 경제적 비용과 비경제적 비용을 망라하는 넓은 의미로 규정된다. 반면에 현실적 차원에서 통일비용은 북한 지역에 대한 남한의 경제적 지원에 국한된 좁은 의미로 규정된다.

1) 통일비용의 정의

(1) 이론적 차원/ 넓은 의미의 통일비용

이론적 차원에서 볼 때 통일비용이란 통일된 남북한 지역, 즉 통일한국이 통일로 인하여 부담하여야 하는 모든 경제적·비경제적 비용으로 정의된다. 통일비용은 통일이 이루어진 상황을 가정한 것이고 따라서 남북한 양 지역은 정치·경제·사회문화 등 모든 분야에 걸쳐 이미 하나로 통합된 상황이므로 통일에 따르는 비용도 통일한국의 관점에서 보아야 하기 때문이다. 물론 이 때의 비용은 통일이 이루어지지 않았더라면 부담하지 않았어도 될 비용이라는 점에서 기회비용(opportunity cost)의 차원에서 정의된 것이다. 바꾸어 말하면 통일비용은 통일로 인하여 남북한이 입게 되는 손실로 정의할 수 있다(조동호, 2012; 통일교육원, 2013, 32-37).

그렇다면 이와 같은 통일비용에는 구체적으로 어떠한 것들이 포함될 수 있을까? 현재 남북한의 경제적·사회적 상황을 토대로 통일을 상정할 경우, 통일비용은 공간적 차원에서는 남한 지역과 북한 지역에서 각각 발생하게 되고 이것은 다시 경제적 비용과 비경제적 비용으로 구분해 볼 수 있다〈표 8-1〉.

우선 가장 큰 관심은 북한 지역 지원에 따른 비용이다. 북한 지역의 경제체제를 재편하기 위해서는 막대한 투자가 필요한데, 이는 투자 규모나 성격을 감안할 때 남한 정부의 재정에서 대부분 충당될 수밖에 없다. 그런데 이와 같은 비용 지출은 재정 상황을 악화시키게 되고 이를 충당하기 위해서는 남한 지역의 증세, 복지비용의

〈표 8-1〉 통일비용의 분류(조동호, 2011, 34)

통일비용

Ⅰ. 남한 지역의 경제적 비용

① 북한 지역 지원에 따른 비용
- 경기침체
- 실업증가
- 재정적자 심화
- 인플레이션 발생
- 국제수지 악화

② 외부 비경제
- 이질적 체제와의 통합으로 인한 경제적 효율 하락

③ 인구이동에 따른 비용
- 주거·교통·교육 부문 등에서의 혼잡비용

Ⅲ. 북한 지역의 경제적 비용

① 경제통합 및 체제전환에 따른 비용
- 생산 및 소득 감소
- 실업증가
- 인플레이션 발생
- 정책의 과도기적 시행착오로 인한 손실

② 인구이동에 따른 비용
- 청년·숙련노동력 부족
- 군수산업 비중 축소

Ⅱ. 남한 지역의 비경제적 비용

① 사회적 혼란
- 범죄, 투기 증가 등 기존 질서의 이완

② 남북 지역 주민간 갈등
- 지역감정 및 지역이기주의의 심화

Ⅳ. 북한 지역의 비경제적 비용

① 국가소멸에 따른 비용
- 자신감·자존심의 훼손
- 각종 제도 및 조직의 변경에 따른 비용

② 사회적 혼란
- 기존 가치관의 손상
- 기존 질서의 해체
- 체제부적응 계층의 발생
- 소득격차, 물질만능주의 등 자본주의 폐해의 확산

③ 남북 지역 주민간 갈등
- 2등국민 심리의 발생

감축 그리고 일자리 창출을 위한 정부 투자의 감소를 초래할 것이다. 그 결과 남한 지역의 경기가 침체되고 실업이 증가할 수 있다. 또한 화폐통합 과정에서 통화량이 늘게 되면 인플레이션 가능성이 높아지게 된다. 경기 침체 속에서 투자가 감소되면 국가 경쟁력이 약화되고 이는 수출 감소로 이어져 국제수지를 악화시키는 악순환을 초래할 수 있다.

북한 지역에 대한 지원 비용 이외에도 이질적 체제와의 통합에 따라 남한 지역의 경제적 효율이 저하되는 외부 비경제 효과가 나타날 수 있다. 그리고 북한 지역 주민들이 더 나은 생활 환경과 일자리를 찾아 대거 남한으로 내려 올 경우, 노동 시장은 물론 주거, 교통, 교육 부문에서 대혼란이 발생할 수 있다.

통일은 남한 지역에 비경제적 비용도 발생시킬 수 있다. 자유민주주의와 시장경제 체제에 익숙하지 않은 북한 주민들의 유입과 이에 대한 일부 남한 주민들의 불만은 범죄의 증가로 이어질 수 있다. 또한 경제적 어려움에 처한 남한 지역 주민들이 북한 지역에 대한 지원을 못마땅하게 여기는 지역 이기주의가 나타날 수 있고, 북한 지역의 주민들에 대해 편견을 갖거나 미워하는 부정적인 지역 감정이 심화될 수 있다.

통일로 인해 북한 지역에서도 경제적·비경제적 비용이 발생할 것이다. 우선 경제적으로 북한 지역은 경제통합 및 체제전환 과정에서 발생하는 심각한 어려움에 봉착할 것이다. 경쟁력이 없는 산업체들이 구조 조정되거나 시장에서 도태됨으로써 산업 생산이 격감하고 실업이 급증할 수 있다. 그리고 새로운 경제체제로 전환되는 과정에서 사유화나 재산권을 둘러싼 분쟁이 발생하는 등 체제 적응 과정의 시행착오들이 속출할 수 있다. 또한 경쟁력을 갖춘 숙련된 노동력 부족으로 북한 지역 주민들은 제한적 범위 내에서 단순 노동에만 투입될 가능성이 높다.

통일로 인한 비경제적 비용의 경우, 남한 지역에 비해 북한 지역이 더 큰 부담이 될 것이다. 무엇보다 기존 국가체제가 소멸될 경우 국가정체성의 혼란과 함께 북한 지역 주민들의 자존감과 자긍심이 크게 훼손될 수 있다. 또한 체제 전환 과정에서 기존 제도와 조직, 질서, 가치 규범 등이 새롭게 대체되면서 주민들의 가치관 혼란과 그로 인한 정치적·사회적 무질서 상태를 가중시킬 수 있다.

특히 시장경제 체제를 받아들이는 과정에서 시장경제의 기본 규범은 무시한 채 물질적 가치만을 좇는 물질 만능주의에 사로잡힐 가능성이 높다. 이는 범죄의 증가뿐만 아니라 북한 지역 내 소득 격차 등의 문제를 조래할 수 있다. 이러한 과정에서 시장경제 체제에 잘 적응하지 못하는 북한 주민들은 시장의 실패자가 될 수 있고, 그 결과 남한 지역 주민들과 비교하여 자신들의 처지를 비하하는 심리가 만연할 수 있다(김학성, 2002, 144-147).

(2) 현실적 차원/ 좁은 의미의 통일비용

통일비용을 이론적 차원에서 매우 넓은 의미로 이해하는 경우와는 달리 일반적으로 통용되는 통일비용 개념은 위에서 언급한 내용 가운데 일부만을 의미하는 좁은 의미로 사용되고 있다. 다시 말해 통일로 인해 남한 지역이 부담하는 경제적 비용, 즉 통일로 인해 남한 지역이 북한 지역에 지원함으로써 발생하는 남한 지역의 경제적 손실로 이해하는 경향이 지배적이다(김규륜, 2011, 16; 조동호, 2011, 36). 여기에는 계량화가 어려운 외부 비경제 효과나 인구 이동에 따른 비용은 제외하고 북한 지역 지원에 따른 비용만을 고려하는 것이 일반적인 경향이다. 이는 통일비용을 경제적 비용과 비경제적 비용으로 구분하되, 북한 지역의 경제적·비경제적 비용과 남한의 비경제적 비용은 제외한 것이다.

이처럼 이론적 차원과 달리 현실적 차원에서 볼 때 통일비용에 대한 논의는 달라질 수 있다. 기회비용의 측면에서 정의한 광의의 통일비용은 유용성이 떨어진다. 이론적·논리적으로는 통일비용을 기회비용의 측면에서 정의하는 것이 타당하지만, 기회비용을 측정하는 것이 현실적으로 쉽지 않다는 점이다. 게다가 우리 국민이 통일비용에 관심을 갖는 일차적 이유는 통일과 함께 즉각적으로 발생하는 우리의 경제적 부담 정도를 파악하고 그 축소 방안이나 바람직한 재원 조달 방안을 모색하는데 있다고 할 수 있다. 따라서 막연한 통일비용에 대한 추정보다는 사전에 이와 같은 문제에 대해 논의하고 준비하는 것이 보다 현실적이라고 할 수 있다.

결국 통일비용 연구의 현실적 목적에 비추어 볼 때, 통일비용은 통일로 인하여 남한이 부담하는 경제적 비용 즉 통일이 이루어지지 않았더라면 남한이 지불하지 않아도 되는 것이었지만 통일로 인하여 남한이 북한 지역에 지원을 함으로써 발생하는 남한의 경제적 손실이라는 좁은 의미로 한정하는 것이 보다 유용하다고 할 수 있다. 이것은 〈표 8-1〉에서 도식화한 남한 지역의 경제적 통일비용 중에서 북한 지역 지원에 따른 비용(Ⅰ-①)만을 가리킨다.

통일비용을 이처럼 협의로 정의하는 것이 유용한 이유는 첫째, 우리의 관심은 통일과 함께 즉각적으로 발생하는 경제적 부담을 산정하는 것인데, 여기에 비경제적 통일비용(Ⅱ와 Ⅳ)을 포함시키기가 어렵기 때문이다. 실제로 남북한 양 지역의 비경제적 통일비용은 장기간에 걸쳐 지속되는 것으로 단기간 내에 해소될 수 없고, 경제적 지출을 통해 해결될 수 있는 부분도 아니다. 독일의 경우에도 이러한 문제는 한 세대 혹은 그 이상이 지나야 해결될 수 있을 것으로 보았다. 게다가 비경제적 통일비용의 계량화가 거의 불가능하다는 현실적인 한계도 있다.

둘째, 남한 지역의 경제적 통일비용 중 북한 지역 지원에 따른 비용(Ⅰ-①)은 북한 지역이 부담해야 할 경제적 통일비용 중에서 경제통합 및 체제전환에 따른 비용(Ⅲ-①)을 대신 부담하는 것이라고 할 수 있기 때문이다. 이것은 북한 지역의 부담 능력이 거의 없다고 예상하는 경우이다. 실제로 북한의 심각한 경제난을 고려할 때 북한이 통일비용을 부담할 능력은 희박해 보인다. 결국 이는 현실적인 통일비용 논의에 있어서 Ⅲ-①을 제외해야 한다는 의미이다.

그리고 북한 지역의 경제적 통일비용 중에서 인구 이동에 따른 비용(Ⅲ-②) 또한 남한 지역의 북한 지역 지원에 따른 비용(Ⅰ-①)의 크기에 따라 그 규모가 크게 좌우될 것이며, 완전고용 정책과 연성예산 제약(soft budget constraint)으로 인하여 북한에서는 적정 수준 이상으로 고용이 이루어지고 있음을 감안하면 어느 정도의 노동력 이동은 북한 지역의 입장에서는 큰 비용이 되지 않을 수 있다고 볼 수 있다.

셋째, 남한 지역의 경제적 통일비용 중에서 외부 비경제(Ⅰ-②)와 인구 이동에 따른 비용(Ⅰ-③)은 경제체제 및 소득 수준이 다른 상대와의 통합 과정에서 불가피하게 발생하는 비용이며, 어느 정도 계량화가 가능한 부분이다. 그러나 이는 북한 지역에 대한 지원에 따라 남한 지역이 입게 되는 직접적인 손실이 아니다. 또한 이 비용은 북한 지역에 대한 지원의 정도와 그에 따른 북한 지역의 경제 활성화 속도에 따라 상당 부분 좌우될 것이며, 비용의 크기도 북한 지역 지원에 따른 비용(Ⅰ-①)에 비해 매우 적을 것이라고 가정할 수 있다. 따라서 협의의 통일비용에서 제외해도 큰 무리가 없기 때문이다(조동호, 2012, 35-37).

(3) 지출 측면을 고려한 통일비용

A. 지출 주제와 목적에 따른 구분

통일비용은 그것을 현실적 관점에서 좁은 의미로 이해하는 경우에도 지출 주체와 지출 목적에 따라 다양하게 규정될 수 있다. 일반적으로 통일비용의 지출 주체는 정부와 민간 그리고 지출 목적은 투자 지출과 경상 지출로 구분할 수 있다. 그 중에서 어느 부분을 통일비용으로 파악하느냐에 따라 통일비용에 대한 규정과 이해가 달라진다.

만약 통일비용을 형식이 어떻든 통일로 인해 북한 지역에 지출해야 하는 전체 비용 규모로 정의한다면, 통일비용은 〈표 9-2〉에서 전체(A+B+C+D)가 될 것이다. 그런데 민간 투자는 기본적으로 미래의 수익을 전제로 하기 때문에 이를 통일비용에 포함시키는 것이 논리적으로 문제가 있다고 한다면, 민간 투자를 제외한 나머지(A+B+D)를 통일비용으로 볼 수 있다. 또한 민간이 자발적으로 북한 지역에 지원을 하는 것 역시 일반 국민의 부담과는 별개의 것이라고 생각한다면 통일비용은 민간을 제외한 정부 차원의 부담(A+B)으로 정의될 수 있다. 혹은 통일비용을 통일로 인해 북한 지역에 건설해야 하는 철도, 도로 등 각종 인프라 및 설비에 소요되는 비용으로 생각한다면 전체 투자 지출(A+C)이 여기에 해당된다고 할 수 있다(조동호, 2011, 40-41).

〈표 8-2〉 협의의 통일비용의 지출 주체와 목적에 따른 분류 (조동호, 2011, 40)

		지출 주체	
		정 부	민 간
지출 목적	투자 지출	정부 투자 (A) •사회간접자본 조성 등	민간 투자 (C) •생산시설 투자 등
	경상 지출	정부 경상 지출 (B) •사회보장지출 및 각종 제도 통합 비용 등	민간 경상 지출 (D) •북한 지역 주민에 대한 민간의 지원 등

지출 주체와 목적에 따라 통일비용을 규정하는 위의 4가지 방식은 모두 나름의 논리적 근거를 지니고 있다. 하지만 정부의 투자 지출과 경상 지출을 합한 정부의 재정 부담(A+B)으로 보는 것 또는 정부와 민간의 투자 지출을 합한 것(A+C)만을 통일비용으로 산정하는 것이 일반적이다. 다만 후자의 경우에는 민간 투자가 미래의 수익을 예상하는 것이라고 할 때, 과연 이것을 통일비용에 포함시키는 것이 논리적으로 타당한지 그리고 정부의 경상 지출을 통일비용에서 제외하는 것이 과연 현실적인지 하는 문제가 제기되고 있다(김학성, 2002, 147).

B. 추정 방식에 따른 구분

통일비용은 또한 추정 방식에 따라 그 내용과 규모가 달라진다. 이중 가장 대표적인 것이 거시적 수준의 목표 소득 방식과 미시적 수준의 항목 추정 방식이다. 목표 소득(Income Target) 방식은 통일 이후, 북한 지역 주민의 소득을 남한 지역 주민 소득의 일정 수준에 도달하도록 하는데 필요한 재정 지출 및 총 투자액을 추정하는 방식이다. 이는 단기적인 소모성 비용 지출보다 통일 이후 중장기적으로 남북한 주민 간의 소득 격차를 해소하는 데 중점을 둔 추정 방법이다(신동천·윤덕룡, 1998; 이영선, 2003; 신창민, 2007; 한국은행, 2007; 홍순직·최성근, 2010).

반면 항목별 추정 방식은 통일에 수반되는 주요 항목들을 열거하고 각 항목에서 소요되는 비용을 각각 추정해 이를 합산하는 방식이다. 일반적으로 독일 통일에 실제 투입된 비용 항목을 기초로 제도통합 비용, 위기관리 비용 그리고 경제적 투자비용 등 3가지로 구분하고 있다(박태규, 1997; 김창권, 2005; 삼성경제연구소, 2005). 이를 구체적으로 살펴보면 다음과 같다.

제도통합 비용은 정치 및 행정제도 그리고 금융과 화폐통합 등 상이한 두 개의 체제를 통합하는 데 소요되는 비용이다. 여기에는 북한의 체제전환을 위한 공무원 재교육 비용과 주민의 재사회화 및 기술교육 비용 등이 포함된다. 위기관리 비용은 통일 과정에서 혼란을 수습하기 위해 치안 및 인도적 차원의 긴급 구호 등 초기 사회문제 처리에 소요되는 비용이다. 여기에는 북한 주민의 복지를 증진시키기 위한 사회보장성 비용이 포함된다. 그리고 경제적 투자비용은 인프라 및 생산시설 구축 등 북한 지역의 경제 활성화를 추진하고 북한 주민의 생활 기회를 확충하는데 소요되는 투자비용이다.

3. 통일비용 연구의 한계와 과제

현실적인 차원에서 통일비용을 좁은 의미로 한정시켜 이해한다고 할지라도 실제로 통일비용을 어떻게 산출하는가 하는 것은 또 다른 문제라고 할 수 있다. 양운철에 따르면, 통일비용에 대한 기존 연구에서는 대체로 5가지 방법으로 통일비용을 추정해 왔다(양운철, 2006, 48−51).

첫째는 독일 통일의 재정 지출을 기준으로 우리의 소득 수준과 재정 규모를 대비하는 방식이다. 즉 독일 정부가 통일 이후 통일비용으로 지출한 GDP 대비 비율을 우리의 GDP에 대비하여 계산하는 방식이다.

둘째는 남북한 균등 소득 혹은 북한의 목표 소득을 계산하는 방식이다. 이것은 통일 이후 일정한 목표 시기를 정하고 그 목표를 달성하는데 드는 재원을 추정하는 방식이다. 예를 들어, 통일 후 10년 후에 북한 주민의 평균 소득이 남한 주민의 70%가 되는데 드는 비용을 추정하는 경우가 여기에 해당한다.

셋째는 보다 정교한 연산 가능 일반균형(computable general equilibrium/ CGE) 모델을 사용하는 방식이다.[1] 이것은 제도 개혁과 투자가 여러 분야의 산업에 미치는 효과를 시장의 일반균형 모델에 대입하여 시뮬레이션을 통해 추정하는 방식이다. 이 방법은 통일 시나리오에 따라 비용이 다르게 추산된다.

넷째는 통일의 비용과 편익을 동시에 고려하는 방법이다. 즉 분단의 관리비용과 통일이 되었을 때 얻어지는 편익, 예를 들어 절약되는 군사비용 등을 추정하고 계산하는 방법이다.

다섯째는 통일편익을 강조하는 방식으로 통일비용을 제도통합비용, 위기관리 비용, 경제적 투자비용 등으로 세분하여 순통일비용을 추정하는 방식이다. 즉 투자비용은 손실을 초래하는 위기관리 비용과는 달리 수익이 발생하는 비용으로 시간이 지나면 비용의 액수가 문제되지 않기 때문에 단순한 소모성 비용과 구분하여 통일비용을 추정하는 방식이다.

이러한 다양한 방식을 통해 추정된 통일비용 규모는 연구자나 연구기관에 따라 커다란 편차를 보이고 있다〈표 8-3〉. 실제로 항목별 추정 방식에 의한 통일비용 규모는 최소 500억 달러부터 최대 5조 달러에 이르기까지 약 100배의 편차를 보이고 있다. 이는 통일의 형태와 방법, 통일 시기, 도달 목표 수준과 추정 항목, 비용 부담의 주체와 지출 기간 등이 연구자와 연구기관에 따라 서로 다르게 적용되기 때문이다. 이러한 현상은 통일비용 연구의 효용성에 대한 의문을 제기할 수도 있지만, 다른 한편으로는 통일의 과정과 방법에 따라 통일비용에 커다란 차이가 생길 수 있다는 것을 의미하는 것이다.

---

1 이에 관한 자세한 내용은 대외경제정책연구원·산업연구원(2011), pp. 491-492 참조.

〈표 8-3〉 통일비용 연구 결과(김규륜, 2011, 24-26)

연구자·기관 (발표 연도)	통일시점 (기간)	통일비용	추정방법 및 기준
KDI(1991)	2000	점진적 통일: 2,102억 달러 급진적 통일: 3,121억 달러	-
KDI(1994)	2000	9,800억~1조 달러	목표소득 방식
한국산업은행 (1994)	1994~2000	1조 5,463억 달러(100%) 8,050억 달러(60%)	목표소득 방식 (소득격차 해소)
이상만(1993)	2000	10년간 2,000억 달러	독일과 비교
민족통일연구원 (1996)	2000~10	3,600억 달러(외자 1,800억 달러) - 남한의 60% 수준	목표소득 방식 항목별 추정방식
김덕영 (국방대학원)	10년간	2,700억 달러(급진적 통일) 1,300억 달러(점진적 통일)	정부투자 비용
황의각 (1996)	2000~05	1조 2,040억 달러 (남한과 동일 생활 수준 달성)	목표소득 방식
마커스 놀랜드 (1996)	2000	4,150억 달러(1990), 9,830억 달러(1995), 2조 2,420억 달러(남한의 60% 수준)	목표소득 방식 (CGE 모형)
Manfred Wegner(1996)	2000~25	6,100억 달러 (통일 후 5년간 지원 금액)	항목별 추정방식
박태규(1997)	1995~2005	통일 후 1~5년: 남한GNP 8.7%~11.3% 통일 후 6~10년: 남한GNP 7.5%	항목별 추정방식 (위기관리비용 +경제투자비용)
조동호(1997)	1995	1996~2020년: 143.1~221.3조 원	항목별 추정방식 (SOC 투자비)
고일동	2001~10	4,600억 달러(초기 5년간 2,800억 달러)	남한의 순재정 부담액
Economist (1997)	2000	2,400억 달러(남한의 60% 수준 달성)	목표소득 방식
신동천·윤덕룡 (1998)	-	887억~2,808억 달러	목표소득 방식
골드만삭스 (2000)	2000~10 2005~15	8,300억~2조 5,400억 달러 1조 700억~3조 5,500억 달러	목표소득 방식 (남한 60%)
박석삼(2003)	-	점진적 통일: 8,300억 달러 급진적 통일: 3,121억 달러	항목별 추정방식 (위기관리비용)

이영선(2003)	5~11년간	점진적 통일: 732억 달러 급진적 통일: 1,827~5,614억 달러 (남한 60% 달성에 10년 소요 가정)	항목별 추정방식 (위기관리비용 중심)
SERI(2005)	2015	546조 원(최저생계비, 산업화 지원)	항목별 추정방식
랜드硏(2005)	-	500억~6,670억 달러 (통일 후 4~5년내 2배 수준 향상)	목표소득 방식
신창민(2007)	2015~30 (10년)	8,577억~1조 3,227억 달러 (GDP 대비 6.6~6.9%)	목표소득 방식
BOK(2007)	-	5,000억~9,000억 달러	목표소득 방식
조세硏(2008)	2011	통일 후 10년간 매년 남한 GDP7~12%	-
피터 벡(2010)	-	30년간 2조~5조 달러(남한의 80%)	목표소득 방식
미래기획위원회 (2010)	2011	점진적 통일: 3,220억 달러 급진적 통일: 2조 1,400억 달러	-
찰스 울프 (2010)	-	620~1조 7,000억 달러 (현재 북한GDP 700억달러 → 남한 수준 2만 달러로 향상)	목표소득 방식
전경련(2010)	-	3,500조 원	전문가설문조사
김유찬(2010)	2010	1,548.3~2,257.2조 원 (통일 후 20년 비용)	항목별 추정방식 (위기관리+SOC)
현대경제硏 (2010)	2010 (10~18년)	1인당 3,000 달러: 1,570억 달러 1인당 7,000 달러: 4,710억 달러 1인당 10,000 달러: 7,065억 달러	목표소득 방식 (한계자본계수)
통일부 용역 과제(2011)	2020 (20년)	379.2조~1,261.1조 원 (2030년 1인당 GDP, 남한의 20%)	항목별 추정방식 목표소득 방식 (통일 후 10년간 포함)
	2030 (30년)	813조~2,836조 원 (2040년 1인당 GDP, 남한의 36%)	
	2040 (40년)	1,000.4조~3,277.6조 원 (2050년 1인당 GDP, 남한의 40%)	

그동안의 통일비용 연구들은 추정 편차가 매우 클 뿐만 아니라 추정 비용을 과다하게 제시함으로써 통일에 따른 경제적·심리적 부담을 가중시킨 측면이 있다. 이는 무엇보다도 통일에 따른 편익을 고려하지 않았기 때문에 나타난 결과로 보인다. 주지하듯이 통일은 비

용을 수반하지만 동시에 여러 가지 경제적·비경제적 편익도 발생시킨다. 예컨대 분단비용의 해소, 남북경제의 통합으로 인한 규모의 경제 실현, 산업 및 생산 요소의 보완성 증대 등과 같은 경제적 편익 이외에 이산가족 문제의 해결, 국제사회에서의 위상 제고, 전쟁 위험의 감소 등과 같은 비경제적 편익도 발생한다. 이러한 편익을 고려하지 않을 경우 비용은 총비용을 의미하게 되고 이는 실제 비용인 순비용에 비해 크게 나타난다. 따라서 진정한 의미의 통일비용은 순통일비용(net unification cost)으로서 총통일비용(total unification cost)에서 총통일편익(total unification benefit)을 차감한 것으로 보아야 한다.

통일이 새로운 편익을 창출하는 것 뿐만 아니라 통일비용 자체에서도 편익이 발생할 수 있다. 즉 우리의 통일비용 지출은 북한 지역 주민의 소득 향상 및 산업 발전을 가져오고 이는 다시 남한 지역 상품에 대한 구매력의 증대로 이어질 수 있다. 또한 북한 지역 경제의 활성화에 따른 북한 지역에서의 세입 증대는 가용 재원의 규모를 증대시켜 남한 지역의 통일비용 부담을 완화시킬 수 있다. 따라서 남한 지역 경제의 입장에서 볼 때, 통일비용은 전부가 소모적인 비용이 아니며 일부는 남한 지역 경제의 성장 요인으로 작용할 수 있다. 그러나 과거 대부분의 통일비용 연구는 새로운 편익뿐만 아니라 이러한 부수적 편익에 대해서 고려하지 않았고 그로 인해 통일비용을 과대 추정하는 결과를 낳았다.

이상의 논의에서 볼 때, 현실적 차원의 실질적인 통일비용은 그동안 제시되었던 추정치보다 적을 수 있다. 더욱이 통일비용은 신축적으로 조절이 가능하다는 점에서 그동안의 우려가 지나치게 컸다고 할 수 있다. 물론 전체적으로 볼 때 통일비용보다는 통일편익이 크지만, 통일 직후 수 년 간은 비용이 편익보다 클 수밖에 없기 때문에 통일비용에 대한 우려가 완전히 잘못된 것이라고 할 수는 없다. 또한 통일비용은 당장 소요되는 반면 대부분의 통일편익은 장기간에 걸쳐 서서히 나타나며 일부는 눈에 보이지 않는 형태의 편익이라는 점도 통일 초기의 통일비용에 부담을 갖게 만드는 요인이 될 수 있다.[2]

사실상 통일비용의 규모는 통일의 방식과 속도는 물론 통일비용에 대한 개념 정의와 추정 모형, 비용 부담의 주체 구분, 통일의 달성 시기와 도달 목표 수준 등에 따라 큰 차이가 발생할 수 있다. 또한 동일한 방식을 적용했다고 해도 세부적으로는 연구자나 연구기관에 따라 상이한 조건과 가정을 채택하기 때문에 편차가 발생하는 것은 불가피하다. 그리고 통일편익의 산정에 있어서도 경제적 측면과 함께 비경제적 측면을 포함하느냐의 여부에 따라 추정 비용이 크게 달라질 수밖에 없다(김규륜 외, 2011, 13).

따라서 통일비용 연구에서 중요한 문제는 규모 추정 자체보다는 통일비용을 최소화하고 통일편익 내지 통일효과를 극대화할 수 있는 바람직한 통일정책 방향을 수립하고 정책 대안을 마련하는 것이다. 그리고 남북통일에 대한 인식을 제고하고 통일비용의 재원 조달

2 이것은 통일비용 문제가 세대 간의 분담문제라는 점을 시사하고 있다. 즉 통일비용은 언젠가는 소멸될 것이고 따라서 우리의 후손들은 통일의 편익을 많이 향유하겠지만 현 세대는 상대적으로 통일에 따른 편익보다는 비용의 부담이 크기 때문에 가급적 비용 부담을 다음 세대로 떠넘기려는 심리가 작용한다는 볼 수 있다(정주신 외, 2011, 195-205).

을 위한 논의를 확대하고 국민적 공감대를 형성하는 일이다.

통일비용에 관한 연구 결과가 시사하는 바는 다음과 같다(김규륜 외, 2011, 20–26). 첫째, 대체로 통일이 급진적일수록, 통일 시점이 늦어질수록 통일비용이 증가한다는 사실이다. 이는 급진적 통일의 경우 갑작스런 통합에 따른 위기관리 및 사회 혼란 방지에 대한 지출 비용이 증가하는 반면에 통합 시점이 늦어지면 늦어질수록 남북 간의 소득 격차 확대에 따르는 소득 격차 축소 비용이 커지기 때문이다.

반면에 북한 지역의 목표 소득 달성 기간이 길어질수록 그리고 목표 소득 수준이 낮을수록 통일비용은 감소한다. 이는 빠른 시일 내에 남북 간의 소득 균형을 이루거나 북한 주민들의 복지 수준을 높이려면 많은 비용이 필요하다는 것을 의미한다. 그런데 이것은 북한 지역 주민의 경제 성장 속도와 복지 비용 수준에 관한 문제이고 따라서 통일 이후 북한 지역 주민들의 통일 정부에 대한 정치적 수용 가능성의 문제이기도 하다(하상식, 2012, 25).

둘째, 대규모의 통일비용 투입에 대한 북한 경제의 흡수능력(absorption capacity)을 고려하지 않아 목표 소득이 비현실적이거나 과도하게 제시되고 있다는 점이다. 통일비용이란 단순히 화폐가 북한 지역으로 이전되는 것이 아니라 기본적으로는 그에 상응하는 물자가 투입되는 것이다. 물론 연금, 수당과 같은 비용은 현금으로 지출되는 것이지만, 대부분의 통일비용은 물자의 형태로 지출된다. 따라서 아무리 많은 규모의 지원과 투입을 필요로 하더라도 이를 소화해 낼 능력을 갖추지 못한다면 흡수능력 이상의 투입은 무의미하다.

셋째, 통일비용은 사전에 확정되어 있는(fixed and determined) 액수가 아니라 사후에 우리 경제의 부담 능력과 정책 방향에 따라 신축적으로 조절이 가능하다는 점이다. 물론 통일비용에는 조절할 수 없는 비용 항목도 존재하지만, 대부분의 항목은 신축적으로 조절이 가능한 것들이다. 따라서 우리 경제가 통일비용을 충분히 감당할 능력이 안 된다면 통일비용의 지출 기간을 늘리면 된다. 또한 현실적 차원에서 볼 때, 통일비용의 모든 항목을 동시에 부담할 수 없다면 부분적·단계적으로 부담하는 것이 합리적인 방안이라고 할 수 있다.

넷째, 통일비용 부담의 신축성과 국민들의 부담 의사가 등한시되고 있다는 점이다. 통일비용에 대한 기존 연구들은 대부분 수요자 중심으로 비용을 부담해야 할 공급자인 정부와 국민들의 지불 능력과 의사를 제대로 고려하지 않고 있다. 일반 국민의 부담 의사를 고려하지 않은 통일비용 추정은 현실적으로 무의미할 수 있다. 더욱이 비현실적인 통일비용 추정치나 무리한 목표 소득의 설정은 장기간에 걸쳐 소요될 통일비용을 단기간 내에 도달할 목표로 인식하게 만들어 통일에 대한 비용 부담과 부정적 인식을 심화시킬 수 있다. 설사 통일편익이 통일비용보다 크다고 해도 통일비용은 단기간 내에 현 세대가 부담해야 하는 것인 만큼 이에 대한 고려가 필요하다.

통일비용이 없어도 통일은 가능할 수 있지만 보다 바람직하고 순조로운 통일 경제를 실현하기 위해서 남한 지역 경제가 지출하는 비용이 통일비용이라고 할 수 있다. 따라서 우리 국민의 부담 의사를 훨씬 상회하는 수준의 지출은 바람직하지 않으며 가능하지 않을 수도 있다. 실제로 통일비용 부담 의사에 관한 기존 연구에 따르면, 우리 국민의 통일비용 부담 의사는 평균적인 통일비용에 비해 크지 않은 것으로 나타나고 있다. 국민들의 통일비용 부담 의사와 관련하여 연간 10만 원 이하 비중이 96.9%에 달하고 있는 만큼, 안정적인 통일여건의 조성을 위해서는 무엇보다도 통일의 필요성과 비용 부담에 대한 국민들의 공감대 형성이 중요하다.[3]

4. 통일비용과 통일편익의 관계

1) 분단비용

통일비용에 대한 논의가 통일에 대한 우려를 증폭시키는 경향이 있다면 통일편익이나 분단비용 대한 관심은 통일이 적어도 장기적 차원에서는 이익이 될 수 있다는 사실을 보여주고 있다. 통일편익은 넓은 의미에서 통일에 따라 예상되는 정치·경제·사회적 이익을 의미하며, 기존에 소요되던 분단비용의 절감과 새롭게 창출되는 이익으로 대별할 수 있다(김학성, 2002, 148). 분단비용은 통일이 이루어지지 않아서 남북한이 부담하는 비용으로 정의할 수 있다.

분단비용은 남북한의 분단 상태가 지속됨에 따라 불가피하게 발생하는 비용을 말한다. 분단비용은 눈에 보이는 유형의 비용과 눈으로 직접 확인하기 어려운 무형의 비용으로 구분할 수 있다. 유형의 비용은 막대한 군사비 지출과 안보비용, 북한에 대한 외교적 우

3 2008년~2011년 전국의 성인남녀 1,000여 명을 대상으로 실시한 현대경제연구원의 자체조사 결과에 따르면, 통일비용을 부담하고 싶지 않거나 연간 10만 원 이하를 부담하겠다는 응답이 2008년 89.7%에서 2011년에는 96.9%로 늘어났다.

위를 점하기 위한 외교비용, 대북 관련 기관 유지비용 등을 들 수 있다. 무형의 비용은 남북 간의 전쟁 가능성으로 인한 공포, 이산가족의 고통, 이념적 갈등과 대립, 국토 이용의 제한 등 지리적 제약으로 인한 기회비용 등을 포함한다.

분단비용을 산출할 때 가장 먼저 고려되는 것이 방위비이다. 이는 지출 규모가 엄청날 뿐만 아니라 그만큼 다른 분야의 투자를 감축시키기 때문에 국가와 사회의 균형 발전을 더디게 만드는 요소가 될 수 있다. 이처럼 방위비와 같은 유형의 직접적인 비용뿐만 아니라 눈에 보이지 않는 다양한 기회비용까지 포함하면 분단비용은 국가와 개인 차원에서 산출이 불가능할 만큼 많이 발생하고 있다고 할 수 있다. 실제로 2010년 북한의 도발로 일어난 천안함 피격 사건과 연평도 포격 사건도 분단의 폐해로서 이와 같은 무형의 비용을 추정하는 것은 거의 불가능하다고 할 수 있다.

2) 통일편익과 통일효과[4]

통일은 비용만 수반하는 것이 아니라 그에 따른 편익도 발생시킨다. 통일이 이루어질 경우 어느 정도의 부담이 있을 수밖에 없는 것은 사실이지만, 통일이 그 부담을 상쇄하고도 남을 만큼의 막대한

4 최근에는 통일편익 개념의 외연을 넓혀 이를 대신할 수 있는 '통일효과'라는 개념을 사용하기도 한다. 이는 통일편익이라는 개념이 그 자체로 편협할 뿐만 아니라 통일로 인해 발생하는 수많은 바람직한 양상을 포착하기 어렵다는 판단에 따른 것으로 보인다: 김규륜 외(2012), p. 4 참조.

편익을 창출할 것이라는 점도 분명하다. 통일비용은 한시적이지만 통일편익은 영구히 발생한다고 볼 수 있다. 통일이 수반하는 편익에는 경제적 편익만이 아니라 수치로 환산할 수 없는 비경제적 편익들도 포함되어 있다. 즉, 통일이 되면 분단비용의 소멸에 더하여 막대한 경제적·비경제적 보상과 혜택을 기대할 수 있다.[5]

통일로 인해 남북한 양쪽이 얻는 경제적 차원의 통일편익은 남북대결 비용(분단비용)의 절감과 경제통합의 편익으로 나눌 수 있다. 절감되는 남북대결 비용으로는 무엇보다도 방위비를 들 수 있다. 경제통합의 편익으로는 남북한 경제의 통합에 따른 규모의 경제 실현과 남북한 경제통합의 시너지 효과를 들 수 있다. 한편 경제 외적인(비경제적) 통일편익은 인도적, 정치적, 문화적 차원에서 한반도 전체가 수혜 대상이 됨으로써 통일한국의 발전 과정에 기여할 수 있을 것이다〈표 8-4〉.

먼저 경제적 통일편익에는 다음과 같은 것들이 포함될 수 있다. 첫째, 통일은 곧 분단 해소를 의미하기 때문에 분단 상황에서 소요되는 분단비용이 소멸된다. 60년 이상 지속된 분단 상태를 통해 우리의 의식 속에 분단이 내재화되면서 분단비용을 운명적으로 받아들이고 당연시 해 왔다고 할 수 있다. 이에 따라 우리가 그동안 얼마나 많은 분단비용을 지불해 왔고 또 앞으로 얼마나 더 부담해야 할지를 심각하게 생각하지 않고 있다.

5 남북통일에 따른 통일편익의 구체적인 내용에 대해서는 고성준 외(2012), pp. 41-54; 고성준 외(2010), pp. 113-171 참조,

〈표 8-4〉 통일편익의 분류(조동호, 2011, 67)

통일편익

Ⅰ. 남한 지역의 경제적 통일편익

남북대결비용의 해소

① 방위비
- 국방비 지출의 감소
- 국방 인력의 축소

② 외교비
- 공관의 중복 유지비용 축소
- 외교적 경쟁비용의 소멸

③ 이념 및 체제유지비
- 이념교육·홍보비용의 소멸
- 대북 관련기관 유지비용의 소멸

④ 행정부문의 고정비용 절감

경제통합의 편익

⑤ 규모의 경제
- 시장의 확대

⑥ 남북한 지역경제의 유기적 결합
- 산업 및 생산요소의 보완성 증대
- 국토이용·환경보전의 효율성 증대
- 중국·러시아 등과의 교역증대 및 물류비용 절감

Ⅱ. 북한 지역의 경제적 통일편익

남북대결비용의 해소

① 방위비
- 남한 지역 경우와 동일
- 군사용 비축미의 민간이용

② 외교비
- 남한 지역 경우와 동일

③ 이념 및 체제유지비
- 남한 지역 경우와 동일
- 대남 관련기관 유지비용의 소멸

④ 행정부문의 고정비용 절감

⑤ 왜곡된 산업구조 조정
- 군수산업 비중 축소

경제통합의 편익

⑥ 경제체제전환
- 사유제에 의한 근로·투자유인 증대
- 생산요소의 효율적 배분
- 해외투자유치 증대 및 국제 신용도 향상

⑦ 규모의 경제
- 남한 지역 경우와 동일

⑧ 남북한 지역 경제의 유기적 결합
- 남한 지역 경우와 동일
- 기술혁신, 생산성 제고

Ⅲ. 비경제적 통일편익

① 인도적 편익
- 이산가족문제의 해결
- 남북한 지역의 민주화 촉진
- 북한 지역 주민의 인권·자유 신장

② 정치적 편익
- 국제적 위상 제고
- 전쟁위험 해소

③ 문화적 편익
- 학술·문화 발전
- 관광·여가·문화 서비스 기회 향상

하지만 통일은 우리가 분단으로 인해 부담하는 유무형의 천문학적 비용을 없앨 수 있다. 분단비용의 해소는 통일 이후 즉각적으로 얻어지는 이익이며, 이는 통일비용으로의 전환이 가능하기 때문에 통일비용의 부담을 줄여줄 수 있다. 분명한 사실 가운데 하나는 분단비용이 통일비용보다 크다는 점이다. 분단비용은 분단이 지속되는 한 영원히 부담해야 할 소모성 비용인데 반해 통일비용은 한시적 부담이자 투자성 비용이기 때문이다. 통일과 함께 이러한 분단비용은 소멸된다.

절감되는 분단비용으로는 무엇보다 방위비를 들 수 있다. 물론 통일 이후에도 기본적인 방위비는 지속적으로 지출되어야 하겠지만 분단 상황 하에서 과도하게 지출되는 방위비를 축소할 수 있음은 사명하다. 특히 군수 산업이 전체 산업에서 차지하는 비중이 매우 높은 북한 지역의 경우에는 방위비 절감뿐만 아니라 군수 산업을 민간 산업으로 전환함으로써 얻게 되는 비용 절감이 클 것이다. 또한 분단 상황에서 남북한이 각각 지불했던 외교비의 중복 지출도 절감할 수 있다. 남북한의 대결 상황에서 각각의 체제를 유지하기 위해 지불했던 각종 비용들도 더 이상 지출할 필요가 없어진다.

둘째, 경제통합의 편익으로는 경제 규모가 확대되면서 규모의 경제가 실현되고 새로운 성장 동력을 확보함으로써 산업이 활성화되는 것을 들 수 있다. 규모의 경제란 경제 활동 규모가 증대됨에 따라 생산 단가가 절약되고 이익이 증대하는 경향을 의미한다. 예를 들어 통일이 되어 북한의 인구가 우리의 경제에 포함되면 총인구는 7천만 명을 넘어서게 되고 노동과 소비 시장도 확대될 것이다. 규모의 경제는 생산비의 하락을 가져오면서 우리 상품의 국제 경쟁력도 높여줄 것이다. 또한 양 지역의 산업 및 생산 요소의 보완성 증대, 국토 이용의 효율성 증대 그리고 주변 국가들과의 교역 증대 및 물류비 절감을 통해 경제적 이익과 효율성이 제고될 것이다. 특히 북한 지역의 경우 경제체제 전환으로 남한과 외국의 투자가 뒷받침된다면 급속한 경제 발전이 이루어질 수 있다.

통일은 남북한 공간 통합으로 인해 섬 아닌 섬 생활에서 벗어나 우리의 생활 공간을 대륙으로 확장함으로써 반도국이 가질 수 있는 장점을 극대화시킬 수 있다. 남북 간 철도와 도로가 연결되면 육로를 통한 대륙 진출의 꿈이 실현되면서 우리의 생활 반경과 사고 영역을 확장할 수 있다. 남북한 공간의 통합을 통해 우리 상품의 수송비와 수송 시간을 크게 절감하는 등 경제적 편익을 창출할 수 있다.

통일은 우리의 활동 무대를 한반도 전역으로 넓혀 북쪽으로는 시베리아, 러시아, 유럽 대륙과 남쪽으로는 태평양을 연결함으로써 막대한 경제적 이익을 취할 수 있다. 한반도는 해양과 대륙으로 진출할 수 있는 요충지에 자리 잡고 있지만 분단으로 인해 거대한 유라시아 대륙으로 나아갈 수 있는 길이 막혀 있는 상황이다. 통일은 우리 민족이 태평양, 중국, 시베리아, 유럽으로 이어지는 세계 경제의 중심지로 발돋움할 수 있는 기반이 될 수 있다.

다음으로 생각할 수 있는 것은 남북통일에 따른 비경제적 편익이다. 경제 외적인(비경제적) 통일편익은 통일한국의 발전 과정에서 한반도 전체가 수혜 대상이 될 것이다. 분단으로 인한 이산가족 문제가 해결될 수 있다. 그리고 북한 지역 주민의 인권 및 자유가 신장되고 이는 궁극적으로 북한뿐만 아니라 한반도 전체의 민주화를 촉진하고 심화시키는 기반이 될 수 있다. 외교 안보적 차원에서도 전쟁의 위협이 현저히 감소하여 국제적으로 한반도 위상이 제고될 것이다. 한반도 통일은 동북아 지역의 평화와 협력을 촉진하는 계기가 될 수 있다. 나아가 통일은 전통문화의 복원 등 지역 간 문화 교류를 활성화시킬 수 있고 학술적 발전에 도움이 될 수 있다(김학성, 2002, 149-150).

이와 같은 비경제적 통일편익 이외에 통일효과는 다양하게 나타날 수 있다. 첫째, 통일은 경제적 보상이나 이익만이 아니라 금전적으로 추산할 수 없을 만큼의 무형의 이익을 가져올 것이다. 우선 통일은 식민지 지배, 분단 그리고 전쟁과 대결로 이어져온 굴절된 민족의 역사를 바로 잡는 계기가 된다. 우리 국민들이 통일을 이루었다는 성취감과 자부심은 국민적 일체감을 고취시킬 것이다.

둘째, 통일은 더 큰 대한민국으로 진입하는 초석이 될 것이다. 대한민국은 건국 이후 산업화와 민주화를 단기간에 성취해 낸 자랑스러운 역사를 보유하고 있지만 동시에 선진화를 통해 부강한 일류 국가를 창출해야 하는 과제도 안고 있다. 통일은 불필요한 이념 논쟁을 종결하고 국민의 역량을 국가 발전에 결집하는 기반이 될 수 있다. 또한 사회문화적 다양성이 증대되면서 우리 내부의 편견과 차별의식도 상당히 약화될 것이다. 이와 같이 남북한 통일은 국민의식의 성숙을 통해 국가 발전과 더불어 국격의 향상을 가져올 것으로 기대된다.

이처럼 통일에 따른 편익 내지 긍정적 효과를 고려한다면, 통일비용은 소모적 비용이 아니라 미래 통일한국의 기반을 튼튼히 하는 생산비용이라고 할 수 있다. 그리고 통일비용은 세계 최악의 인권 상황과 빈곤에 허덕이는 북한 동포들을 구출하여 새로운 생명을 불어 넣을 수 있는 생명비용의 의미도 있다. 회생 불능의 북한을 회복시키기 위한 유일한 방책은 통일밖에 없다. 따라서 통일비용은 북한의 생산 시설을 재건하고 무너진 북한 경제를 회생시킬 수 있는 재건비용이기도 하다. 또한 통일은 남북한이 각각 보유한 자원의 연계와 결합을 통한 시너지 효과를 극대화시킬 수 있다. 이를 위한 비용은 통일한국의 경제적 번영을 위한 투자비용이라고 할 수 있다(고성준, 2012, 41-42).

이와 관련하여 2010년 2월 방한한 호르스트 쾰러 독일 대통령이 "통일비용 문제로 다른 결정적인 점을 보지 못해서는 안 된다. 독일이 유럽 심장부에서 평화와 자유를 누리고 산다는 사실은 돈으로 계산할 수 있는 것이 아니다. 독일 통일로 1,700만 명의 동독 주민이 수십 년의 독재를 뒤로 하고 안정적인 민주주의 법치국가에서 살 수 있게 되었고, 유럽 분단이 종식되어 냉전이 전쟁으로 번질 수 있는 위험이 사라졌다"는 언급은 우리에게 시사하는 바가 크다고 할 수 있다(통일교육원, 2013, 192-195).

3) 통일비용과 통일편익의 관계

통일은 비용과 동시에 편익도 발생시킨다. 더욱이 통일은 통일비용을 상회하는 편익을 창출함으로써 남한 지역을 포함한 통일국가 국민들의 전반적인 복지 수준을 향상시킬 수 있다. 물론 통일에 따른 통일편익의 발생에도 불구하고 통일 직후 남한 지역 국민들의 소득 수준이 일시적으로 낮아질 수 있지만 장기적인 관점에서 통일은 비용의 발생을 초과하는 경제적·비경제적 차원의 편익을 창출함으로써 통일국가의 산업 생산력과 국민들의 소득 수준을 높이는 결과로 이어질 것이다. 이것을 그림으로 표시하면 〈그림 8-1〉과 같다.

〈그림 8-1〉에서 점선으로 표시한 곡선 D는 통일이 이루어지지 않았을 경우 예상되는 남한 지역의 국민 소득 수준을 보여주고 있다. 그리고 곡선 C는 통일 이후 편익은 없고 북한 지역에 대한 경제적 지원만 이루어졌을 경우를 가정한 남한 지역의 국민 소득 수준의 변화를 나타내고 있다. 북한 지역에 대한 경제적 지원 규모가 통일 초기에는 크겠지만 시간이 지남에 따라 북한 지역의 경제가 성장할 것이기 때문에 그 지원 규모는 점점 작아질 것이다. 따라서 북한 지역에 대한 경제적 지원이 남한 지역의 경제에 미치는 부정적 영향은 초기에 크게 나타나다가 시간이 흐를수록 줄어들 것이다. 곡선 C가 처음에는 크게 하락했다가 점차 상승하는 것은 그 때문이다.

〈그림 8-1〉 통일비용과 통일편익의 관계(조동일, 2011, 75)

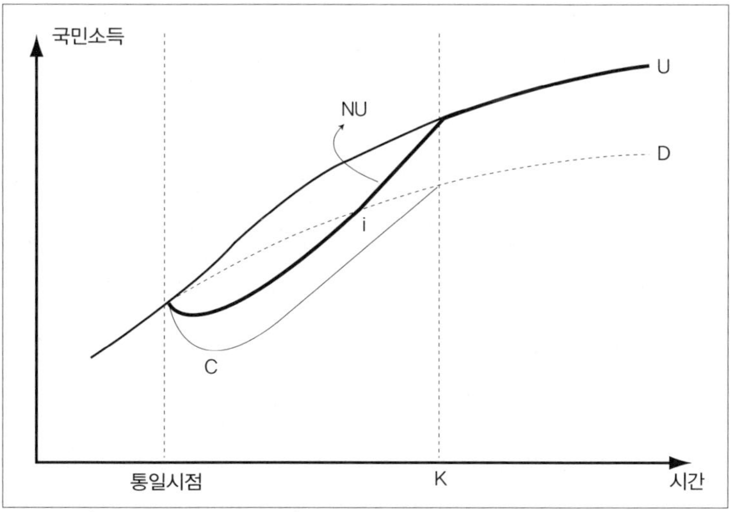

일정 시점에서 곡선 D와 곡선 C의 차이는 그 해의 총통일비용 규모가 되며, 통일 시점에서부터 통일비용이 사라지는 시점인 k까지의 기간 중 곡선 D와 곡선 C 사이의 전체 면적은 총통일비용이 된다. 물론 이때의 총통일비용은 남한 지역의 경제적 통일비용만을 고려한 것이라는 점에서 협의의 통일비용 개념으로 볼 수 있다.

한편 곡선 U는 통일비용은 고려하지 않고 통일편익만이 발생하는 경우를 가정한 남한 지역의 국민 소득 수준을 나타낸 것이다. 통일편익은 경제통합의 진전 및 북한 지역 경제가 성장함에 따라 시간이 흐를수록 커질 것이다. 따라서 통일편익이 남한 지역 경제에 미치는 영향 또한 시간이 지날수록 크게 나타날 것이다. 곡선 U와 곡선 D의 차이가 시간이 흐를수록 점점 벌어지는 것은 이점을 반영한 것이다. 따라서 일정 시점에서의 곡선 U와 곡선 D의 차이는 그 해의 총통일편익 규모가 되며 곡선 U와 곡선 D사이의 전체 면적은 총통일편익으로 볼 수 있다.

하지만 현실적으로 비용과 편익은 동시에 발생한다. 따라서 통일 이후 남한 지역의 실제 국민 소득 수준은 통일이 이루어지지 않았을 경우(곡선 D)에서 통일에 따른 편익 부분 만큼을 더하고 비용 부분 만큼을 제외한 수준에서 결정될 것이다. 이를 그림에서 표시한 것이 굵은 실선으로 나타낸 곡선 NU이다. 즉 통일 이후 실제로 비용과 편익이 함께 발생할 것이라는 점을 고려한다면 남한 지역 경제 내지 국민 소득 수준의 변화는 곡선 NU처럼 나타나게 될 것이다.

통일 초기에는 통일비용이 통일편익보다 크다고 볼 때 순통일편익은 음(陰)의 값으로 나타나지만 시간이 지나면 양(陽)의 값이 될 것이다. 그러므로 곡선 NU는 초기에는 곡선 D보다 아래에 위치해 있지만 시간이 지나면서 곡선 D보다 위로 올라가게 될 것이다. 이때 순통일편익이 음의 값에서 영(零)이 되는 시점 i가 어디에 존재하게 될지는 총통일편익과 총통일비용의 크기에 따라 달라진다. 그리고 총통일비용이 사라지는 시점 k 이후에는 곡선 NU는 곡선 U와 같아지는 것으로 볼 수 있다(조동호, 2011, 74-77).

이상에서 볼 수 있듯이 장기적 관점에서 통일은 분단 상태보다 높은 국민 소득 수준을 보장해 준다. 하지만 분단에서 통일로의 전환 과정은 한 순간에 마무리되는 것이 아니다. 따라서 남북통일이 남한 지역의 국민들을 포함한 통일국가 국민들의 소득 수준 향상으로 직결되지는 않을 것이다. 통일로 가는 과정에는 전환의 시간이 필요하며 고통과 불편함이 뒤따를 수 있다. 통일로 가는 과정은 단기적으로는 소득과 복지 수준의 악화를 초래할 수 있다. 따라서 중요한 것은 장기적 관점에서 통일에 따르는 유형·무형의 여러 이익과 편익, 즉 통일의 긍정적 효과를 인식할 수 있는 통찰과 지혜이다.

참고문헌

고성준(2012), “청소년을 위한 새로운 통일 필요성 논리”, 고성준 외, 『학교 통일교육의 새로운 이해』, 서울 : 도서출판 오름.

고성준 외(2010), 『청소년 대상 통일 필요성 논리 개발』, 2010년 통일부 연구용역보고서(2010. 12).

권혁범 외(2002), 『한반도와 통일문제 : 한반도 문제의 재조명』, 서울 : 대왕사.

김규륜 외(2012), 『통일비용·편익의 분석모형 구축』, 서울 : 통일연구원.

김규륜 외(2011), 『통일비용·편익 연구의 새로운 접근 : 포괄적 연구요소의 도입과 대안의 모색』, 서울 : 통일연구원.

김유찬(2010), 『통일비용 및 재원조달 방안에 관한 연구』, 국회예산정책처 연구용역 보고서, 서울 : 국회예산정책처.

김은영(2010), “통일비용 관련 기존 연구 자료”, 한국개발연구원, 『KDI 북한경제리뷰』, 8월호.

김창권(2005), “통일비용의 재원 조달 및 절감방안”, 한국경제연구원, 『통일경제 Briefs』, 11월호.

김학성(2002), “통일문제에 대한 경제학적 접근”, 권혁범 외, 『한반도와 통일문제 : 한반도 문제의 재조명』, 서울 : 대왕사.

대외경제정책연구원·산업연구원(2011), 『남북경제공동체 추진 구상』, 서울 : 통일부.

박태규(1997), “한반도 통일에 따른 소요비용의 추계와 재원 조달 방안”, 『한반도 통일시의 경제통합 전략』, 서울 : 한국개발연구원.

신동진(2011), “통일비용에 대한 기존연구 검토”, 국회예산정책처, 『경제현안분석』, 제64호.

신동천·윤덕룡(1999). “통일비용과 적정투자배분”, 한국경제학회, 『경제학연구』, 제47집 제3호.

신창민(2007), 『통일비용 및 통일편익』, 서울 : 국회예산결산위원회.
양운철(2006), "통일비용의 추정과 재원 조달방안", 세종연구소, 『세종정책연구』, 제2권 1호.
오일환(2000), "통독과정에서의 군사통합에 관한 연구", 연세대학교 북한연구원, 『통일연구』, 제14권 제1호.
유지호(1997), 『예멘의 남북통일 : 평화통일의 매력과 위험성』, 서울 : 서문당.
이영선(2003), "한반도 통일비용과 그 조달방법", 『한반도 통일핸드북(Ⅳ)』, 서울 : 한국경제연구원.
정주신 외(2011), 『한반도 통일준비의 모색』, 대전 : 프리마 북스.
조동호(2011), 『통일비용보다 더 큰 통일편익』, 서울 : 통일부 통일교육원.
조동호(2010), "통일비용 논의의 바람직한 접근", 제주평화연구원, 『JPI 정책포럼』, 3월호.
조동호(1997), 『통일의 경제적 비용과 편익』, 서울 : 민족통일연구원.
최준욱(2008), 『남북 경제통합과 재정정책(Ⅰ) : 재정의 지속가능성에 영향을 미치는 요인분석』, 서울 : 한국조세연구원.
통일교육원(2013), 『통일문제이해』, 서울 : 통일교육원.
통일연구원 외(2011), 『남북공동체 기반조성사업 결과보고회』, 통일부 연구 용역보고서.
하상식(2012), 『남북한의 통일 딜레마』, 서울 : 도서출판 해남.
홍순직·최성근(2010), "남북통일, 편익이 비용보다 크다 : 통일비용 및 통일편익의 추정과 시사점", 현대경제연구원, 『경제주평』, 통권 422호.
Beck, P. M.(2010), "Contemplating Korean Reunification," *The Wall Street Journal*(Jan. 4).

제9장 통일 필요성 논거

남북한은 통일이 되어야 하는가? 그렇다면 그 이유는 무엇인가? 이러한 질문에 답하는 것은 그동안 당연시되어 온 남북 분단의 현실과 통일의 의미 그리고 분단과 통일의 관계를 되짚어 보는 계기가 될 수 있다. 물론 엄밀한 의미에서 한반도 분단 상태의 극복이 반드시 남북통일을 의미하지는 않을 수 있다. 하지만 통일은 오랜 분단 상태를 해소할 수 있는 확실한 방법 가운데 하나임에 틀림이 없다. 분단 상태를 극복하기 위한 궁극적 해결책이 바로 통일이라고 한다면 통일논의의 본질은 왜 분단의 극복이 필요하며, 어떻게 그것을 이루어야 하는가의 문제라고 할 수 있다. 요컨대 남북통일이 필요한 이유와 방법에 대한 해명이 바로 통일문제의 핵심이다.

1. 왜 통일인가?

남북한의 통일을 열망하는 사람들에게는 그들 나름의 통일의 이유들이 있기 마련이다. 같은 민족으로서의 동질성 회복이라는 당위적 차원에서부터 통일이 수반하게 될 실리적·실용적 차원에 이르기까지 남북한 통일이 필요한 이유와 근거는 다양할 수 있다. 실제로 왜 통일이 이루어져야 하는가에 대한 대답 속에는 통일에 대한 국민들의 다양한 생각과 정서는 물론 통일 환경의 변화와 같은 여러 가지 요인들에 대한 판단이 반영되어 있다.

남북통일의 필요성을 강조하고 통일의지를 함양하는 것은 우리의 통일정책과 통일교육의 가장 근본적인 과제라고 할 수 있다. 하지만 분단 이후 우리의 통일정책은 한반도의 궁극적 통일보다는 분단관리를 통한 정치적 목표 달성에 실질적인 관심을 둔 경우가 많았다. 예컨대 국민의 정부 이전까지의 통일정책의 특징이 이른바 적대적 분단관리였다면, 국민의 정부와 참여정부 시기는 우호적 또는 호혜적 분단관리로 평가할 수 있을 것이다(박정란, 2008, 87-88; 김영수,

2011, 364). 반면에 이명박 정부는 분단관리에서 통일대비로의 전환을 시도하는 가운데 북한에 대해서는 능동적인 억제 전략을 채택하였다고 할 수 있다.

분단 이후 우리 사회에서는 남북 간의 민족적 동질성에 기초한 통일의 당위성이 아무런 의심 없이 받아들여졌다. 이는 남북한의 통일 전망이 매우 불투명한 가운데 민족 통일의 열망을 확신시켜 줄 수 있는 국가정책이 제대로 설정되지 못한 상황에서 분단의 고통과 통일의 염원에 대한 국민적 정서와 분위기를 반영한 것이었다. 여기서 남북한의 통일은 합리적 판단의 문제이기보다는 정서적 당위의 영역에 속하는 것이었다. 하지만 최근들어 남북한 사이의 민족적 동질성에 기초한 통일 필요성 논거의 호소력이 점차 약해지고 있는 것이 사실이다. 그리고 그 자리를 이명박 정부 이후 본격적으로 논의되기 시작한 이른바 실용적 차원의 통일론이 대신하고 있다.

하지만 문제는 이와 같은 남북통일의 편익 또는 통일효과에 바탕을 둔 실용적 차원의 새로운 통일 필요성의 논거가 과연 지속가능한 대안이 될 수 있는가 하는 점이다. 더욱이 이러한 경제학적·실용주의적 접근이 과연 한반도에서의 분단 극복과 통일에 내재된 본질적 의미를 충실히 담아낼 수 있는가 하는 것이다. 요컨대 남북통일이 수반할 수 있는 국가 사회적·개인적 차원의 경제적 이익에만 주목하는 경우 한반도 통일이 담보해야 하는 보다 본질적인 가치를 소홀히 할 가능성은 없는가 하는 점이다.

이러한 문제의식 하에 이 장에서는 남북통일의 필요성에 대한 그동안의 주요 관점들을 검토한 후 통일 필요성 논거의 새로운 방향을 모색하고자 한다. 이를 위해 우선 분단 이후 남북통일을 지향하는 과정에서 제기된 다양한 통일 필요성 논거들을 살펴볼 것이다. 구체적으로 민족적 동질성에 기초한 민족통일론의 의의와 한계 그리고 최근 강조되고 있는 통일문제에 대한 경제학적·실용주의적 접근 시각의 내용과 의미 등을 비판적 관점에서 검토하고자 한다. 이를 토대로 남북한 통일의 본질적 의의 그리고 국민들의 통일의식과 한반도 통일 환경의 변화를 반영한 미래 지향적이고 보다 지속가능한 통일 필요성의 논거를 모색하고자 한다.

한반도 통일은 남북 분단 이전 상태의 소극적 복원이 아니라 남북한 주민 모두의 인권과 행복, 정의를 보장할 수 있는 미래 지향적이고 지속가능한 프로젝트가 되어야 한다. 이러한 맥락에서 우리에게 필요한 것은 단순한 민족적 동질성의 논리가 수반할 수 있는 이념적 편협성과 과거로의 회귀 가능성을 뛰어넘고, 시장과 자본의 논리에 매몰될 수 있는 경제적 관점의 통일 필요성 논거를 극복하기 위한 인식의 전환이다.

2. 통일의식과 통일 필요성 인식

일반적으로 통일의식이 남북통일에 관한 태도 전반을 포괄한다고 할 때 남북통일이 왜 필요한가 하는 문제에 대한 국민들의 생각과 태도가 바로 통일 필요성에 대한 인식이다. 한 개인의 의도적 행위가 목표와 방향에 대한 분명한 자각에서 시작된다면 남북한 통일에 대한 의지를 키우고 나아가 통일역량을 강화하기 위한 출발은 통일의 필요성에 대한 성찰과 확신이라고 할 수 있을 것이다. 따라서 남북통일이 왜 필요한가에 대한 생각과 태도는 통일의식의 핵심적 부분에 해당한다.

우리 국민들의 통일 필요성에 대한 인식은 그동안 진행된 다양한 통일의식 조사 결과를 통해 확인할 수 있다. 여기서 통일의식이란 남북통일에 대한 태도 전반을 지칭하는 것으로 통일에 관한 인식(cognition), 감정(affection), 행태(behavior)를 포괄하는 개념이다(박명규 외, 2009, 4). 말하자면 통일의식은 남북한 통일문제에 관해 무엇을 얼마나 알고 있고, 어떻게 느끼고, 실제로 어떻게 행동하고 있는가 하는 것이다. 그런데 이러한 통일의식에는 남북한 통일문제 이외에도 다양한 요인들이 밀접하게 관련되어 있다. 요컨대 통일의식은 통일문제를 포함해서 북한에 대한 이해와 인식, 남북관계와 대외관계에 대한 인식, 대북정책 및 통일정책에 대한 평가 등을 포괄하는 총체적 성격을 지닐 수밖에 없다는 점이다.

우리가 통일의식이라고 할 때는 통일에 대하여 부여하는 의미, 북한을 바라보는 시각, 통일을 자신과 관계있는 것으로 느끼는 것, 통일 과정에서 스스로의 역할이 중요하다고 느끼는 것, 통일 과정에 참여하거나 통일을 실천하려는 의지를 가지는 것 등이 포함된다(김현옥, 2001, 65-66). 그리고 이러한 의식상의 내용들은 남북관계, 대북정책, 통일방안 내지 통일정책 등 남북통일과 직간접적으로 관련된 분야에 대한 입장 속에 일반적으로 반영되어 나타난다. 따라서 통일의식에 대한 양적 연구의 경우, 통일에 대한 관심도, 통일의 당위성에 대한 인식, 통일 가능 시기에 대한 추정, 통일정책의 평가, 바람직한 통일 유형, 북한에 대한 인식 등이 자연스럽게 포함되기 마련이다.

서울대학교 통일평화연구원이 2007년 이후 매년 실시하고 있는 통일의식 조사 결과에 따르면, 통일 필요성에 대한 인식과 관련하여 몇 가지 주요한 변화가 나타나고 있다. 먼저, 통일의 필요성에 공감하는 사람들의 비중이 2007년 63.8%에서 2008년 51.6%로 급락한 이후 서서히 증가하다가 2011년에는 다시 하락세로 돌아섰다. 여기서 특기할 것은 통일의 필요성에 대해 유보적인 입장을 취하는 사람들이 증가했다는 점이다.[1]

한편 통일의 이유와 관련해서는 '같은 민족이니까'(2012년 45.9%)라는 응답이 가장 높아 여전히 민족의식이 통일의 중요한 추동력이라고 할 수 있다.[2] '같은 민족이니까'의 응답률은 2007년 50.6%, 2008년 57.9%, 2009년 44.0%, 2010년 43.0%, 2011년 41.6%로 점점 낮아지다가 2012년 조사에서 다시 높아졌다.[3] 반면 '전쟁위협

1 2011년 서울대학교 통일평화연구원의 통일의식 조사 결과에 의하면, 응답자의 25%가 통일의 필요성에 대해 유보적인 입장을 보였다. 2012년에는 21.6%로 다소 낮아졌으나, 이는 통일이 불필요하다고 응답한 21.4%보다 높은 수준이다. 보다 자세한 내용은 박명규 외(2012), pp. 20-22 참조.

2 여기서 한 가지 지적할 것은, 통일의 필요성을 묻는 대부분의 조사에서 '같은 민족, 이산가족의 고통 해소, 경제 발전, 국제적 지위 향상, 전쟁 위협의 해소' 등이 선택 항목으로 제시되고 있다는 점이다. 그런데 이는 모두 이념적, 정서적, 경제적 이유에 해당하는 것들이다. 반면에 민주화, 복지 증진, 획일성과 배타성의 극복, 군사 문화의 해소 등 분단체제로 인한 폐해를 극복하기 위해서 통일이 필요하다는 인식은 선택지에 대부분 반영되지 않고 있다: 김현옥(2001), p. 68 참조.

3 이는 2010년 천안함 피격 사건과 연평도 포격 사건 등 북한의 도발 행위에 따른 충격이 완화되는 가운데 민족동질성에 대한 관심이 점차 회복되고 있기 때문으로 보인다.

을 없애기 위해'(2007년 19.2%, 2011년 27.3%, 2012년 25.3%)라는 응답은 증가하고 있다. 그리고 '선진국이 되기 위해'라는 응답률은 이명박 정부 출범 직후 강조된 실용주의의 영향으로 2008년 17.1%, 2009년 18.6%, 2010년 20.7%로 높아지다가 2011년 17.6%, 2012년 14.5%로 떨어졌다(박명규 외, 2012, 22-24).

2012년 통일연구원의 조사에서도 이와 같은 결과가 나타났다. 통일기대 항목 공감 정도를 2010년 이후 진행된 선행 연구와 비교해 본 결과, 2010년 7월 조사의 경우 '민족동질성 회복'이라는 응답이 43.0%로 가장 높게 나타났다. 하지만 그 이후 조사 결과에서는 '안보 위협 해소'(2011년 2월 27.2%, 2011년 11월 30.0%, 2012년 7월 37.1%)라는 응답이 상대적으로 높게 나타났다. 이는 남북통일의 필요성과 관련하여 경제적 발전보다는 군사적 위협의 해소가 국민들에게 보다 직접적인 영향을 미치고 있음을 보여주는 것이라고 할 수 있다.

〈표 9-1〉 통일기대 항목 공감 정도(단위: %)

	안보 위협 해소	국제적 위상 향상	분단이재민 해결	경제적 기회 확대	남북 간 자유왕래	민족동질성 회복
서울대 통일평화연구원 (2010.07)	24.1	20.7	7.0	4.0		43.0
연세대 통일학연구소 (2011.02)	27.2	10.9	4.4	25.3		2.6
민주평통자문회의 (2011.11)	30.0	18.9	16.6	6.2		18.6
통일연구원 (2012.07)	37.1	16.0	10.8	13.6	5.8	16.7

3. 통일 필요성 논거의 비판적 검토

1) 단일 민족으로서의 정체성

우리의 민족 관념은 단일 민족으로서의 혈통이나 독자적인 언어, 문화의 동질성에 기초하고 있다. 그리고 이러한 민족적 동질성 관념은 우리 사회에서 남북통일의 강력한 근거로 작동하고 있다(박명규 외, 2011, 23). 남북통일은 왜 필요하며, 필요하다면 그 이유는 무엇인가에 대한 근원적 성찰보다는 같은 민족이기 때문에 통일된 국가를 이루어야 한다는 당위적 요청이 별다른 의심 없이 수용되어 왔다. 이는 같은 민족이라는 의식이 남북통일의 중요한 추동력이라는 것을 보여주고 있다. 하지만 민족적 동질성에 기초한 통일 필요성 논거가 과연 적절한 것인가에 관해서는 몇 가지 차원에서 비판적인 검토가 필요하다.

첫째는 민족적 동질성의 이념적 토대인 민족주의 자체에 대한 문제 제기이다. 이는 민족주의에 대한 비판적 관점에서 우리 민족이 고대부터 혈연, 지연, 문화적 동질성을 토대로 하나의 민족공동체를 형성해 왔다는 것이 허구적 신화에 불과하다는 시각과 관련이 있다. 따라서 신화적 상상물에 불과할 수 있는 단일 민족 관념으로부터 남북통일의 필요성을 도출하는 것은 무리라는 주장이다(임지현, 2001, 116-117; 이병수, 2010, 359).

하지만 우리에게 하나의 민족 관념이 지닌 수사학적 의미와 정서적 기능을 간과하거나 무시할 수는 없다. 현실적으로 한반도의 유구한 역사와 전통에 대한 관심은 민족의 형성과 재통합 과정에서 우리에게 여전히 유효하고 필요하기 때문이다. 따라서 남북한 주민에게 거의 집단 무의식처럼 내면화된 민족주의적 정서와 욕망은 분단 극복의 동인과 매개가 될 수 있다. 이렇듯 분단 상태를 극복하는 데 있어서 단일 민족의식이나 민족정체성 관념이 수행할 수 있는 역사적 역할을 전적으로 부인할 수는 없다(이병수, 2009, 23-24).

그럼에도 불구하고 남북통일을 민족적 동질성을 기반으로 하나의 민족, 하나의 국가를 형성하는 문제로 환원시켜 정당화할 수만은 없을 것이다.[4] 역사적으로 볼 때 하나의 민족이 여러 국가를 이루고 살기도 한다. 더욱이 개별 국가들 사이의 시공간이 압축되는 세계화의 흐름을 고려할 때, 같은 민족으로서 단일 국가를 형성해 왔다는 역사적 경험 자체에 근거하여 통일을 반드시 이루어야 한다는 논리는 설득력이 부족하다. 또한 민족정체성 회복 차원에서의 통일 필요성 논거는 자칫 분단 이후 오랜 기간에 걸쳐 형성된 남북한 사이의 차이를 지나치게 단일한 틀에 용해시키는 획일주의적 경향을 초래할 수도 있다.

더욱이 최근에는 남북한 사이의 하나의 민족정체성보다는 오

4 이러한 맥락에서 통일의 가치를 분단 현실의 극복이라는 관점에서 파악하는 시각에 주목할 필요가 있다. 요컨대 백낙청은 분단체제론에 대한 근본적 성찰을 토대로 그 작동 원리에 대한 비판적·객관적 인식을 요구하고 있다. 그리고 분단체제의 극복을 세계적 차원의 원대한 변혁 운동과 남북한 각각의 내부 개혁 운동 사이의 중간항이자 그 두 차원을 이어주는 연결고리로 파악하고 있다: 백낙청 (1998), p. 24 참조.

히려 한국(인)의 정체성이 강하게 나타나고 있다.[5] 이러한 현상은 통일 이전의 과거 서독에서도 나타난 바 있다. 이기동은 독일 통일 이전 서독의 경험을 바탕으로 하나의 민족에 기초한 단일정체성의 한계를 지적하고 있다. 당시 서독의 탈민족론자들은 누구보다 앞서 동독을 국가로 인정하고 체제를 존중했다. 이처럼 탈민족론자들은 상대를 인정함으로써 자기 존재를 확인하는 과정을 통해 독일이 아닌 서독의 고유한 정치적 정체성을 강화했다는 것이다. 그 과정에서 동서독 간의 교류협력은 민족 간 유대를 만들어 낸 측면도 있지만 오히려 서로의 이질성을 확인하며 자기정체성을 강화하는 계기가 되었다는 것이다. 그리고 통일 전과 통일 과정에서 서독의 탈민족론자들이 겪은 비극의 주된 원인은 민족정체성을 넘어선 동독과 서독의 개별 정체성 간의 비균질성과 불균형을 제대로 살피지 못한 데서 찾을 수 있다고 지적한다(이기동, 2000, 191-192). 통일 후 과거 동독과 서독 국민들 사이의 갈등과 대립은 적어도 독일정체성이 아니라 '서독 정체성'이 더 강했다는 사실에서 그 원인을 찾을 수 있다는 것이다.

둘째는 단일 민족의 관념이 통일을 통한 남북한의 미래 비전보다는 자칫 과거 회귀적 인식을 강화할 수 있다는 점이다. 하지만 남북통일은 분단 이전 상태의 회복이나 과거로의 회귀가 아닌 미래 지향적인 프로젝트가 되어야 한다는 점을 기억할 필요가 있다. 역사와 전통을 구성하거나 새롭게 창조하는 작업에서 중요한 것은 공동

5 한국(인) 정체성은 한국 사회가 다문화사회로 변화하는 가운데 나타나고 있다는 점에서 일종의 국민주의의 성격을 지니고 있다고 할 수 있다: 박순성(2010), p. 89; 이내영(2007) 참조.

체가 공유해야 하는 미래 비전을 설정하는 것이다. 이러한 관점에서 볼 때 같은 민족으로서의 공통점이나 동질성에 터한 남북통일 필요성의 논거는 설득력이 약화될 수밖에 없다. 더욱이 그것이 인류의 보편적 가치 지향과는 상이한 부정적이고 퇴행적인 성격을 지닌 것들이라면 더 말할 나위가 없을 것이다.

또한 같은 민족으로서의 단순한 혈연적 민족 관념에 토대를 둔 남북한의 통일 필요성 논거는 자유와 평등의 근대 정신에 반하는 것일 수 있다. 일종의 단일 민족 신화를 기반으로 한 남북통일은 다양한 정체성의 차이를 인정하기 보다는 우리와 다른 외국인들에 대한 차별을 합리화함으로써 민주적 가치와 인권 문제 등을 소홀히 할 가능성이 크다는 점이다. 그동안 절대시되었던 단일 민족 관념은 이처럼 분단 상태를 해소하고 통일로 나아가는 과정에서 요구되는 미래 지향적인 방향 설정에 오히려 퇴행적이고 억압적인 역할을 할 가능성을 내포하고 있는 것이다(권혁범, 2002, 180).[6]

따라서 분단 상태를 해소하고 다양한 구성원들의 자발적 참여에 기초한 통일공동체의 구현을 위해서는 민족적 특수성의 논리보다는 보편적 가치를 강조해야 한다.[7] 요컨대 남북통일의 실현은 단일 민

---

6 권혁범은 민족적 동질성의 회복이나 민족공동체의식의 함양에 초점을 맞출 경우, 이는 남북한에 공통적으로 남아있는 권위주의적 위계 질서나 가부장적 문화에 주목할 수밖에 없을 것이라고 보고 있다.

7 물론 민족주의를 집단정체성 그리고 개인의 자율성에 대한 억압과 동일시하는 것은 잘못된 시각이라고 할 수 있다. 이러한 맥락에서 한국의 민족주의가 보편적 인권 사상을 내포하고 있는 상대적으로 진보적인 사회통합의 원리가 될 수 있다고 보는 시각도 있다: 백낙청(1998), p. 181 참조.

족의 관념 혹은 역사와 전통을 같이하는 운명공동체와 같은 일종의 종족적 논리에서 벗어나 구성원들의 자유와 시민적 연대에 기초한 새로운 정치공동체를 지향해야 한다는 것이다(이병수, 2010, 362).

한국 사회에서 통일 필요성의 기본 논거는 합리적 사고보다는 정서적 당위에서 도출되었다(권혁범, 2000). 통일이 왜 필요한지 그리고 민족과 통일은 어떠한 관계인지 등에 대한 성찰 없이 같은 민족은 하나의 국가를 형성해야 한다는 당위적 인식이 지배적이었다. 하나의 민족이기 때문에 당연히 통일이 되어야 한다는 이른바 민족사적 당위성 명제가 무비판적으로 통용되어 온 것이다. 그 결과 통일의 문제를 비용과 부담 등 현실적인 문제로 인식할 때는 남북통일에 대해 부정적인 생각을 가지면서도 통일을 민족사적 당위로 수용하는 모순적인 태도를 보여주고 있는 것이 우리 사회의 모습이기도 하다. 하나의 민족이기 때문에 남북한이 통일되어야 한다는 논리는 설득력이 부족하다.

미래 지향적 통일공동체의 구현을 위해서는 하나의 민족이라는 신화적 관념에 매몰되지 않는 가운데 실재하는 다양한 정체성을 인정하고 존중하는 것이 필요하다. 따라서 우리의 통일논의에서 중요한 것은 한국(인)의 정체성 또는 민족적 정체성 가운데 어느 하나의 규범적 우위를 내세우는 것도 아니고 그것의 당위적 공존을 공허하게 강조하는 것도 아닐 것이다. 오히려 독자적이고 창조적이면서 인류 보편의 이상과 가치에 어긋나지 않는 정신 세계와 문화의 창달을 통한 미래 지향적인 민족정체성의 고양이 21세기 우리가 당면한 주요 국가적 과제라고 할 수 있다(양승태, 2007, 76). 남북한의 통일공동체가 지향해야 하는 정체성은 바로 이러한 것이 되어야 할 것이다.

4. 경제학적·실용주의적 통일편익

경제학적 관점의 통일 필요성 논거는 남북통일이 가져올 실제적 이익과 분단 상태가 초래하는 비용을 근거로 통일을 정당화하기 때문에 남북통일을 합리적 선택의 문제로 파악한다. 이는 남북통일 자체를 목적이 아닌 수단으로 보는 도구적 관점과 통한다. 그리고 이와 같은 경제학적·실용주의적 통일 필요성 논거의 중심을 차지하고 있는 것이 바로 통일비용 문제이다. 통일비용에 대한 논의는 한반도 분단과 통일의 문제를 효용성의 잣대로 바라보게 만든 계기가 되었다. 통일문제에 대한 경제학적 접근은 과거 통일의 당위성을 아무런 의심 없이 받아들이던 국민적 정서와 분위기가 달라지고 있다는 것을 보여주고 있다. 이는 또한 1990년 전후의 사회주의권 붕괴, 독일 통일, 세계적인 탈냉전 추세 속에서 한반도 통일이 더 이상 미래의 소망이 아닌 실현 가능한 현실의 문제라고 보는 국민들의 인식을 반영한 것이기도 하다.

특히 독일 통일은 우리에게 민족사적 의미가 강했던 통일문제를 경제적 관점에서 재고하게 만든 중요한 전기가 되었다. 독일 통일은 한반도 통일에 대한 희망과 기대를 부풀게 하였다. 많은 국민들은 실제로 독일의 통일 과정을 지켜보면서 남북통일도 머지않아 실현될 수 있을 것이라는 기대 속에서 우리의 통일문제에 더욱 관심을 가지게 되었다. 그러나 이와 같은 긍정적 영향과 더불어 통일 이후 서독이 지불했던 막대한 경제적 부담과 동서독의 내적 통합 과정에서 노정된 갈등에 주목하게 되면서 통일의 문제를 현실적 차원에서 냉정하게 바라보게 되었다(고성준 외, 2010, 93).

통일에 대한 경제학적·실용주의적 접근은 국민의 정부와 참여정부 시기 통일의 필요성에 대해 회의적인 사람들을 설득하기 위해 동원된 논리였다(이병수, 2010, 368). 이후 본격적으로 통일문제를 실용적·실리적 차원에서 조명하게 된 것은 이명박 정부 시기라고 할 수 있다. 특히 20대에게 민족적 정서에 호소하는 통일 필요성의 논리가 점차 설득력을 잃게 되면서 남북통일의 필요성을 경제 논리와 강대국론에서 찾으려고 하였다. 예컨대 남북통일은 국가 사회적 차원에서 규모의 경제를 실현할 수 있는 여건을 제공함으로써 경제 발전을 가속화시킬 수 있고 그만큼 민족적 역량과 주권국가로서의 위상이 강화될 수 있다는 것이다. 개인적 차원에서도 경제 발전으로 인한 혜택을 향유함으로써 취업 기회도 확대되고 국민들의 생활 수준과 삶의 질 또한 향상될 수 있다는 논리이다.

국민의 정부와 참여정부는 민족적 동질성을 강조하는 사회문화 중심의 정책 기조 속에서 북한에 대한 포용정책을 추진해 왔다. 그 과정에서 우리의 통일정책은 북한을 관리하고 남북관계의 현상적 측면만을 강조하는 방향으로 전개되었다(최진욱, 2011, 30). 남북 간의 화해와 협력을 통해 점진적 단계적으로 통일을 이루어야 한다는 것이 기본 입장이었다. 하지만 통일문제에 대한 적극적 관심보다는 경제·사회 분야에서의 교류와 협력 증진에 정책적 우선 순위가 집중되었다. 요컨대 '법적인 통일(de jure unification)'보다는 남북한의 상호체제 인정, 평화 정착, 교류협력 등을 통해 '사실상의 통일(de facto unification)'을 이루는 데 많은 관심을 표명하였다(김근식, 2003, 169). 그에 따라 한반도 통일에 대한 비전이 불투명해지면서 통일문제에 대한 국민적 관심과 의지도 서서히 약화되었다.

이러한 상황에서 이명박 정부는 평화적인 분단관리를 넘어 통일대비로의 전환을 모색하였다. 통일준비라는 정책 기조 속에서 무엇보다도 통일담론을 부활시키고 통일에 대한 국민적 관심과 의지를 회복하고자 하였다. 이를 위해 통일의지에 부정적 영향을 미쳤던 통일비용의 실체를 객관적으로 분석하였고 한반도 통일이 가져올 미래 비전과 통일의 편익에 대한 논의를 활성화시키고자 하였다. 그 결과 자연스럽게 통일비용과 분단비용의 대차대조가 부각되었고, 남북통일에 따른 국가 사회적 차원의 이익은 물론 개인적 차원의 혜택을 강조하는 등 통일문제에 대한 실용주의적·경제학적 접근이 주류를 이루게 되었다.

이와 같은 패러다임의 전환은 일부 긍정적으로 평가할 수 있는 측면이 있다. 우선, 통일이 개인의 삶과 밀접히 관련된다는 것을 인식시키기 위해 민족과 국가 차원만이 아닌 개인 수준에서 통일이 가져올 경제적 이익을 부각시켰다는 점에서 기존의 통일논의에서 진일보한 측면이 있다. 특히 1990년대 중반 이후 북한의 붕괴를 전제로 한 통일비용 논의의 여파로 통일에 대한 회의적 시각이 만연한 상황에서 통일편익 문제를 부각시켰다는 점은 긍정적으로 평가할 만하다. 둘째, 남북한 모두의 경제적 이익을 강조하는 실용주의적 접근은 이념적 접근보다 남북의 평화와 공존에 기여할 수 있다는 점이다. 이념 차이가 강조될수록 남북한 대립이 강화될 수 있는 반면에 남북한 상호 간의 경제적 이익에 대한 관심은 남북화해에 도움이 될 수 있기 때문이다. 이처럼 통일문제에 대한 경제학적·실리적 접근은 분단과 통일문제를 구체적으로 인식하게 했다는 점에서 나름대로 중요한 의의를 지니고 있다고 평가할 수 있다.

하지만 이와 같은 경제학적·실용주의적 접근은 동시에 남북통일의 필요성을 부정하거나 통일의 본질적 가치와 의미를 왜곡시킬 수 있는 문제를 안고 있다.[8] 주지하듯이 남북한의 통일문제에 관한 경제학적·실용주의적 접근은 민족의 번영을 최고의 가치로 보는 부국강병에 대한 열망 내지 대국주의에 대한 기대를 반영하고 있다. 남북통일을 통해 영토, 인구, 시장의 규모가 확대될 뿐만 아니라 풍부한 지하 자원 등을 확보함으로써 경제력과 군사력, 정치적 위상이 강화된 국제사회의 강대국으로 부상할 수 있다는 기대를 깔고 있다. 남북통일로 인해 세계 질서를 주도하는 강대국으로 도약하는 계기가 될 수 있다는 부국강병의 욕망이 자리하고 있는 것이다. 그런데 이러한 접근 시각은 남북통일의 가치 기반에 편향성을 초래함으로써 공동체적 가치에 주목하기보다는 모든 것을 경제적 관점에서 재단하고 획일화하는 논리를 정당화할 수 있다(이병수, 2010, 369-370).

또한 남북통일이 자본 자체의 생리에 따른 무차별적인 개발주의와 결합될 때 그것이 어떠한 결과를 가져올 것인가에 대해서도 성찰해 볼 필요가 있다. 남북통일의 경제적 편익에 대한 소망과 기대 속에는 공리주의적 차원의 물질적 이익에 대한 자본의 욕망이 숨겨져

---

8 최근 여론조사 결과에 따르면, 우리 사회의 구성원들은 개인 차원에서 통일의 이익에 대한 기대감이 높지 않은 편이다. 그리고 통일 이후 발생하게 될 가장 큰 어려움이 경제적 부담이라고 보고 있고, 통일비용의 부담에 대해서도 매우 소극적인 태도를 보이고 있다. 보다 자세한 내용은 박명규 외(2012), pp. 28-29; 김규륜 외(2011), pp. 11-12 참조.

있을 수 있음을 인식해야 한다는 점이다. 남북한의 통합 과정이나 통일 이후 북한 지역에 대한 거대 자본의 진출과 개발 전략은 자칫 한반도의 반쪽 지역을 불균형적이고 불평등한 공간으로 변화시킬 가능성이 있다. 요컨대 일부에서 우려하는 이른바 북한 지역의 '내적 식민지화(internal colonization)'를 초래할 수도 있다(권혁범, 2002, 192).

남북한 통일문제를 경제학적이고 실용적인 관점에서만 접근하는 것은 과도한 개인주의적, 이익 중심적 논리로 환원될 수 있다. 예컨대 극단적으로 통일비용과 통일편익에 대한 계산에서 통일비용이 통일편익보다 크다면 통일의 필요성 논거는 취약해 질 수 있다. 따라서 남북통일의 문제는 도구적 관점에서의 합리적 계산만이 아니라 민족적 관점이나 인류의 보편적 가치 기준 등 여러 가지 요인들을 복합적 총체적으로 고려해서 접근해야 한다(변종헌, 2012). 이러한 맥락에서 남북한의 통일문제에 관한 경제학적·실용주의적 관점은 기존의 통일 필요성 논거들을 대체하는 것이기 보다는 이를 보완하는 것으로 보아야 할 것이다.

오늘날 우리에게 필요한 것은 남북통일이 과연 현실적 차원의 공리적 관점에서만 접근할 수 있는 문제인가에 대한 고민과 성찰이다. 남북한의 통일논의에서 통일에 따른 여러 가지 편익과 경제적 이해관계에 대한 관심을 전적으로 배제하거나 무시할 수도 없으며, 이는 바람직하지도 않다. 하지만 동시에 남북한의 통일문제는 현실적·공리적 차원에서 접근하거나 경제학적 가치에 근거해서만 판단할 사안은 결코 아닐 것이다. 남북한 통일문제의 본질은 그것이 공리적 차원은 물론 당위적 차원, 인도적 차원 등을 고려해야 하는 입체적인 시각이 필요하다는 데 있다. 그 뿐만 아니라 통일문제는 개인을 포함해서 사회, 국가, 국제사회 수준과 유기적으로 연관된 복합적 과정임을 이해하는 생태적이고 전체적인(holistic) 조망이 요망된다.

5. 통일 필요성 논거의 인식 전환

1) 보편적 가치 기반의 통일 필요성

독일 통일의 경험에서 보듯이 상이한 체제 사이의 통합 과정은 역동성과 불확실성으로부터 자유로울 수 없다. 남북한의 통일 과정 역시 크게 다르지 않을 것이다. 그만큼 통일의 시기와 전개 과정을 정확하게 예측하기란 불가능하다. 하지만 어떠한 통일이 되어야 하는가의 문제는 다르다. 남북통일이 우리에게 어떠한 것이 되어야 하는가 하는 일종의 통일에 대한 의미 부여는 얼마든지 가능할 뿐만 아니라 매우 중요한 과제이기도 하기 때문이다. 이러한 맥락에서 남북통일이 지향해야 하는 본질적 가치와 의의에 대한 우리 사회의 천착과 성찰이 경주되어야 한다.

우리가 희구하는 남북통일의 대의는 비폭력적 생태지향의 관점 그리고 개개인의 존엄성과 인권의 보편적 가치를 기반으로 한 통일에 있다. 그리고 그것은 폐쇄적인 민족주의나 남북한 사이의 협소한 교류와 통합의 한계를 넘어 전 세계적 차원의 평화와 공존이라는 인류의 염원을 반영해야 한다. 이러한 기반 위에서 비로소 남북통일은 미래 지향적 관점에서 남북한 주민 모두의 행복을 위한 가치와 정서, 문화의 통합을 가능케 할 수 있을 것이다(정유성, 2002, 165; 김성민, 2011, 33). 따라서 단지 같은 민족으로서의 정체성에 기초한 민족공동체의 복원이나 강하고 잘 사는 통일한국의 건설이라는 명제는 이들보다 상위의 보다 근본적이고 지속가능한 가치 내지 목표를 위한 것이지 그 자체가 남북통일의 필요성을 뒷받침하는 하나의 지배적인 논거가 되어서는 안 될 것이다.

특히 최근 강조되고 있는 실용적·실리적·경제적 차원의 통일 필요성 논거는 남북한 통일공동체가 지향해야 하는 지속가능한 가치와 관련해서 논의되어야 한다. 하나의 공동체가 지닌 진정한 의미의 생산성과 효율성은 경제적 차원을 넘어 도덕성과 비판적 이성, 역사적 책임의식, 공동체의식, 생태의식 등 특정 공동체가 공유하고 있는 삶의 가치 및 질과 관련되어 이해해야 한다. 이러한 관점에서 남북한의 통일은 요컨대 통일공동체의 경제적 이익과 효율성의 추구를 넘어 남북한 상호 간의 그리고 남북한 주민들 사이의 소통과 치유, 통합의 새로운 사회적 질서를 추구해야 한다(이병수, 2010, 371).

왜 통일을 해야 하는가의 문제는 우리가 진정으로 건강한 삶과 공동체 그리고 지금과는 다른 세상을 지향할 의지가 있는가의 문제와 더불어 논의되어야 한다. 남북한의 통일은 과거 중심적인 민족사적 당위나 현재의 실용주의적 필요도 일정 부분 고려해야 하지만 남북한 주민들의 안전과 평화를 보장하고 삶의 질을 높이는 방향으로 전개되어야 한다. 이러한 방향의 전환은 남북통일이 가져다 줄 이익이나 효과가 아니라 통일을 통해 우리가 누릴 수 있는 새로운 기회 내지 가치에 보다 민감해져야 한다는 것을 의미한다(이병수, 2010, 385).

남북통일을 통해 남북한 주민 모두는 인류가 지향하는 보편적 가치의 실현에 보다 가까이 다가설 수 있어야 한다. 이러한 맥락에서 남북통일은 남북한 주민 모두의 행복을 증진시키고 삶의 질을 높일 수 있는 새로운 기회의 창(window of opportunity)이 되어야 한다. 그리고 이것이 바로 국민들이 지닌 통일의식의 내용과 통일 환경의 변화를 고려하는 가운데 지속가능하고 건강한 새로운 통일 필요성의 근거로 기능해야 할 것이다. 따라서 미래 지향적인 통일교육은 국가와 사회 그리고 개인적 차원의 실용적·실리적 통일편익에 주목하는 차원에서 벗어나 남북한 주민 모두의 인간다운 삶의 지평을 확대하고 심화시킬 수 있는 조건의 창출이라는 관점에서 남북통일의 필요성을 강조해야 한다.

이러한 맥락에서 북한 주민의 인권 상황에 대한 관심과 조명은 보편적 가치 지향의 관점에서 남북통일이 필요한 분명한 이유 가운데 하나가 될 수 있을 것이다. 주지하듯이 전체주의적 사회주의 체제의 특성을 지닌 북한은 경제·사회·문화 등 모든 부문을 국가안보 차원에서 관리함으로써 주민들의 기본적 인권이 당 국가권력에 의해 구조적으로 침해받고 있다. 북한 주민들은 언론 표현의 자유를 보장받지 못할 뿐만 아니라 여행과 거주 이전의 자유도 제한받고 있다. 특히 구소련 및 사회주의 진영의 붕괴 이후 만성적인 경제 침체 속에서 김정일 정권은 군사력 증강에 몰두하는 그릇된 자원 배분 정책을 선택함으로써 경제 상황을 더욱 악화시켜 왔다. 그 결과 북한 김정은 체제는 주민들의 생존권조차 보장하지 못하는 있는 실정이다(통일연구원, 2012, 13).

또한 남북한의 통일은 갈퉁(J. Galtung)이 말하는 이른바 적극적 의미의 평화가 한반도를 넘어 동북아로 실현되는 과정이어야 한다. 여기서 적극적 의미의 평화란 눈에 보이지 않는 구조적 폭력이 부재하는 상태를 의미하는 것으로서 눈에 보이는 물리적 폭력의 부재인 소극적 평화와 대비된다(Galtung, 1974, 487-496). 남북한의 통일은 한반도에서 단지 전쟁이 없는 소극적 상태를 넘어 남북한 주민 모두의 인권이 존중되고 인간다운 삶이 보장되는 상태를 지향해야 한다. 그리고 이와 같은 보편적 가치의 추구가 바로 남북통일이 필요한 강력한 근거의 하나로 작용해야 할 것이다.[9]

6. 시민적 덕으로서의 통일의식

위에서 지적했듯이 한반도 분단 이후 민족정체성에 기초한 당위론적 통일론에서 경제학적·실용주의적 통일논의로의 전환은 일부 긍정적인 면이 있다. 그것은 무엇보다도 남북한의 통일문제를 타자의 문제 내지 국가 사회적 관점으로부터 자신의 개인적 문제로 인식할 수 있는 계기를 제공했다는 점이다. 경제학적 관점의 통일논의는 이

9 이와 같은 통일 필요성의 논거는 남북한 주민 개개인의 인권과 행복 그리고 삶의 질에 주목함으로써 통일교육의 정당성을 확인하고 강화하는 기반이 될 수 있다. 요컨대 남북통일 필요성의 논거를 자유주의적 가치 내지 이념의 실현이라는 차원에서 모색함으로써 자유주의의 관점에서 통일교육을 정당화하는 이론적 기반을 확보할 수 있을 것이다.

른바 시장의 논리를 남북한 통일문제에 적용함으로써 손실과 이익의 관점에서 통일의 편익 내지 통일효과를 현실적·구체적으로 바라보고 인식할 수 있는 토대를 제공하였다.

실제로 시장 메커니즘은 시민들에게 요구되는 미덕과 자질을 배양하는데 중요한 교육적 기능을 수행할 수 있다. 시장의 원리는 이윤 극대화의 기제를 통해 시장 참여자들이 감정에 휘둘리지 않는 가운데 합리적으로 판단하고 행동할 것을 가르친다. 이윤 극대화의 시장 원리에 입각한 이와 같은 행동은 장기적 관점에서 단기적인 욕구 충족을 유보하거나 자제할 수 있는 자기 규율 능력을 키워줄 수 있는데, 이는 바로 시민에게 요구되는 중요한 자질이기도 하다. 이와 같은 자기 규율 능력을 토크빌(A. Tocqueville)은 '잘 이해된 사익(self-interest well-understood)'이라고 표현하고 있다. 그는 미국의 참여 민주주의를 가능케 한 시민들의 정치적 자질이 시장에서 반복적으로 학습된 이와 같은 행동 유형에서 비롯된 것으로 보았다(Tocqueville, 2000, 501-506).

하지만 여기서 동시에 주목해야 하는 것은 시장의 원리가 수반할 수 있는 부정적 측면인 바, 그 전형적인 사례의 하나가 바로 무임승차(free ride)의 문제이다. 장기적이건 단기적이건 사적 이윤의 극대화만을 추구하는 시장질서 속에서 행위자들에게 가장 합리적인 선택은 바로 공공재의 산출에 적극적으로 기여하기보다는 일방적으로 수혜를 받는 것이다. 요컨대 시장의 논리로는 공익을 위한 희생과 자발적 참여를 보장할 수 없다는 것이 무임승차 문제의 핵심적 딜레마이다. 따라서 시장 참여자들이 아무리 자기 규율적인 행위를 하더라도 그것이 공공영역에서의 헌신과 희생으로 이어지는 것은 아니다(김성호, 2004, 60–61).

남북통일은 일종의 공공재(public goods)로 볼 수 있다. 공공재(public goods)는 소비의 비경합성, 공급의 공동성, 이득의 비배제성을 특징으로 한다. 남북통일에 따른 편익은 한 개인이나 집단, 지역, 세대, 계층 등의 특정 범주가 독점하기 보다는 남북한 주민 모두에게 함께 주어지며(nonrivarly of consumption/ jointness of supply), 어떠한 특정 개인이나 집단도 통일에 따른 이익과 혜택을 누리는 데서 배제되지 않기(nonexcludibility) 때문에 남북통일은 공공재의 성격을 지닌다고 볼 수 있다(변종헌, 2012, 232).

남북통일을 이처럼 공공재로 볼 때, 남북통일에 따른 개인적 부담과 불편은 최소화하는 반면 통일의 편익과 혜택은 최대한 누리려는 것이 합리적 행위자의 선택 대안일 것이다. 이는 경제적·실용적·실리적 관점의 통일 필요성 논거가 자칫 남북한의 통일문제를 우리 사회의 구성원 모두가 함께 협력해서 풀어나가야 하는 공동의 관심사보다는 개인적 손익 계산의 대상으로 간주하게 만들 수 있다는 것을 의미한다. 따라서 중요한 문제는 통일의 경제적 실리 내지 효용성, 보다 넓게는 통일효과에 기초한 남북통일 필요성의 논거를 보다 공고한 미래 지향적이고 지속가능한 토대로 전환하는 것이다.

이와 같은 인식의 전환은 통일문제의 사유화를 차단하고 남북한의 통일문제를 공적 영역의 주제로 회복하고 강화해야 한다는 것을 의미한다. 오늘날 신자유주의(neoliberalism) 패러다임이 초래하고 있는 가장 심각한 폐해 가운데 하나는 그것이 시장과 경제의 영역을 뛰어넘어 거의 모든 영역에서 인간의 거의 모든 것을 경쟁의 가치와 시장의 논리로 재단하는 데 있다.[10] 따라서 통일문제를 경제적·실용적 이해득실의 관점에서만 파악하는 것은 통일문제에 내포된 본질적 가치와 의의에 주목하지 못하는 결과를 초래할 수 있다. 하지만 통일문제는 우리에게 시장의 상품이기보다는 광장의 주제로 간주되어야 한다.

그런데 이러한 시각과 태도를 견지하는 것은 통일의식은 물론 민주시민에게 요구되는 시민의식의 핵심적 내용이기도 하다. 여기서 통일의식은 시민적 덕성의 일부가 될 수 있다. 절대적 당위로서 나에게 부과된 통일, 개인적 차원의 편익과 혜택을 보장해 주는 통일이 아니라 하나의 인격체로서의 권리와 삶의 질을 담보하고 모두의 행복을 증진시켜 줄 수 있는 통일을 성취하고자 하는 열망과 태도는 다름 아닌 시민적 덕성의 내용이기 때문이다. 이처럼 통일의식이 시민적 덕성의 내용이 될 때 비로소 특수한 이념이나 편협한 사적 이해관계에 봉사하는 통일을 넘어서는 미래 지향적이고 지속가능한 남북통일의 가능성이 열리게 될 것이다.

왜 남북통일인가의 질문에 대한 성찰과 해명은 통일논의와 통일문제의 핵심적 사안이다. 통일이 필요한 이유에 대한 확인과 확신이 전제될 때 남북통일을 향한 의지와 노력이 가능하기 때문이다. 분단 이후 우리 사회는 민족정체성에 기초한 통일론이 절대적 당위로 간주되어 왔다. 물론 남북한 사이의 민족적 동질성에 관한 국민들의 의식이 최근 많이 변화되고는 있지만 그럼에도 불구하고 여전히 같은 민족이기 때문에 통일이 되어야 한다는 인식이 강력하게 잔존하

10 신자유주의의 폐해에 관한 보다 자세한 내용은 변종헌(2009) 참조.

고 있다.

하지만 주목해야 할 것은 같은 민족으로서의 민족정체성에 근거한 통일 필요성 논거가 여전히 남북한 통일을 추동할 수 있는 기능적 역할을 일정 부분 수행할 수 있다 하더라도 그것이 과연 미래 지향적이고 지속가능한 통일 필요성 논거의 토대가 될 수 있는가 하는 점이다. 우리 사회의 인구통계학적 구성 양식이 빠르게 변화하는 가운데 남북한을 관통하는 민족정체성 관념보다는 남한만의 국가적 범주에 기초한 이른바 한국(인) 정체성이 강화되고 있는 현실은 통일 논의에서 민족정체성 관념이 지닌 한계를 보여주고 있다.

반면에 2000년을 전후로 주목하기 시작한 경제학적·실용주의적 관점의 통일논의는 남북한의 통일문제를 국가 사회적 차원의 추상적 수준으로부터 개인적 차원의 구체적 관심사로 전환시키는 계기를 마련했다는 점에서 긍정적으로 평가할 수 있다. 하지만 통일문제에 관한 실용적·실리적 관점의 접근은 동시에 그 의도와는 다른 역기능을 노정할 수 있다. 이른바 남북통일에 따른 통일편익 내지 경제학적·비경제학적 차원의 통일효과를 강조하는 접근 방식은 통일문제를 시장의 논리로 재단하는 결과를 야기할 수 있다는 점이다.

우리에게 남북한 통일논의의 핵심은 그것이 미래 지향적이고 지속가능한 것이 되어야 한다는 데 있다. 이러한 관점에서 왜 통일이 필요한가에 대한 고민과 성찰 또한 미래 지향적이고 지속가능한 토대 위에서 이루어져야 한다. 따라서 단순한 민족적 동질성의 논리가 수반할 수 있는 이념적 편협성과 과거로의 회귀 가능성을 뛰어넘고, 시장과 자본의 논리에 매몰될 수 있는 경제적 관점의 통일 필요성 논거를 극복하기 위한 인식의 전환이 이루어져야 한다. 한반도 통일은 남북 분단 이전 상태로의 소극적 수동적 환원이 아니라 남북한 주민 모두의 인권과 행복, 정의를 보장할 수 있는 미래 지향적이고 지속가능한 프로젝트로 간주되어야 하기 때문이다.

참고문헌

고성준 외(2010), 『청소년 대상 통일 필요성 논리 개발』, 2010년 통일부 연구 용역보고서(2010. 12).

권혁범(2000), "반공주의 회로판 읽기 : 한국반공주의의 의미체계와 정치사회적 기능", 조한혜정·이우영 편, 『탈 분단시대를 열며』, 서울 : 도서출판 삼인.

권혁범(2002), "통일론의 비판적 이해", 권혁범 외, 『한반도와 통일문제』, 서울 : 대왕사.

김규륜 외(2011), 『통일비용·편익 연구의 새로운 접근』, 서울 : 통일연구원.

김규륜·김형기(2012), 『통일재원 마련 및 통일의지 결집 관련 국민의 인식』, 서울 : 통일연구원.

김근식(2003), "연합과 연방 : 통일방안의 폐쇄성과 통일과정의 개방성-6.15 공동선언 2항을 중심으로", 『한국과 국제정치』, 제19권 4호(겨울호).

김병로 외(2007), 『2007 통일의식조사』, 서울 : 서울대학교 통일평화연구소.

김성민(2011), "분단과 통일, 그리고 한국의 인문학", 『통일에 대한 인문학적 패러다임』, 서울 : 선인.

김성호(2004), "미덕과 자질 그리고 시민교육", 심익섭 외, 『한국민주시민교육론』, 서울 : 엠-애드.

김영수(2011), "새로운 남북관계의 지평", 박재규 편, 『북한의 딜레마와 미래』, 서울 : 법문사.

김현옥(2001), "통일의 의미와 통일의식의 내적구조", 전성우 편, 『남북한 사회통합의 길-그 현황과 전망』, 서울 : 금왕출판사.

박명규 외(2008), 『2008 통일의식조사』, 서울 : 서울대학교 통일평화연구소.

박명규 외(2009), 『2009 통일의식조사』, 서울 : 서울대학교 통일평화연구소.

박명규 외(2010), 『2010 통일의식조사』, 서울 : 서울대학교 통일평화연구소.

박명규 외(2011), 『2011 통일의식조사』, 서울 : 서울대학교 통일평화연구원.

박명규 외(2012), 『2012 통일의식조사』, 서울 : 서울대학교 통일평화연구원.

박순성(2010), "한반도 통일과 민족, 국민국가, 시민사회", 『북한연구학회보』, 제14권 제2호.

박정란(2008), "역대 정부의 통일·대북정책 : 쟁점과 과제", 『사회과학연구』, 제32집 2호.

백낙청(1998), 『흔들리는 분단체제』, 서울 : 창작과 비평사.

변종헌 역(2009), 헨리 지루 저, 『신자유주의의 테러리즘』, 고양 : 인간사랑.

변종헌(2012), "20대 통일의식과 대학 통일교육의 과제", 『통일정책연구』, 제21권 1호.

변종헌(2012), "대학 통일교육의 현황과 과제", 고성준 외, 『학교 통일교육의 새로운 이해』, 서울 : 도서출판 오름.

양승태(2007), "똘레랑스, 차이성과 정체성, 민족 정체성, 그리고 21세기 한국의 민족주의", 『정치사상연구』, 제13집 1호.

이기동(2000), "독일 분단과 통일과정에서의 '탈민족' 담론과 정치", 『통일과 평화』, 제2호.

이내영(2007), "한국인의 북한과 통일에 대한 인식과 국가정체성", 강원택 편, 『한국인의 국가정체성과 한국정치』, 서울 : 동아시아연구원.

이병수(2009), "남북관계에 대한 반성적 고찰 : 체제와 민족을 중심으로", 『통일인문학논총』, 제48집.

이병수(2010), "통일의 당위성 담론에 대한 반성적 고찰", 『시대와 철학』, 제21권 2호.

임지현(2001), 『이념의 속살』, 서울 : 도서출판 삼인.

정유성(2002), "통일교육의 철학적 바탕", 『사회과학연구』, 제10집.

조동호(2011), 『통일비용보다 더 큰 통일편익』, 서울 : 통일교육원.

최진욱(2011), "통일담론의 새로운 패러다임", 『한반도 통일과 주변 4국』, 서울 : 늘품플러스.

통일연구원(2012), 『북한인권백서』, 서울 : 통일연구원.

Galtung, J.(1974), "Peace", in David L. Sills(ed.), *International Encyclopedia of the Social Sciences* Vol. 11, New York : The Macmillan Company and the Free Press.

Tocqueville, Alexis de.(2000), *Democracy in America*, translated by H. Mansfield & D. Winthrop, Chicago : University of Chicago Press.

제10장 통일교육과 시민교육

통일교육은 그 내용 영역이 점차 확대되는 가운데 민주시민교육과의 관계에 대한 연구 논의가 활발하게 이루어져 왔다. 그럼에도 불구하고 이들 사이의 명확한 관계 설정에 대한 대부분의 논의는 피상적 수준에서 벗어나지 못하고 있다. 통일교육과 민주시민교육은 어떠한 관계에 있는가? 이 질문에 대한 답은 서로 상반되기도 하고 보완적이기도 하다. 연구자의 시각 내지 관점에 따라 통일교육의 한 분야로서 민주시민교육을 바라보기도 하고 반대로 민주시민교육의 한 영역으로서 통일교육을 파악하기도 한다. 또한 시민문화의 확산과 민주시민의 육성은 통일에 도움이 되며 통일국가의 비전은 동시에 자유민주주의와 인류의 보편적 가치를 전제로 한다는 점에서 상호 보완적 관계로 볼 수도 있다.

1. 남북한 통합과 통일교육

1) 통일교육과 민주시민교육의 관계

일반적으로 민주시민교육은 정치체계의 효율성을 높이고, 사회적 통합 기능을 수행하며, 민주적 정치 발전을 촉진하고, 민주시민을 양성하는 기능을 한다. 따라서 민주시민교육은 통일 과정 어디에서든 이와 같은 기능적 역할을 지속적으로 수행할 필요가 있다. 민주적인 시민문화가 확산되고 능력과 책임감을 지닌 민주시민이 그만큼 많아진다는 것은 궁극적으로 남북한의 통일 과정에 도움이 될 수 있다. 그리고 정치적 통일 이후 남북한 사이의 이질화와 제반 갈등을 합리적으로 극복하고 해소하는 가운데 민주적인 통일공동체를 형성하는 데에도 긍정적으로 작용할 수 있다. 또한 우리가 지향하는 통일국가의 비전이 자유민주주의에 터한 것이어야 한다는 점에서도 민주시민교육과 통일교육은 밀접하게 관련될 수밖에 없다.

하지만 이와 같은 당위적 입장이나 원론적 접근에 함몰되는 경우 통일교육의 의의에 관해서 근본적 의문이 생기는 것은 불가피해 보인다. 진정한 통일 단계로 나아가는 과정에서 통일교육의 역할과 기능은 무엇인가? 통일교육이 할 수 있고 또 해야 하는 것은 어디까지인가? 통일교육은 민주시민교육과는 다른 것인가? 만일 다르다면 무엇이 어떻게 다른가?

물론 통일교육과 민주시민교육의 목표와 내용을 엄격하게 구분하는 작업은 현실적으로 매우 어려운 문제이다. 더욱이 한반도라는 특수한 상황에서 이루어지고 있는 통일교육이 민주시민교육의 내용 요소와 방법을 적극적으로 원용하고 있다는 점을 고려한다면 더욱 그러하다. 하지만 분명한 것은 민주시민교육이 본질적으로 추구하는 교육의 목표와 우리 사회의 통일교육의 지향점이 동일할 수는 없다는 사실이다. 따라서 양자가 겹칠 수 있는 부분이 있다면 그것은 무엇이고, 통일교육이나 민주시민교육의 정체성이나 차별성의 근거는 무엇인가 그리고 우리의 현실에서 과연 통일교육과 민주시민교육이 통일로 가는 과정에서 각각 지향하거나 강조해야 할 것은 무엇인가 하는 문제를 따져보는 것은 통일교육의 의의와 방향을 새롭게 정립하는 데 중요한 출발점이 될 수 있다.

그동안 이루어진 통일교육과 관련된 논의에서 엿볼 수 있는 주된 특징 가운데 하나는 통일교육의 내용 영역들이 확대되거나 점점 풍부해지고 있다는 점이다. 1980년대 이후 진행된 민주화와 더불어 분단 이후 남북관계를 지배해 왔던 안보 중심의 논리에서 벗어나면서 우리 사회의 통일담론이나 통일논의가 새로운 지평을 열게 되었다. 그리고 그 과정에서 통일교육의 외연 또한 자연스럽게 확대되어 왔다. 예컨대 통일안보교육 이외에 통일교육의 내용 영역으로서 민주시민교육은 물론 민족공동체교육, 갈등해결교육, 평화교육, 다문화교육 등에 대한 관심이 증대되어 왔다는 사실이 이를 잘 보여주고 있다.

특히 통일교육과 민주시민교육과의 관계에 대한 논의가 각각의 교육 목표나 내용 요소를 중심으로 활발하게 진행되어 왔다. 주지하듯이 통일교육은 통일에 관한 것을 가르치는 것을 넘어서서 민주주의와 인간의 존엄성을 위협하는 분단 상태를 해소하고 그러한 가치가 온전히 보장되는 사회를 만들어 낼 수 있는 민주시민으로서의 능력과 자질을 함양하는 교육이 되어야 한다는 점에서 민주시민교육과 중첩될 수 있다(조정아, 2007, 296). 그리고 바로 이러한 맥락에서 민주시민교육과 연계하여 통일교육의 방향을 설정하고, 그 내용 요소를 구안하는 노력들이 많이 이루어져 왔다. 따라서 민주시민교육의 의미와 내용을 살펴보고 나아가 이것을 통일교육과의 관계 속에서 진지하게 검토해 보는 것은 오늘날 통일교육의 방향과 목표를 분명히 하고 다가올 통일 시대를 준비하기 위한 의미 있는 작업의 하나라고 할 수 있다.

하지만 통일교육과 민주시민교육의 연관성이나 중첩 가능성에도 불구하고 둘 사이의 관계에 대한 접근과 논의는 피상적 수준에 머물고 있는 것으로 보인다. 그 결과 통일을 위한 교육적 노력 속에서 양자 사이의 관계에 대한 엄밀한 이해나 명확한 입장이 전제되지 않은 상태로 다양한 논의가 진행되어 왔다는 점을 부인하기 어렵다. 예컨대 통일교육에 관한 대부분의 논의들이 민주시민교육의 내용 요소들을 일부 수용하거나 반영하면서도 실제로는 이들 사이의 개념적 위계나 포함관계에 대한 논의나 설명이 생략되곤 했다. 그리고 이러한 경향은 통일교육과 민주시민교육 사이의 관계 설정에 혼란을 초래하는 중요한 이유 가운데 하나였다.

요컨대 일부는 통일교육이 민주시민교육을 포함해야 한다는 입장을 보이고 있고 다른 일부는 통일교육이 특수성을 반영한다면 민주시민교육은 보다 보편적인 교육적 노력이라는 점에서 민주시민교육이 보다 포괄적이라고 주장하고 있다. 이렇듯 양자 사이의 관계 설정에 관한 다양한 시각들을 종합해 볼 때, 민주시민교육과 통일교육의 관계는 크게 다음과 같은 세 가지 유형으로 정리할 수 있다.

첫번째는 민주시민교육을 통일교육의 구성 요소로 보는 시각이다. 이와 같은 시각은 공통적으로 민주시민의 육성이 통일에 도움이 된다고 본다. 민주시민을 양성함으로써 통일역량을 강화할 수 있을 뿐만 아니라 통일 과정과 통일 이후의 민족공동체 건설에도 도움이 된다는 입장이다. 여기서 민주시민교육은 통일에 대비하여 우리 국민들의 정체성과 결속력을 신장시키고, 민주시민으로서의 자질을 함양하기 위한 교육이다. 따라서 자유민주주의 체제가 바로 이상사회의 청사진이며 최선의 이념적 선택이라는 확신을 심어주고자 하는 것이 통일교육 내의 민주시민교육의 역할이다. 동시에 민주시민교육은 민주시민으로서 자질이나 능력, 즉 반성적 사고 기능과 지적 기능, 개인적 또는 집단의 구성원으로서 합리적인 의사 결정을 내릴 수 있는 능력 그리고 사회 참여 능력 등을 갖춤으로써 국민들의 통일의지와 역량을 배양하고자 한다.

추병완은 통일교육의 목표를 통일을 실현하기 위한 과정과 통일 이후의 국가 생활에서 국민들에게 요청되는 바람직한 통일 가치관을 함양시키기 위한 것이라고 보고 있다. 통일문제에 대하여 바람직한 가치관을 지니고 있는 사람은 통일문제에 대한 지식, 기능, 가치·태도·행동적 요소를 고르게 갖추고 있다고 볼 수 있다. 그리고 여기서 중시하는 기능적 요소 가운데 하나가 바로 통일문제 해결에 필요한 민주시민의 자질, 즉 합리적인 의사 결정 능력, 사회 참여 기능, 집단 상호작용 능력, 반성적 사고 기능이다(추병완, 1999, 121-147).

이와 같은 시각에서는 통일교육의 목표 가운데 하나가 바로 민주시민으로서의 자질 함양이다. 통일 과정에서 우리 사회의 다양한 입장과 견해를 효과적으로 조정·결집하고 이해당사자들의 갈등을 원만히 해결하기 위해서는 민주시민으로서의 자질이 필요하다고 보기 때문이다. 따라서 민주시민으로서의 자질 함양은 통일로 나아가는 과정에서 우리 사회의 내부적 단합과 단결을 위해 반드시 필요하며, 통일 이후의 바람직한 삶을 준비하는 데도 필수적이다(박찬석, 2000, 20). 이렇듯 민주시민교육이 통일교육의 일부라고 보는 입장에서는 통일교육이 '민주시민으로서의 공동체의식', '더불어 살아가는 인간의 협동심' 등과 같은 민주시민교육의 내용 요소를 포함해야 한다고 주장한다(박찬석, 2001, 155).

이준호 또한 통일교육의 주된 내용 가운데 하나가 바로 민주시민교육이라고 본다. 통일교육은 통일 과정과 이후의 사회통합을 목표로 하지만 통일의 추진력과 미래상이 자유민주주의 체제에 있다는 점에서 민주시민교육을 통일교육의 주된 내용으로 구성해야 한다는 것이다(이준호, 2004, 243-246). 이처럼 일부에서는 민주시민교육이 통일교육의 중요한 내용적 요소로서 의미를 지닌다고 보고 있다. 우리가 추구하는 통일 사회가 자유, 인권, 평등, 복지가 보장되는 자유민주주의 사회이기 때문에 통일교육은 민주적인 가치관과 사고 및 자질을 함양하는 민주시민교육과 밀접한 관련을 맺는다고 본다. 이러한 관점에서 민주시민교육은 통일역량을 강화하며, 다원적 사고, 균형적 시각, 관용적 태도를 형성함으로써 통일 과정과 통일 이후 남북한의 평화로운 공존과 번영을 위한 토대가 될 수 있다고 주장한다(오기성 외, 2003, 126).

두 번째는 첫 번째와 반대로 민주시민교육을 통일교육보다 넓은 의미로 이해하는 시각이다. 이러한 관점에서는 이른바 특수와 보편의 관계에서 통일교육과 민주시민교육을 구분한다. 요컨대 통일교육을 오늘날 한반도라는 특수한 상황 하에서 우리들에게 요청되는 교육이라고 보는 반면에 민주시민교육은 이보다 보편적이고 일반적인 의미를 지닌 것으로 본다. 통상적으로 민주시민교육은 정치공동체의 유지 및 발전을 위해 공동체 구성원들의 확산지지(diffuse support)를 산출하기 위한 의도적 노력으로 정의할 수 있다. 민주시민교육은 또한 정치·사회적 현상들을 합리적으로 인식하고, 건전한 비판의식을 가지며, 정치 과정에 능동적으로 참여할 수 있는 책임감과 능력을 지닌 민주시민을 기르기 위한 교육적 노력이기도 하다.

이처럼 정치문화로의 인입 그리고 민주시민으로서의 개인의 성장이라는 과제를 안고 있는 민주시민교육은 멀리는 그리스와 로마 시대까지 그리고 가까이는 18세기 혁명의 시대까지 거슬러 올라가는 오랜 역사를 지니고 있다(Riesenberg, 1992). 이러한 맥락에서 민주시민교육을 통일교육보다 넓은 의미의 보편적 개념으로 파악하는 시각에서는 통일교육의 내용 요소가 민주시민교육의 일부에 불과하다고 보고 있다. 주지하듯이 민주시민교육의 핵심은 시민사회의 구성원들에게 요구되는 시민성(citizenship)의 내용에 있다. 따라서 민주시민교육을 통일교육보다 넓은 범주로 파악하는 사람들은 통일교육에서 다루는 내용들을 시민성의 내용 체계의 일부로 간주하는 경향이 있다.

예를 들어 민주시민교육협의회는 민주시민교육의 핵심 내용을 민주적인 정치문화 요소들을 촉진시키는 데 두고, 그 구체적인 시민성의 내용 영역들을 다음과 같이 제시한 바 있다: ① 개인의 민주적 가치관, ② 민주주의의 기본 원리와 민주적 정치제도, ③ 민주적 전통사상의 계승 발전, ④ 경제윤리와 산업 민주주의에 대한 이해, ⑤ 환경, 여성, 문화에 대한 이해, ⑥ 정보화, 지방화 및 국제화에 대한 이해, ⑦ 안보문제와 남북관계 및 통일문제, ⑧ 국제관계에 대한 이해 등이다(전득주 외, 1999, 161; 허영식, 2000). 이와 같은 시민성의 내용 체계에 따르면 남북관계와 통일문제는 민주사회의 시민들에게 요청되는 시민적 덕성의 일부로 간주되고 있는 바, 남북한의 체제통합이 최대 과제인 통일교육은 민주시민교육 내에서 다룰 수 있는 일부일 뿐이다.

따라서 통일국가의 실현 그리고 21세기 세계 질서에 부응하는 탈이념적 사고, 복지와 평화가 중시되는 다원화된 민주사회의 건설이라는 통일교육의 일차적 목표와 과제는 결국 자유민주주의 시민을 양성하는 민주시민교육을 통해 달성될 수 있는 것이 된다. 즉 새로운 세계 질서에 적합한 통일교육은 성숙한 시민사회를 지향하는 민주시민교육을 통해 가능하다고 보고 있다. 통일교육이 성숙한 민주시민으로서의 자질을 갖추게 하는 방향으로 변화해야 하며, 기존의 체제 수호적이고 소극적인 통일교육에서 탈피하여 민주시민으로서의 신념과 역량을 배양하는 체제 확산적이고 적극적인 통일교육을 실시해야 한다면(김도태, 1999, 27-28), 그것은 바로 민주시민교육의 내용에 다름 아니다. 더욱이 정치적 통일을 달성하였다 해도 통일국가의 국민들 모두에게 통합의식의 제고와 민주시민으로서의 자질 함양이 지속적으로 요구될 수밖에 없다는 점에서 민주시민교육은 통일교육의 범주를 넘어 지속되어야 하는 보다 포괄적인 교육적 노력이라고 볼 수 있다.

세번째는 양자 사이의 관계를 포함관계나 보편특수의 관계로 파악하는 대신에 민주시민교육의 내용 요소 가운데 일부를 통일교육에 수용하고 중시하는 병렬적인 입장을 취하는 시각이다. 이와 같은 관점에서는 통일교육과 민주시민교육의 상호보완적 관계를 강조한다. 김창근은 민주시민교육이 민주주의 체제를 유지하고 발전시키는 민주시민을 육성하는 교육이지만 그 시민은 결국 통일 추진의 주체가 된다는 점에서 통일을 위한 역할을 할 수 있어야 한다고 보고 있다. 이러한 의미에서 통일교육은 민주시민교육의 일환이기도 하지만 동시에 민주시민교육의 요소를 내포해야 하기 때문에 통일교육과 민주시민교육은 서로 보완적 측면을 지닌다고 보고 있다(김창근, 2007, 98-99).

사회 구성원들의 자발적 참여와 민주적인 과정을 통해 통일을 이룩할 수 있는 의지와 역량을 배양하는 것은 통일교육에서 매우 중요한 과제이다. 하지만 체계적이고 성공적인 통일교육은 또한 국민들에게 성숙한 민주시민으로서의 자질을 갖출 수 있게 해주어야 한다. 이러한 이유에서 통일교육과 민주시민교육의 두 차원은 상호 긴밀히 연결시켜야 하는 과제라고 할 수 있다(길은배, 2003, 269). 더욱이 민주시민교육은 앞으로 다가오는 한반도의 통일을 대비하기 위해서도 매우 중요하다. 우리 사회의 민주주의가 공고해지고 심화되면 될수록 민주시민으로서의 의식이 성숙하면 할수록 통일을 성취하는 것이 그만큼 쉬워질 것이다. 뿐만 아니라 통일을 이루었을 경우에 북한 주민들의 입장과 처지를 잘 이해함으로써 이들을 보다 용이하게 민주공동체로 끌어들일 수 있기 때문이다(심익섭, 1997).

통일교육을 좁은 의미의 통일교육과 민주시민교육으로 구분하고 있는 신패러다임 통일교육의 관점 또한 이와 같은 시각을 반영하고 있다. 통일교육지원법에 명시된 통일교육의 개념 규정에 따르면, 민족정체성과 건전한 안보관 그리고 자유민주주의적 가치가 통일교육의 핵심 기반이다. 이러한 맥락에서 신패러다임 통일교육에서는 통일교육을 좁은 의미의 통일교육과 민주시민교육으로 구분하고 있다(박광기 외, 2005). 여기서 좁은 의미의 통일교육은 건전한 안보관과 민족정체성에 기초한 교육을 말하며, 민주시민교육은 자유민주주의적 가치에 기초한 교육을 말한다. 이렇듯 신패러다임 통일교육 개념 속에는 통일교육의 내용 요소와 민주시민교육의 내용 요소가 함께 포함되어 있다. 하지만 이러한 입장 역시 '통일'에 대한 명확한 개념 규정을 전제하지 않을 경우 통일교육 개념의 모호함 내지 이를 둘러싼 입장 차이를 해소하기는 어려워 보인다.

이상의 논의에서 주목해야 할 것은 통일교육과 민주시민교육 사이의 관계에 대한 관점의 차이가 통일교육의 방향과 목표의 설정 그리고 이를 위한 내용 체계의 구성에 혼선을 가져올 수밖에 없고, 그런 만큼 통일교육의 효과를 반감시킬 가능성이 크다는 점이다. 왜냐하면 통일교육과 민주시민교육의 상호 포함관계에 대한 인식의 차이는 단순한 관점의 차이를 넘어 통일교육의 목표를 설정하고 이를 실현하는 데 적지 않은 부정적 영향을 미칠 수 있기 때문이다. 또한 민주시민교육의 내용을 통일교육으로 받아들이는 경우에도 민주시민교육의 여러 가지 내용 요소들 가운데 무엇을 그리고 왜 통일교육에서 강조해야 하는가에 대해 서로 다른 기준들이 제시됨으로써 통일교육에 대한 이해를 어렵게 만들고 통일교육의 목표 설정이나 교육적 효과에도 부정적인 영향을 미칠 수 있기 때문이다.

2) 통일과 통합 개념의 이해

그렇다면 이처럼 통일교육과 민주시민교육과의 관계 설정이 명확하지 않은 이유는 무엇일까? 아마도 가장 큰 이유는 '남북통일'에 대한 개념 정의가 다양하고 상이하기 때문일 것이다. 말하자면 이것은 통합(integration)과 통일(unification)의 엄밀한 개념 규정 및 그 적용을 둘러싼 혼란과 함께 남북통일의 의미에 대한 인식의 차이가 엄존한다는 사실에서 비롯되는 문제이다. 예컨대 최소한의 의미에서 볼 때, 통일은 남한과 북한 사이의 법적(제도적)·정치적 통일이 이루어진 상태를 뜻한다. 정치적 통일이 없는 통일은 있을 수 없다고 보고 따라서 법적(제도적)·정치적 통일을 남북통일의 핵심적 요소로 간주하는 입장에서는 남북한 사이의 정치적 통일이 곧 남북통일을 의미한다.

하지만 이와는 달리 통일은 정치적 통일이 달성된 이후에 남북한 사이의 사회문화적 통합을 달성함으로써 남북한 주민들이 하나의 민족공동체를 형성하는 상태를 의미할 수도 있다. 남북통일의 의미를 이처럼 최대한으로 이해한다면 그것은 법적(제도적)·정치적 통일 이후에 나타날 수 있는 남한과 북한 주민들 사이의 갈등을 합리적으로 해소하고, 이질화, 분리, 차별, 불평등 상태를 극복한 상태를 지칭하는 것이 된다. 요컨대 여기서 말하는 통일은 정치적으로 대립되었던 제도를 하나로 만들고, 경제적으로 상이한 체제를 하나로 통합하고, 이질화된 문화를 하나로 묶음으로써 궁극적으로 남북한 주민들이 심리적으로 같은 국민이라고 느끼는 상태를 가리킨다(진시원, 2004, 17-19).

따라서 남북통일의 의미를 최소한으로 보느냐 최대한으로 보느냐에 따라 통일교육의 방향과 목표, 내용 그리고 강조점이 달라질 수 있다. 사실상 통일 과정이 언제 그리고 어떠한 방식으로 진행될 것인지를 정확하게 예측하는 것은 불가능하다. 하지만 우리가 의미하는 통일이 무엇인가에 따라서 남북통일을 위한 통일교육의 방향과 내용 요소들을 상황이나 단계에 맞게 체계적으로 구성하는 것은 얼마든지 가능하고 또 필요할 것이다. 예컨대 최소한의 통일이라는 관점에서 보자면 통일교육의 역할과 기능은 무엇보다도 법적(제도적)·정치적 통일을 이루기 위한 노력을 의미하는 것이 될 수 있다. 그리고 그 과정에서 통일교육의 역할과 기능은 남북통일을 최대한의 관점에서 볼 때보다 훨씬 제한적일 수밖에 없을 것이다. 따라서 남북통일의 의미를 어떻게 규정하는가는 통일교육의 방향과 목표, 통일교육과 민주시민교육의 관계 등을 이해하는 데 중요한 변수가 될 수 있다.

이처럼 남북통일이 과연 어떠한 상태를 의미하느냐에 대한 관점의 차이는 이른바 통일교육의 범주 문제와도 밀접하게 관련되어 있다. 말하자면 통일을 어떻게 이해하고 바라보는가에 따라 통일로 나아가는 과정에서 통일교육이 목표로 하는 시기나 단계가 달라질 수 있다. 지금까지 통일교육을 통일로 나아가는 과정이나 단계에 따라 구분하는 방법 가운데 하나는 그것을 이른바 통일대비 교육과 통일 이후 교육으로 나누는 것이었다. 이러한 시각은 통일교육을 통일을 지향하는 교육뿐만 아니라 통일 이후의 삶까지도 고려하는 것으로 간주한다. 따라서 여기서는 분단 상태를 극복함으로써 남북통일을 이루기 위한 통일의식과 통일의지를 함양하는 것은 물론 통일 이후에 남한과 북한 주민의 평화로운 공존과 번영을 위한 토대를 제공하고 남북한 주민들이 하나의 공동체를 이룰 수 있게 하는 것이 모두 통일교육에 포함된다.

하지만 법적(제도적)·정치적 통일이 이미 달성된 상태에서 이루어지는 교육, 말하자면 통일 이후의 교육까지를 비록 넓은 의미라고는 하지만 굳이 통일교육으로 범주화하는 것이 타당할 수 있을까? 법적(제도적)·정치적 통일 전후의 미묘하지만 중요한 차이에 주목하는 사람들은 위에서 말한 통일 이전과 통일 이후의 통일교육을 각각 통일 촉진 교육과 통합교육으로 구분하기도 한다(박용헌, 1997). 물론 여기서 말하는 후자의 통합교육은 통일의식을 함양하는 가운데 통일을 지향하고 준비한다는 차원의 통일교육과는 다른 의미를 지닌 것으로 볼 수 있다. 말하자면 법적(제도적)·정치적 차원의 통일이 이루어진 이후에 진행되는 남북한 주민들의 내적 통합을 위한 교육은 통일을 지향하는 혹은 통일을 촉진하는 교육과는 그 목표와 내용이 다르다고 보는 것이 타당할 것이다. 따라서 이러한 형태의 교육 활동은 통일국가를 민주적인 공동체로 만들 수 있는 이른바 민주시민의 육성을 위한 교육적 노력에 보다 강조점을 두어야 할 것이다.

3) 통일교육과 민주시민교육의 재구조화

신패러다임 통일교육에서는 통일교육의 범주를 좁은 의미의 통일교육과 민주시민교육으로 구분하고 있다. 여기서는 통일교육의 내용이 원칙적으로 민족공동체의식과 건전한 안보관을 추구하는 통일교육과 자유민주주의를 지향하는 민주시민교육을 결합해야 한다고 주장한다. 이와 같은 시도는 통일교육과 민주시민교육 사이의 관계 설정을 위한 노력의 하나로서 긍정적으로 평가할 수 있다. 통일교육지원법이 자유민주주의적 시민의식과 민족공동체의식 및 건전한 안보관을 바탕으로 통일을 이룩하는데 필요한 가치관과 태도를 함양하는데 기여하는 제반 교육을 통일교육으로 규정하고 있는 점을 고려할 때, 통일교육의 중심을 자유민주주의적 시민의식 그리고 민족공동체의식과 건전한 안보관이라는 두 개의 토대 위에 세우려 했다는 점에서 의미가 있다. 물론 기존의 통일교육은 대부분 민족공동체의식과 건전한 안보관에 기초한 좁은 의미의 통일교육에 집중되어 있는 반면 민주시민교육 내용은 통일준비라는 주제 영역의 일부로 취급되어온 것이 현실이다. 이러한 상황에서 신패러다임 통일교육은 민주시민교육을 강화함으로써 통일교육의 양축에 균형을 확보할 수 있다고 보고 있다(박광기 외, 2005, 163).

하지만 이는 여전히 통일과 통합의 관계에 대한 분명한 이해를 전제로 하고 있지 않다는 점에서 한계를 지니고 있는 것으로 보인다. 통일교육과 민주시민교육의 병렬적 배치에 기초한 상호보완적 입장에 다름 아니기 때문이다. 이와 같은 입장은 여전히 통일로 나아가는 과정에서 통일교육과 민주시민교육이 각각 언제 그리고 무엇을 어떻게 강조해야 하는가에 대해서 분명한 답을 제시해 줄 수 없는 한계에 부딪칠 수밖에 없다. 따라서 궁극적인 통일 상태로 나아가는 통합 단계에 맞춰서 통일교육과 민주시민교육을 구분하고, 각각의 목표와 내용 체계를 구안하여 이를 적용하는 것이 하나의 방법이 될 수 있을 것이다.

여기서는 이상의 논의를 토대로 통일교육과 민주시민교육 사이의 관계를 분명히 설정하기 위해 〈표 10-1〉처럼 법적(제도적)·정치적 통일 단계를 전후로 양자를 구분하고 그에 따라 교육의 목표와 내용 체계를 구안하였다. 이를 위해 먼저 통합과 통일의 개념을 시간적·논리적 선후로 구분하는 대신에 변증법적 과정으로 이해하였다(진시원, 2004, 17-19). 요컨대 경제, 사회, 문화 등 비정치적 영역에서의 교류와 협력이 진행되면서 각 영역별 남북통합이 이루어지는 것을 (Ⅰ)단계의 비정치적 통합 단계로 보았다. 그리고 비정치적 영역의 통합 이후에 제도적·정치적 통일 혹은 법적인 통일(de jure unification)이 이루어지는 (Ⅱ)단계를 좁은 의미의 통일 단계로 규정하였다. 그리고 법적(제도적)·정치적 통일이 완성된 좁은 의미의 통일 이후에 나타나는 남북한 주민들 사이의 평화적이고 민주적인 갈등 해소 과정을 (Ⅲ)단계의 심화된 통합 단계로 설정하였다.

여기서 주목할 것은 〈표 10-1〉의 (Ⅲ)단계에서는 통일교육보다는 오히려 내적 통합을 위한 교육 내지 민주시민교육의 필요성이 부각될 수 있다는 점이다. (Ⅱ)단계의 통일에 도달하기 위해서 혹은 (Ⅱ)단계에 이르기 위한 과정에서 적극적으로 요청되는 것은 이른바 통일을 지향하거나 통일을 위한 교육으로서의 통일교육이라고 할 수 있다. 반면에 (Ⅲ)단계의 통합 과정에서 요구되는 것은 통일국가의 비전에 적합한 민주시민을 육성하기 위한 민주시민교육이다. 또는 오랜 분단으로 인해 나타난 이질화를 극복하고 남북한 주민들의 생활세계의 통합을 실현할 수 있는 이른바 내적 통합을 위한 교육이다. 따라서 통일의 의미를 최소한으로 이해하는 가운데 법적(제도적)·정치적 통일을 성취하는 과정에서 요구되는 교육을 통일교육으로 그리고 법적(제도적)·정치적 통일 이후의 사회문화적 통합 혹은 심리적이고 내적인 통합 단계에서 요청되는 민주시민 형성의 교육을 민주시민교육으로 범주화한다면, 통일교육과 민주시민교육 사이의 상호 관계를 둘러싼 혼란과 견해차를 극복할 수 있을 것이다.

〈표 10-1〉 통합 단계에 따른 통일교육과 민주시민교육의 내용 체계

<table>
<tr><th>통합과 통일단계(목표)</th><th>적합한 교육형태</th><th colspan="2">교육의 내용영역</th></tr>
<tr><td>(Ⅰ)단계: 비정치적 부분의 통합
(Ⅱ)단계: 법적(제도적)·정치적 통일[좁은 의미의 통일]</td><td>통일교육
(통일지향교육/통일대비교육)</td><td rowspan="2">자유민주주의 가치의 확인과 지향</td><td>- 북한에 대한 관심과 이해
- 통일 필요성과 통일의식 제고
- 통일의지와 통일역량의 함양</td></tr>
<tr><td>(Ⅲ)단계 : 심화된 통합</td><td>민주시민교육
(통일이후교육/사회통합교육)</td><td>- 평화적 갈등관리 및 해결능력
- 참여, 배려, 다문화 시민성의 함양
- 민주주의와 자본주의의 이해 및 적응</td></tr>
</table>

2. 통일교육과 민주시민교육의 내용 체계

남북통일의 비전은 무엇보다도 민족공동체 구성원 모두에게 인

간의 존엄성, 자유와 권리, 복지와 행복을 보장하는 것이어야 한다. 이러한 맥락에서 통일 그 자체를 위한 통일이 우리의 목표가 되어서는 안 된다. 통일은 모두의 번영을 위한 필수적 조건이며, 우리에게 목표보다는 수단으로서 그 의미가 더 크다는 점을 상기할 필요가 있다. 따라서 남북한 사이의 제도적·정치적 통일은 자유민주주의에 기초한 통일이어야 한다. 요컨대 통일을 지향하는 통일대비 교육은 물론 남북한의 정치적 통일 이후에 보다 강조되어야 하는 민주시민교육은 무엇보다도 자유민주주의의 가치를 지향하고 이를 확인하는 것이 되어야 할 것이다. 민주시민교육은 인류의 보편적 가치를 지향하는 가운데 자유민주주의에 대한 신념을 고취하고, 민주시민의식에 기초한 통일국가의 완성을 추구해야 한다.

통일을 대비하고 준비하는 교육이나 정치적 통일 이후의 국민적 통합을 목표로 하는 민주시민교육은 모두 자유, 인권, 복지, 평등 등 인류의 보편적 가치를 지향하면서 이러한 보편적 가치를 토대로 진정한 민족공동체를 구현하는 교육이 되어야 한다. 이를 위해서는 통일 과정이나 통일 이후에 이르기까지 일관되게 자유와 책임의식, 남한 주민은 물론 북한 주민의 인권도 마찬가지로 소중히 여기는 자세 그리고 진정한 통일은 사회구성원 모두가 더불어 살아가는 사회를 건설하는 과정이라는 점을 일깨워주는 것이 필요하다(고성호, 2004, 313-314).

자유민주주의는 지난 60여 년 간 우리 국민이 스스로의 힘과 노력을 통해 성취한 소중한 자산이다. 남북한의 통일은 이러한 자산을 더욱 발전시켜 나갈 수 있는 새로운 가능성의 토대이자 기회가 되어야 하며, 이러한 발전과 복지의 혜택에서 소외된 채 최소한의 인간다운 삶조차 박탈당한 북한 주민들의 처지를 개선시킬 수 있는 전환점이 되어야 할 것이다. 따라서 남북통일은 통일이 가져다 주는 삶의 환경 변화와 질적 전환의 가능성을 구체적 현실로 만들기 위한 노력을 요구하고 있는 바, 이것은 다른 무엇보다도 자유민주주의의 이념적 토대 위에서 출발하는 것이어야 한다.

1) 통일교육의 내용 체계

(1) 북한에 대한 관심과 이해

남북한의 통일은 북한과 북한 주민들에 대해 과연 진지한 관심이 있는가 하는 물음에서 시작될 수 있다. 통합과 통일의 상대에 대한 관심과 이해는 진정한 통일로 나아가는 출발점이기 때문이다. 상대방에 대한 관심과 이해가 부족한 상태에서는 통합 과정에서 많은 어려움과 시행착오를 겪을 가능성이 크다. 통합의 과정과 통일의 완성은 상대방을 전제로 한다는 점에서 통일교육의 출발은 북한에 대한 관심과 이해라고 할 수 있다. 이처럼 북한체제에 대한 객관적인 지식과 정보, 북한 주민들의 삶에 대한 관심은 우리 사회의 구성원들이 남북관계와 통일의 문제를 고려하고 인식하는 중요한 출발점이 될 수 있다. 더욱이 북한과 북한 주민들에 대한 객관적 지식과 정보가 충분히 제공되고 그에 상응하는 정도로 상대방에 대한 이해의 폭이 깊어질 때 통일 과정에서 나타날 수 있는 여러 가지 부작용을 최소화할 수 있을 것이다. 이는 장기적 관점에서 통일비용의 부담을 줄일 수 있을 뿐만 아니라 남북한 주민 간의 통합이나 생활 세계의 통합을 통해 진정한 의미의 통일을 이루기 위한 기본적 요건이기도 하다.

하지만 북한과 북한 주민들에 대한 우리 사회의 관심은 추상적 수준에 머물러 있는 실정이다. 그리고 관련 지식과 정보의 출처도 편향된 측면이 강하다(통일교육협의회 통일교육연구소, 2002, 82). 대부분의 경우 북한에 대한 통일 관련 지식이나 정보를 TV, 신문, 라디오 등 언론과 방송에 의존하는 경향이 크다. 더욱이 이러한 지식과 정보를 한정된 시각에서 일방적·소극적으로 전달받고 있는 상황에서 북한에 대한 객관적 이해를 기대하기는 쉽지 않다. 따라서 통일교육은 통일의 상대인 북한에 대한 진지한 관심을 회복하는 가운데 북한에 관한 객관적 지식과 정보에 능동적으로 접근하여 이를 습득할 수 있는 의지와 적극적 태도를 강조할 필요가 있다(변종헌, 2010).

또한 북한에 대한 관심이나 이해와 관련하여 상기할 것은 북한에 대한 총체적 이해의 중요성이다. 2000년 이후 남북한 통합문제를 다루는 데서 나타난 큰 특징 가운데 하나는 이른바 체제 중심의 접근으로부터 사회문화적 접근으로의 전환이다. 추상적이고 이념적인 통일논의의 한계를 지적하는 가운데 구체적이고 일상적인 수준에서 통일문제를 논의해야 한다는 것이 사회문화적 접근의 핵심이다. 이처럼 생활 세계의 통합을 중시하는 사회문화적 접근은 통일교육의 이론적 토대에 있어서도 비정치적 영역의 중요성을 강조해 왔다. 따라서 북한의 정치체제나 이념에 대한 일방적이고 이념적인 접근에서 벗어나 북한 주민들의 일상적이고 구체적인 생활상이나 사회구조, 가치관 등에 주목해야 한다는 점을 강조해 왔다.

그러나 분명한 것은 특정 체제의 구성원들의 삶의 모습을 들여다보고 이해하기 위해서는 거시적 구조의 영향과 이들 사이의 상호작용에 대한 전체적인(holistic) 조망이 전제되어야 한다는 점이다. 인간의 구체적인 삶의 모습은 거시적 구조나 제도와 유리된 추상적인 것일 수 없으며, 따라서 북한 주민들의 생활 세계 그리고 그들의 사회문화적 삶의 양태들 또한 북한의 정치 및 경제체제의 특징과 밀접하게 관련된 것일 수밖에 없다. 남북한 통합에 있어서 중요한 것은 체제 중심의 접근이나 사회문화적 접근 사이의 균형과 조화이지 결코 양자택일의 문제일 수는 없다는 점이다(변종헌, 2006, 359). 따라서 북한에 대한 관심과 이해에서 출발해야 하는 통일교육은 북한을 하나의 복합적 전체로 파악할 수 있는 안목과 시야를 제공해줄 수 있어야 할 것이다. 그리고 이것이 가능할 때 비로소 남북관계의 중층성과 다면성 그리고 남북한 통합의 유기적이고 복합적인 상호작용을 파악할 수 있는 능력을 함양할 수 있을 것이다.

(2) 분단관리에서 통일대비로의 전환

오늘날 우리 사회에서는 통일의식의 약화, 특히 청소년들의 통일의식 약화가 하나의 일반적 현상처럼 받아들여 지고 있다. 이에 대해서는 청소년들의 의식 변화와 그러한 의식 변화를 따라가지 못하는 통일교육에서 문제의 원인을 일정 정도 찾을 수도 있을 것이다. 하지만 보다 근본적인 원인은 통일이 왜 필요한지에 대한 인식이 부족하기 때문이다. 이러한 맥락에서 오늘날 통일교육의 핵심 전제는 바로 통일의 필요성을 분명히 깨닫게 하는 데 있다. 따라서 통일교육의 가장 중요한 과제 가운데 하나는 통일의 필요성을 이해시키는 데 있으며, 특히 청소년들로 하여금 통일국가를 이룩해야 하는 통일 주도 세력으로서의 주체의식을 갖도록 자극하고 일깨워주는 것이다.

물론 그동안 통일교육이 이와 같은 문제에 무관심했던 것은 아니다. 다만 2000년 이후 우리 사회의 통일교육은 그 전개 과정에서 통일의 필요성을 절실하게 느낄 수 있도록 하는 통일 중심의 관점보다는 남북한 사이의 평화 공존에 치중해 왔다고 할 수 있다. 그에 따라 통일교육의 내용에 있어서도 체제적·이념적 내용보다는 사회문화적 내용에 초점을 맞추어 왔다. 이른바 평화 공존 모델이 기존 통일교육의 방향을 지배해 왔다고 할 수 있다. 하지만 오늘날 우리에게 요구되는 것은 보다 적극적인 통일 지향, 통일 중심의 통일교육이다. 요컨대 지금 우리에게 필요한 것은 통일을 왜 해야 하는지 그리고 통일을 이루기 위해 어떠한 준비와 대비를 해야 하는지를 교육하는 것이다. 통일의 비전을 갖게 하는 교육이 필요하다. 말하자면 소극적 현상 유지의 차원을 넘어 적극적으로 통일의 비전을 창출하고 제시하는 통일교육이 요청된다.

최근에는 남북관계 및 통일문제에 있어서 과거의 소극적인 분단관리 중심의 패러다임에서 적극적인 통일대비 패러다임으로의 전환이 강조되고 있다(서재진, 2010). 분단관리 패러다임 하에서는 주로 이념의 차이를 강조하던 냉전 시대의 교육을 탈이념적으로 바꾸고, 북한체제를 있는 그대로 받아들이는 가운데 평화 공존을 강조하는 내용이 통일교육의 주를 이루었다. 이러한 패러다임 하에서 체계화된 통일교육은 대북포용정책과 이 정책을 정당화하는 통일교육이 되었고, 그에 따라 국민들의 대북 경계심은 약화되고 반인도적 인민 탄압마저도 묵인하는 무감각한 대북인식을 가진 국민들의 수가 늘게 되었다(이상우, 2010, 10).

통일의 필요성과 통일비전이 희석되거나 모호해지는 경향과 함께 통일은 실현 가능하지 않고 심지어 바람직하지도 않다는 소극적·부정적 통일의식이 증가했다. 통일비전이 불투명해지고 통일 과정에서 우리의 주도권에 대한 자신감이 약화되면서 통일에 대한 관심과 의지도 서서히 사라졌다. 더욱이 엄청난 통일비용이 거론되면서 남아있는 통일의지마저 무력해질 수밖에 없는 상황이 전개되었다. 이러한 인식은 IMF 경제위기와 함께 독일 통일 과정에서 소요된 천문학적 통일비용과 기타 여러 가지 통일 후유증이 과장되어 전파되면서 더욱 확산되었다. 그에 따라 통일은 국민들에게 비전과 희망의 대상이기보다는 두려움과 회피의 대상으로 선락하게 되었다(최진욱, 2010, 2-6).

이러한 상황에서 남북관계와 통일정책의 새로운 패러다임은 분단 상태의 안정적 관리를 넘어 평화통일의 목표를 분명히 제시할 필요가 있다. 이는 곧 분단관리에서 통일대비로의 전환을 의미한다. 따라서 우리에게 요청되는 통일교육은 국민들의 통일의식을 자극하며 통일에의 의지와 역량을 키워주는 교육이다. 통일은 반드시 다가올 미래이기 때문에 통일을 준비해야 하고, 더 나아가 통일준비 여하가 통일의 방향과 국가의 미래를 좌우할 수 있다는 점에서 통일의지와 역량을 강화할 필요가 있다. 통일에 관한 국민적 공감대를 형성하고 국민의 의지와 국가적 역량을 집중할 수 있도록 하는 것이 현 시점에서 요구되는 통일교육이어야 한다.

2) 민주시민교육의 내용 체계

(1) 이질성의 극복과 평화적 갈등 해결

진정한 의미의 통일 상태로 나아가기 위해서는 정치적 통일 이후에 노정될 수 있는 사회적 갈등을 최소화하기 위한 준비와 노력이 필요하다. 이는 건전한 민주시민교육의 활성화와 밀접한 관계가 있다. 민주시민교육은 또한 통일된 민족공동체라는 큰 그릇에 담길 내용이 인류의 보편적 가치와 시대 정신을 반영하는 것이 되기 위해서도 반드시 필요하다. 민주시민교육은 정치적 통일 이후에 민족공동체의 정체성 확립을 위하여 국민들의 올바른 가치관을 확립하고 이를 바탕으로 통일국가의 미래에 대한 객관적이고 냉철한 인식 태도를 형성시키는 데 매우 중요한 수단이 아닐 수 없다. 이와 관련하여 여러 가지의 갈등 양태들, 예컨대 북한 주민과 남한 주민 간의 갈등, 빈부 간 격차, 지역과 세대 간 갈등 등을 조화와 타협을 통해 해결할 수 있는 시민문화를 정착하는 것이 시급한 과제라고 할 수 있다.

정치적 통일 이후에 나타날 수밖에 없는 사회·경제적 혼란과 이에 따른 구성원들 사이의 심리적 갈등을 민주적으로 해결하기 위해서는 시민문화가 전제되어야 하며, 이는 곧 민주적 갈등 해소 문화의 정착과 일맥상통한다. 다문화 사회의 큰 흐름을 인위적으로 막기 힘든 상황 속에서 통일국가 구성원들 사이의 상이한 하부 문화나 가치에 대한 이해와 상호 공존의식을 의미하는 민주적인 갈등 해소 문화가 정착되지 않는다면, 진정한 통일을 지향하는 사회통합 과정에서 부정적인 갈등 문화를 극복하기 힘들 것이다(김학성, 1998,

151-152).

우리가 지향하는 남북통일은 남한과 북한 사이의 이념적 갈등과 대결 구도를 극복하는 가운데 남북한 서로가 제반 영역에서 심화된 통합을 이루는 것이다. 통일국가의 같은 구성원으로서 하나의 공동체를 이루고 공속의식을 느끼며 함께 더불어 살아가는 진정한 의미의 통일은 여러 가지 사회적 갈등을 합리적으로 조화롭게 해결할 수 있는 상태를 말한다. 따라서 진정한 의미의 통일국가를 형성하기 위해서는 갈등을 전향적으로 인식하는 가운데, 이를 합리적이고 민주적인 방식으로 해결할 수 있는 능력이 요구된다. 여기에는 갈등은 불가피하지만 갈등의 해결에는 여러 가지 방법이 있다는 사실을 깨닫고, 경청, 중재, 협상 등의 의사소통 방식을 통해 갈등을 해결하는 능력 등이 포함될 수 있을 것이다.

통일은 서로 다른 삶의 양식과 이념을 지닌 채 살아오던 사람들이 한 공간에 함께 살아가면서 이질성을 해소하고 여러 가지 갈등 상황을 극복해 나가는 과정이다. 이러한 통일 과정에서 중요한 것은 이질성을 포용하며 차이에 기초한 제반 갈등을 슬기롭게 풀어가는 방법을 적극적으로 체득하는 것이다(윤덕희, 1997, 188). 다름을 거부하는 것이 아니라 인정하고 받아들이는 것, 획일성의 복제가 아니라 다양성의 조직화가 통일로 가는 과정에서 파생되는 갈등을 승화시키고 사회통합을 이룰 수 있는 통일문화의 기초라는 사실을 상기할 필요가 있다.

(2) 시민문화의 창출과 통일 시민의 양성

정치체계에 정당성을 부여하고 구성원들 사이의 연대의식을 고양시킴으로써 사회적 통합에 기여한다는 점에서 민주시민교육에 대한 요청은 정치적 통일 이전이나 이후를 불문하고 자명하다고 할 수 있다. 따라서 정치체계의 안정 그리고 민주시민의 자질 함양을 목표로 하는 민주시민교육은 남북한 사이의 정치적 통일 이후에도 지속적으로 강조될 필요가 있다. 이를 위해 남북한 주민 모두의 지지를 형성하고, 정치·사회적 현상에 대한 이해를 제고하며, 정치 과정에 능동적으로 참여하는 데 필요한 시민으로서의 지식과 기술, 태도 등을 함양하는 것은 민주시민교육의 과제라고 할 수 있다.

다만 법적(제도적)·정치적 통일 이후의 민주시민교육은 서로 다른 체제 속에서 오랜 기간 동안 살아온 남한과 북한 주민들 사이에 나타날 수 있는 가치관의 차이와 시민의식의 수준을 고려해서 접근할 필요가 있다. 비록 정치적 통일을 이룬 상태라고는 하지만 남북한 주민들이 경험한 이념과 체제, 가치관과 태도의 차이를 인정하는 가운데 이원적으로 접근하는 것이 정치적 통일 이후의 사회문화적 통합을 가속화하고 민족공동체의 비전을 성취하는데 도움이 될 수 있기 때문이다.

자유민주주의 체제에 익숙한 남한 사람들의 경우에는 정치적 통일 이후의 사회통합 과정에서 자발적 능동적 참여를 보다 적극적으로 자극하고 고무시킬 필요가 있다. 물론 이와 같은 참여에는 책임이 수반되어야 하며 설득과 타협, 다양성의 존중, 소수를 보호하는 가운데 다수의 견해를 존중하는 자세 등이 바탕을 이루어야 한다. 그리고 법적(제도적)·정치적 통일 이후의 사회적 갈등을 해소함으로써 진정한 통일국가를 이루는 과정은 파당적 이익이나 개인적 이익을 실현하기 위한 수단이 아니라 통일국가 국민의 보편적 이익에 기초한 공동체의식을 키워나가는 과정이어야 한다.

또한 민주시민교육을 통해 북한 주민의 고통을 공감하는 성찰적 시민성을 함양하는 것도 중요하다(정한기, 2004). 진정한 통일이 사람과 사람이 인격적으로 만나서 서로 편견과 허물없이 소통하고 공존하는 의사소통의 공동체를 구성하는 것이라고 한다면, 존재하고 있는 소통의 장애물을 제거하려는 노력과 함께 상대방의 고통에 대해 귀를 기울이려는 배려가 남한 주민들에게 더욱 필요할 것이다. 타인의 아픔과 고통에 대해 공감하려는 도덕적 감수성은 진정한 공동체의식의 형성에 필수적이다. 최근 탈북 사태가 급증하는 가운데 북한이탈주민의 수가 2만 5천 명을 넘어서고 있다. 이들의 성공적인 남한 사회 적응은 북한이탈주민 개인은 물론 통일 후 사람과 사회의 진정한 통합을 위해서도 중요한 문제가 아닐 수 없다. 따라서 정치적 통일 이후 북한 주민들이 겪을 혼란과 고통에 대한 이해와 공감을 통해 우리 스스로를 되돌아보고 그 바탕 위에서 성찰적 시민성을 함양하기 위한 노력을 강조할 필요가 있다(이준호, 2004, 258).

반면에 법적(제도적)·정치적 통일 이후 북한 주민들을 대상으로 하는 민주시민교육은 무엇보다도 사회적 통합의 중요성을 일깨워 주는 가운데 민주주의와 시장경제의 기본 이념과 가치, 합리적이고 개방적인 사고방식과 생활태도 등을 강조해야 할 것이다. 주지하는 바와 같이 북한 주민들은 민주주의에 대한 이해와 경험이 부족할 수밖에 없다. 더욱이 이들은 오랫동안 폐쇄된 사회주의 체제 속에서 생활하는 가운데 누적된 사회·심리적 유산과 정치적 통일 과정에 수반된 일종의 전환 스트레스에 노출되기 쉽다. 따라서 정치적 통일이라는 새롭고 낯선 환경에 직면하는 상황에서 우선 요구되는 것은 참여와 같은 적극적인 시민성의 요소보다는 민주주의와 자본주의에 대한 이해와 적응력을 갖추는 일이다. 좁은 의미의 통일 이후 북한 주민들에게 필요한 것은 민주시민교육을 통해 민주주의와 자본주의의 기본 개념과 가치를 전달하는 것이다. 요컨대 자유민주주의와 자본주의에 기초한 사회적 규범이나 가치에 대한 이해의 폭을 넓히는 노력이 민주시민교육을 통해 우선적으로 이루어져야 할 것이다.

이처럼 북한 주민들에게는 사회주의 체제 하에서 오랜 기간 진행된 사회화 과정이나 정치적 교화에 대한 재사회화 과정을 통해 통일국가의 새로운 정치체계에 대한 기본적 신뢰를 쌓는 작업이 정치적 통일 이후의 통합 과정에서 중요한 선결 과제가 되어야 할 것이다. 민주주의의 의미와 가치, 민주사회의 다원성, 민주국가의 역할과 기능 등에 관한 기본적 지식을 전달하고 이해를 확대시킴으로써 점차 민주사회의 능력 있는 시민으로서 성장할 수 있도록 도와야 한다. 내적 통합 과정에서 이루어지는 민주시민교육을 통해 자유민주주의와 자본주의 체제에 대한 적응력이 제고될 때 비로소 통일국가의 구성원으로서 민족공동체의 비전을 공유하고 이를 구현할 수 있는 능력을 발휘할 수 있을 것이다.

남북한 통일은 그 과정이나 지향점이 자유민주주의에 기초해야 한다는 차원에서 법적(제도적)·정치적 통일 전후를 막론하고 민주적인 시민문화의 확산과 시민의식의 중요성을 일관되게 지속적으로 강조할 필요가 있다. 이러한 관점에서 통일의 필요성에 대한 인식을 제고하고 통일의지와 역량을 강화하려는 통일교육에서부터 남북한 주민들 사이의 내적 통합을 통한 완성된 통일공동체를 지향하는 민주시민교육에 이르는 모든 교육적 노력은 무엇보다도 자유민주주의의 가치를 일깨우고 확인하는 것이 되어야 할 것이다. 법적(제도적)·정치적 통일을 성취할 수 있는 적극적인 통일 지향의 통일교육 그리고 그 이후의 체계적인 민주시민교육을 통해 민주적이며 개방적인 통일문화를 창출할 수 있는 시민으로서의 능력을 갖추게 될 때 비로소 통일이라는 새로운 변화가 우리 모두에게 또 다른 반목과 갈등의 원천이 아닌 미래로 열린 기회의 창이 될 것이다

참고문헌

고성호(2004), “통일지향 교육 패러다임 정립과 추진방안”, 『통일인프라 구축 및 개선방안』, 서울 : 통일연구원.

길은배(2003), “외국 민주시민교육의 통일교육적 함의”, 『시민정치학회보』, 제6권.

김도태(1999), “통일과 민주시민교육”, 전득주 외, 『정치문화와 민주시민교육』, 서울 : 유풍출판사.

김창근(2007), 『평화를 위한 통일교육』, 고양 : 인간사랑.

김학성(1998), “사회통합 : 독일 사회통합의 문제점 해결방안과 남·북한 사회통합에의 적용가능성”, 조찬래·미켈스 편, 『남북한통합론』, 서울 : 대왕사.

박광기 외(2005), 『신패러다임 통일교육 구현방안』, 서울 : 통일연구원.

박용헌(1997), “통일에 대비한 민주시민교육의 방안모색”, 한국자유총연맹 부설 자유민주연구소, 통일대비 시민교육 남북한 비교 대토론회 자료집.

박찬석 외(2000), 『통일교육론』, 서울 : 백의.

박찬석(2001), “통일교육에 있어서의 민족, 평화, 시민에 대한 논의”, 『시민교육연구』, 제33집.

변종헌(2006), “남북관계와 통일교육에 관한 체계론적 접근”, 『국민윤리연구』, 제61호.

변종헌(2010), “대학 통일교육의 역설과 활성화 방안”, 『윤리연구』, 제78호.

서재진(2010), “통일비전과 학교 통일교육의 과제”, 『새로운 학교 통일교육의 과제와 활성화 방안』, 제주지역 학교통일교육 대토론회 자료집(2010. 9. 17).

심익섭(1997), “통일대비 남북한 이질화 극복방향에 관한 연구 : 민주시민교육을 중심으로”, 『행정논총』, 제25집.

오기성 외(2003), 『통일교육지침체계 재정립에 관한 연구』, 서울 : 통일부.
윤덕희(1997), "통일문화 형성의 방향과 실천과제", 『한국정치학회보』, 제31집 1호.
이상우(2010), "통일교육의 어제, 오늘과 내일", 최근의 남북관계와 통일교육의 방향』, 제17기 통일교육위원 제주특별자치도협의회 출범기념 세미나 자료집(2010. 5. 13).
이준호(2004), "통일과 민주시민교육", 심익섭 외, 『한국민주시민교육론』, 서울 : 엠에드.
전득주 외(1999), 『정치문화와 민주시민교육』, 서울 : 유풍출판사.
정한기(2004), "일상적 생활에 대한 비판적 성찰과 고통공감에 기초한 통일교육", 한국교원대학교 대학원 박사학위논문.
조정아(2007), "통일교육의 쟁점과 과제", 『통일정책연구』, 제16권 2호.
진시원(2004), "남북한 통합 : 개념·이론·시나리오", 홍익표·진시원, 『남북한 통합의 새로운 이해』, 서울 : 도서출판 오름.
최진욱(2010), "급변하는 통일환경과 통일담론의 새로운 패러다임", 『독일 통일 20년과 한국의 통일대비』, 통일연구원 주최 세미나 자료집(2010. 10. 5).
추병완(1999), "초등학교 통일교육의 내실화 방안", 『인문사회교육』, 제3호.
추병완(2003), "통일교육에서 평화교육적 접근의 타당성", 『통일문제연구』, 제15권 1호.
통일교육협의회 통일교육연구소편(2002), 『통일교육의 다원화와 제도개선 방안』, 서울 : 도서출판 오름.
통일부 통일교육원(2010), 『통일교육지침서 일반용』, 서울 : 통일부.
허영식(2000), 『미래 지향적 시민교육의 이론과 실제』, 서울 : 원미사.
Riesenberg, P.(1992), *Citizenship in the Western Tradition : Plato to Rousseau*, Chapel Hill : University of North Carolina Press.

■ 색인 ■

ㄷ

ㄹ

ㅁ

ㅂ

ㅅ

ㅇ

남북한 관계와 한반도 통일 : 성찰과 논의

발행일 1쇄 2014년 3월 1일
지은이 변종헌
펴낸이 여국동

펴낸곳 도서출판 인간사랑
출판등록 1983. 1. 26. 제일 - 3호
주소 경기도 고양시 일산동구 백석로 108번길 60 - 5 2층
전화 031)901 - 8144(대표) | 977 - 3073(영업부) | 031)907 - 2003(편집부)
팩스 031)905 - 5815
전자우편 igsr@naver.com
페이스북 http://www.facebook.com/igsrpub
블로그 http://blog.naver.com/igsr
인쇄 인성인쇄 **출력** 현대미디어 **종이** 세원지업사

ISBN 978 - 89 - 7418 - 326 - 4 93340

이 도서의 국립중앙도서관 출판시도서목록(CIP)은 서지정보유통지원시스템 홈페이지(http://seoji.nl.go.kr)와 국가자료공동목록시스템(http://www.nl.go.kr/kolisnet)에서 이용하실 수 있습니다.(CIP제어번호: CIP2014006427)